김여사
외환시장의
꽃이 되다

김여사 외환시장의 꽃이 되다

일본엔 와타나베 부인, 한국엔 김여사
비트코인 열풍을 뛰어넘어 곧 다가올 환테크 열풍을 준비하라
소설로 읽으며 쉽게 배우는 외환투자 비밀과 특급 노하우

최돈권

밥북
B·O·O·K

{ 외환투자 세계로 떠나는 즐거운 여행 }

환율과 인연을 맺은 지 어느덧 20년이 넘는 긴 세월이 흘렀다. 참으로 많은 날들을 환율을 보며 살아왔다. 우연히 TV 뉴스나 인터넷에서 환율 관련 뉴스를 몇 초간 본 것에 그친 적도 있고, 환율이 궁금해서 몇 분 정도 검색해 보는데 그친 적도 있지만, 20년간 환율을 보면서 살았다.

굳이 전문가가 될 필요는 없지만, 해외여행 시 환전부터 재테크를 위한 외화예금, 해외펀드 투자시 환헤지 여부 결정에 이르기까지 환율은 이미 우리 삶과 재테크 일부분이 되었기에 이에 대한 공부는 필수다. 일본의 경우, 장기 초저금리로 이자수익이 너무 낮아지자 가정주부들이 저금리로 엔화대출을 받아 해외자산에 투자하거나, 엔화로 달러를 사고파는 외환거래(FX거래)에 뛰어들었다. 이러한 사람들을 일본의 대표적인 성씨를 따서 와타나베 부인이라 불렀고, 엔화캐리거래라는 경제용어까지 생겨났다.

우리나라의 경우에는 아직 예금금리가 물가상승률 수준 정도는 보전하고 있다 보니 이러한 외환거래자가 많지는 않고 원화가 국제통화가 아니다 보니 '원화캐리거래' 방식의 투자수요가 없지만, 언젠가 우리나라에도 일본의 와따나베 부인과 같은 '김여사'가 생겨날 수 있다는 판단이 들었다.

이런 판단으로 그동안 내가 공부해 온 환율에 관한 이야기를 책으로 엮어보면 재미있겠다는 생각이 들었다. 마침내 지난 외환딜러 시절을 추억하면서 내가 알고 있는 환율에 관한 많은 이야기를 한 권의 책으로 엮기에 이르렀다.

이 책은 이런 독자들을 위해 쓰였다.

첫째, 재테크에 관심이 많거나, 뭔가 새롭고 재미있는 책을 읽고 싶어하는 사람들이다. 환율에 관해 이 책만큼 재미있고 다양한 스토리를 담은 책은 시중에서 찾아보기 어렵다. 나는 독자들이 이 책을 읽다가 다른 책과는 차원이 다른 재미로 한번쯤 웃음보가 터지리라 확신한다.

둘째, 외환거래를 준비하는 독자들이다. 외환딜러를 꿈꾸는 이들이나 외환거래를 어떻게 하는 것인지 궁금한 독자들은 이 책을 읽으며 외환거래에 대한 호기심과 궁금증이 많이 해소될 것이다. 또한 외환딜러가 된 것만 같은 상상을 하며 자신의 꿈을 키울 수 있을 것이다.

셋째, 미래 대한민국의 조지 소로스를 꿈꾸는 이들이다. 총체적으로 원달러 외환시장을 움직이는 요인들을 가슴에 와닿게 생생하게 전달해주고 싶었다. 가슴을 찡하게 울리고 싶었다. 이러한 책의 집필에는 외환딜러 출신인 내가 제격이라는 생각이 들었다. 환율에 관한 지식과 더불어 실전 경험을 이야기해주고, 외환시장의 무림 고수가 되는 수련법을 세세하게 알려주는 책을 만들고 싶었다. 원달러 시장에서 실력을 쌓아 국제 외환시장으로 진출해 조지 소로스를 능가하는 전문 외환투자가가 탄생하길 기대하며 그 방향을 제시하고 싶었다.

　외환시장을 강호에 비유하자면, 나는 20년의 세월 동안 강호에서 무공을 연마한 셈이다. 실제 무공을 써서 강호를 누빈 시절은 가버린 지 오래지만, 한 번 딜러는 영원한 딜러. 무림고수의 칼은 녹슬지 않는다. 그 무공연마의 땀들을 모아 하루 몇 시간 투자하여 2천만원으로 매달 1백만원씩 평생 벌 수 있는 노하우를 이 책이 제시할 수 있다면 나는 더없이 기쁠 것이다.

　살짝 헛웃음을 지을 독자도 있을 것 같다. '2천만원으로 고작 매달 1백만원? 그게 무슨 대수라고? 수억원도 아니고… 그냥 부동산 하나만 잘 사도 수억원인데… FX마진 시장에서 몇천만원으로 몇억원을 만든 사람도 많이 봤는데, 주식시장이나 주가지수 선물시장에서 수십억, 수백억을 번 사람도 많은 게 현실인데, 겨우 매달 1백만원을 벌 수 있는 것이 무슨 자랑이라고…' 생각할 독자가 있을지도 모르겠다. 나도 주식시장이나, 주가지수선물시장, FX시장에서 매일 수백, 수천만원 버는 개미들이 있음을 안다.

　사실 한 달에 1백만원씩 평생 벌 수 있다면, 그것도 하루에 몇 시간도 안 되게 스마트폰만으로 벌 수 있다면, 그것은 대단한 일이다. 내가 이 책에서 과연 그 경지에 오를 방법을 설득력 있게 전달할 수 있을지는 미지수다. 그러나 접해보지 않은 세계를 부담 없이 간접 경험 하는 것만으로도 이 책은 읽어볼 가치가 충분하다.

무림비급이라는 것이 존재할까? 책에 쓰인 대로 투자하면 평생 돈을 벌 수 있는 무림비급 말이다. 단언컨대 없다. 아무리 찾아도 없다. 누군가는 과감하게 경매시장에 뛰어들어, 몇천만원으로 수십억 부자가 되기도 하고, 누군가는 주식시장에 몇천만원으로 뛰어들어 수백억을 번 주식 도사가 되기도 한다. 그런데 그런 도사들은 책을 잘 안 쓴다. 무림비급을 안 쓴다. 돈 버느라 바쁘다. 글로 쓰기 어렵다.

따라서 이 책을 쓰고 있는 나도 도사가 아님은 분명하지만, 가급적 도사 흉내를 내서, **빼곡하게** 투자의 비밀을 알려주고자 애썼다. 사실 투자에는 인내, 과감성, 민첩성과 같은 성격적 특성이라든지, 시장의 심리를 읽어낼 수 있는 심리적인 판단 능력이 필요하기 때문에 도사라도 이를 다 책으로 풀어낼 길은 없다.

지구상의 수십억 명 개개인의 타고난 유전자와 성격이 모두 다르고 두뇌 용량과 모양도 모두 다르기 때문에 설사 무림비급을 준다 해도 그 책을 읽고 연마하여 도사가 된다는 보장도 없다.

그렇지만 나는 외환·환율에 관한 한 가장 기본적이고 중요한 내용, 향후 강호에 뛰어들거나, 국제무대의 환율전쟁에 참여할 독자들에게 피와 살이 될 팁을 가득 담은 책을 쓰고 싶었다.

숲만 보지 말고 큰 산을 바라보는, 전체 국면을 읽을 수 있는 여유로움을 키우고 조급한 매매로 기회를 놓치는 안타까운 실수를 하지 않도록 신중함을 기르길 바라는 마음에서 중간 중간에 시와 소설 같은 이야기들을 넣었다. 외환딜러의 마음속을 들여다볼 기회도 제공했다. 정말 많은 의미를 행간에 담기 위해 정성을 다했다.

이 책을 재미로 읽는 사람이 아니라, 향후 외환투자에서 참고할 사람이 있다면, 어떠한 일이 있더라도 필자를 원망하는 일이 없도록 두 가지 점은 분명하게 해두고 싶다.

첫째, 하루 8시간씩 6개월, 혹은 하루 1시간씩 10년을 공부하겠다는 자세와 각오로 열심히 공부하고 투자하여야 한다.

둘째, 이천만원을 부담 없이 투자할 수 있는 수준, 이천만원이 설사 0원이 된다 하더라도, 라스베이거스로 비행기 타고 날아가 기억에 남을 베팅의 추억을 간직하고 돌아온 셈으로 여길만한 독자가 아니라면, 이 책을 참고로 하여 환투자 내지는 투기에 나서지 말길 바란다. 철저한 준비와 여유자금이 투자의 기본이고 투자는 자기책임이다.

끝으로 이 책이 한국의 조지 소로스를 꿈꾸는 사람들의 마중물이 되길 기대하며, 먼 훗날 외환시장에 내가 존경할만한 진짜 무림의 전설이 혜성처럼 출현하길 기대해본다.

이제 이 책과 함께 광대무변하고 무림고수들이 즐비한 외환세계 속으로 즐거운 여행을 떠나보자.

2017년 12월 어느 아름다운 날에

최돈권

외환투자 시작하기 전에

1. 환율과 관련된 경제, 금융시장에 관한 기본 무공

✻ 환율에 대한 이해

- 환율의 변화는 양 국가 간의 물가상승률 차이에 의해 발생한다 (상대적 구매력평가설).

  현재 1달러=1000원, 한국 예상물가상승률 3%, 미국의 예상물가 상승률 2%라면, 물가상승률 차이가 1%이므로 1달러=1010원, 달러가 강세 가고 원화가 약세 간다. 물가가 덜 오르면 통화의 가치는 높아진다, 물가가 많이 오르면, 통화의 가치는 떨어진다. 일본은 거꾸로 통화의 가치를 낮춰서 물가를 오르게 유도하는 정책을 시도하고 있다.

- 국가 간 자본이동이 자유로울 경우 환율은 두 나라 간 이자율 차이에 의해 결정된다

  완전 금융시장에서 자국통화표시 자산의 투자수익률=외화표시 자산의 투자수익률(이자율 평가설, 이자율이 다른 두 나라 간 투자수익률을 동일하게 만드는 환율이 균형환율이다).

  이자율이 낮은 나라에서 돈을 빌려 이자율이 높은 나라에 투자하므로, 이자율이 높은 나라에 자본이 다량 유입되어 환율이 하락하고 통화가치는 평가절상된다. 한국금리 10%, 미국금리 1%,

미국투자자 100억불을 한국에 가져다가 한국채권에 투자, 환율 하락, 1$=1000원 → 1$ 900원, 원화 강세.

• 환율하락시(=원화가치 상승시, 원화가치 평가절상시, 달러가치 하락)

단기적으로는 환율하락 → 원화표시자산수요 증가 → 원화자산가격 상승 → 원화금리 ↓

장기적으로는 환율하락 → 경상수지 악화 → 달러유출 → 국내 유동성 감소 → 금리 ↑

• 환율상승시(=원화가치 하락시, 원화가치 평가절하시, 달러가치 상승)

단기적으로는 환율상승 → 원화표시자산수요 감소 → 원화표시자산가격 하락 → 원화금리 ↑

장기적으로는 환율상승 → 경상수지 흑자 → 달러유입 → 국내 유동성 증가 → 금리 ↓

✱ 금리에 대한 이해

• 명목이자율=실질이자율+예상인플레이션 (피셔효과)

국가 간 이자율의 차이는 두 나라 간 물가상승(인플레이션)률 차이로 설명 가능하다.

한국금리가 3%, 일본 금리가 1%라면 물가상승률은 한국이 일본보다 높다고 볼 수 있다.

• 균형금리는 자금의 수요인 투자와 자금의 공급인 저축이 일치하는 수준에서 정해짐(고전학파, 실물적 금리론).

통화량의 변동은 장기적으로 물가 수준의 비례적 변동만을 가져온다. 금리는 생산성의 변동이나 소비절약 같은 실물적 요인에 의해 결정된다.

- 균형금리는 통화의 수요와 공급이 일치하는 점에서 결정된다(케인즈학파, 유동성 선호설).

  통화의 공급이 증가하면, 화폐시장 균형회복을 위해 금리가 하락한다. 이것을 유동성 효과라고 한다.

  일정 시간 경과 후 통화 증가 → 시장금리 하락 → 투자 및 소비 증가 → 소득의 증가 → 통화(화폐)에 대한 수요증가 → 금리상승을 일으킨다. 이것을 소득 효과라고 한다.

  각 나라 정부는 경제가 어려움에 직면하면 통화량 증가를 유도하는 정책을 시행한다. 채권시장에서 정부가 국공채를 매입하여 시장에 통화를 공급하든가, 지급준비율을 낮추든가, 기준 금리를 낮춘다.

- 경기확장국면

  회복기에는 기업매출 증가 → 내부유보금 증가 → 외부자금조달 수요 감소 → 금리 하락

  호황기에는 생산능력 확대(설비투자자금수요) 증가 → 금리 상승

- 경기수축국면

  후퇴기에는 기업매출 감소 → 외부자금조달 수요 증가 → 금리 상승

  불안기에는 시장가동률 하락 → 설비투자자금 급감 → 금리 하락

✳ 물가에 대한 이해

• 물가는 장기적으로 통화량, 금리 등의 통화적 요인에 의해 결정된다(통화적 물가결정이론).

2000년대 들어 대다수 국가에서 유동성은 꾸준히 늘어났으나 물가상승률이 장기간 낮은 수준에 머물면서, 통화량 변동이 미래의 물가 움직임을 예고하는 정도는 크게 낮아졌다. 우리나라는 외환위기 후 통화량목표제에서 물가안정목표제로 통화정책 수행방식을 변경하면서 금리를 중시하는 정책을 운영했다(한국은행 보고서 발췌).

• 화폐수량방정식(고전학파) $M*V=P*Y$

(통화량×유통속도)=(물가×실질GDP)=(명목GDP)

통화유통속도=명목GDP/통화량

화폐의 양은 화폐 유통속도에 반비례한다. 화폐 유통이 활발한 시기, 거래가 많이 나타나는 시기에 사람들은 부동산이나 주식과 같은 투자에 많은 자금을 사용하려 하며 경기침체기에는 화폐보유량을 늘리려 한다.

시장에 통화 유동성이 넘쳐나면 물가도 따라서 오르는 경향이 있다.

✳ 국민소득에 대한 이해

• 한 나라의 국민소득 수준은 공급측면에서 결정된다. 여기서 공급은 생산기술, 자본량, 노동량 등이다(고전학파의 국민소득 결정이론).

(가정) 가격변수인 물가, 명목임금, 명목이자율 등은 완전 신축적이다. 노동의 수요와 공급은 실질임금의 함수이다. 실질임금이 오르면

기업의 노동수요는 감소한다. 반면 근로자의 노동공급은 증가한다. 공급에 문제가 있는 경우 국민소득 증가를 위해 생산능력을 향상시켜야 하며, 국민소득은 기술수준, 인구 등 공급측 요인만으로 결정된다.

- 한 나라의 국민소득 수준은 수요측면에 의해 결정된다. 소득이 많이 오르면 소비가 증가한다. 소득이 오르면 저축도 증가한다.

  총수요가 총공급을 초과하면 재고감소, 생산 증가, 국민소득 증가하고 총공급이 총수요를 초과하면 재고증가, 생산 감소, 국민소득 감소한다.

  총수요가 부족하면 실업과 유효시설이 존재한다. 총수요가 과다해지면 물가가 상승한다.

✱ 증세정책에 대한 이해: 증세든 감세든 경기활성화와 소득 증대를 목표로 함.

- 증세정책 예시

  우리나라 정부: 법인세 세율 인상, 고소득자 과세 강화, 상속세 증여세 인상, 자본이득과 음성·탈루소득 과세 강화. 정부의 소득주도 성장은 가계의 소득증가를 위해 고용을 창출하고 복지지출을 확대하겠다는 것인데, 이를 위해 기업과 고소득자 등에게 증세를 하겠다는 것. 기초연금 인상, 아동수당 도입, 건강보험 보장성 강화 등을 위한 재원마련이 문제인데, 법인세와 소득세 증세만으로는 근본적인 해결이 어려우므로 세수 자연증가분과 세출절감으로 보편적 복

지, 소득주도 성장을 위한 기반을 마련하겠다는 것이 정부의 발표.

- 감세정책 예시

  미국 정부: 법인세율을 최고 35%에서 20%로 파격적으로 낮추고 상속세도 폐지하겠다는 감세 정책. 해외로 빠져나갔던 미국기업들이 미국 본토로 돌아오고, 제조업 경기를 활성화하며, 가계 소득 증대를 도모하겠다는 것.

✱ 정부의 재정정책과 통화정책(금융정책, 화폐·금융정책)에 대한 이해
  – 실업률을 해결하기 위해서 어떤 정책수단을 써야 하는가?
  * 실업률이 높으면 물가가 낮음, 화폐의 가치가 높음, 원화 강세.
  * 실업률=실업자수/경제활동인구(노동가능하고 구직 중인 만 15세 이상 인구)

- 재정정책

  정부의 지출을 늘려서 시중에 통화를 공급하고, 세금을 줄여서 내수 진작을 도모함(정부의 지출수준, 조세율, 공채 발행 등을 조절해 국민경제의 안정적 성장을 추구하는 정책, 정부에서 시행).

- 통화정책

  돈을 더 풀어야 함. 양적완화(QE), 지급준비율 인하, 재할인율 인하, 공개시장 조작을 통해 RP나 통화안정증권을 매입하여 시중에 유동성을 공급함(통화량이나 이자율을 조절해 경제의 안정적 성장을 실현하고자 하는 정책, 한국은행에서 시행).

- 과거 중앙은행(한국은행)의 정책 수행방식은 당국이 통화량의 공

급수준을 조절하는 통화량 타겟팅(monetary targeting) 방식을 썼으나, 오늘날에는 일반적으로 금리를 정책수단으로 활용하여, 인플레이션 타겟팅(inflation targeting) 방식을 쓰고, 중앙은행이 여신(부채)부문 및 금융시스템 전반의 안정과 관리까지 맡게 됨에 따라 화폐금융정책이라고 부름.

- 통화정책은 이자율, 자산가격, 환율 경로로 파급됨.

  통화정책은 통화목표제(통화량 관리), 이자율목표제(특정 이자율 관리), 환율목표제(환율 일정수준 유지), 물가안정 목표제(물가 특정수준 관리)로 나눠볼 수 있음.

✽ 경제안정화 정책

- 경기가 침체되면 대규모 실업문제가 발생하며 경기호황이 과도할 경우 물가가 급등하게 됨.

  이러한 불황이나 경기과열을 방지하고 경기 안정을 달성하기 위해 집행하는 모든 정책적 수단을 경제 안정화 정책이라고 함.

- 경기 불황시

  총수요 확대정책 → 물가상승률↑, 실업률↓

  정부지출 증가(총수요 증가), 세금 감면(지출 및 투자 확대), 통화량 확대, 이자율 인하 → 생산,소비 및 투자 증가 → 경기 회복

- 경기 과열시

  긴축정책 → 물가상승률↓, 실업률↑

  정부지출 감소(총수요 감소), 세율 인상(지출 및 투자 축소) → 국민

김여사 외환시장의 꽃이 되다

소득 감소, 생산 및 소비 감소, 실업률 증가 → 물가 하락, 경기 진정

자금공급 축소(통화량 감소) 이자율 인상 → 소비 및 투자지출 감소

- 자동안정화 장치

  누진세, 사회보장제도, 실업보험제도 등을 통해 경기활성화 도모

✱ 환율 변동에 대비한 업체들의 대책

- 환율급등시 수입업체의 대책

  국내 공급가격 인상 검토, 수입대금 결제일 연기 요청, 불필요한 지출 억제, (관세인하 정부에 요구), (수입환변동보험 가입), 기업 외화예금 인출하여 해외 결제대금 결제, (장차 결제가 예정된 달러결제대금 미리 원화로 매수), (선물환 매수계약, 콜옵션매수), (외화자산 증대, 외화부채 감소), (결제통화 변경, 약세갈 것으로 예상되는 통화로 변경)

- 환율급락시 수출업체의 대책

  수출물량의 일부를 내수로 전환 검토, 환차손 예상되는 기수출계약분 취소, 제품 품질 및 기술력 향상, (환변동보험료 할인, 수출기업 지원 정부에 요구), (수출환변동보험 가입), 기업외화예금 인출하여 원화로 예금, (장차 입금이 예정된 달러수출대금 선물환으로 미리 매도하여 원화 확보), (선물환 매도계약, 풋옵션매수), 원가 및 고정 경비 축소, 동종 업체의 제품보다 우수한 제품 개발, 생산기지 이전, (외화자산 축소, 외화부채 증대), (결제통화 변경, 강세갈 것으로 예상되는 통화로 변경)

2. 2018년 대학수학능력시험 국어, 환율 관련 지문

　정부는 국민 생활에 영향을 미치는 활동의 총체인 정책의 목표를 효과적으로 달성하기 위해 정책 수단의 특성을 고려하여 정책을 수행한다. 정책 수단은 강제성, 직접성, 자동성, 가시성의 네 가지 측면에서 다양한 특성을 갖는다. 강제성은 정부가 개인이나 집단의 행위를 제한하는 정도로서, 유해 식품 판매 규제는 강제성이 높다. 직접성은 정부가 공공 활동의 수행과 개인 조달에 직접 관여하는 정도를 의미한다. 정부가 정책을 직접 수행하지 않고 민간에 위탁하여 수행하게 하는 것은 직접성이 낮다. 자동성은 정책을 수행하기 위해 별도의 행정 기구를 설립하지 않고 기존의 조직을 활용하는 정도를 말한다. 전기 자동차 보조금 제도를 기존의 시청 환경과에서 수행하기 위한 재원이 명시적으로 드러나는 정도이다. 일반적으로 사회 규제의 정도를 조절하는 것은 예산 지출을 수반하지 않으므로 가시성이 낮다.

　정책 수단 선택의 사례로 환율과 관련된 경기 현상을 살펴보자. 외국 통화에 대한 자국 통화의 교환비율을 의미하는 환율은 장기적으로 한 국가의 생산성과 물가 등 기초 경제 여건을 반영하는 수준으로 수행된다. 그러나 단기적으로 환율은 이와 괴리되어 움직이는 경우가 있다. 만약 환율이 예상과는 다른 방향으로 움직이거나 또는 예상과 같은 방향으로 움직이더라도 변동 폭이 예상보다 크게 나타날 경우 경제 주체들은 과도한 위험에 노출될 수 있다. 환율이나 주가 등 경제 변수가 단기에 지나치게 상승 또는 하락하는 현상을 오

　　　　　　　　김여사 외환시장의 꽃이 되다

버슈팅(overshooting)이라고 한다. 이러한 오버슈팅은 물가 경직성 또는 금융시장 변동에 따른 불안 심리 등에 의해 촉발되는 것으로 알려져 있다. 여기서 물가 경직성은 시장에서 가격이 조정되기 어려운 정도를 의미한다.

물가 경직성에 따른 환율의 오버슈팅을 이해하기 위해 통화를 금융 자산의 일종으로 보고 경제 충격에 대해 장기와 단기에 환율이 어떻게 조정되는지 알아보자. 경제에 충격이 발생할 때 물가나 환율은 충격을 흡수하는 조정 과정을 거치게 된다. 물가는 단기에는 장기 계약 및 공공요금 규제 등으로 인해 경직적이지만 장기에는 신축적으로 조정된다. 반면 환율은 단기에서도 신축적인 조정이 가능하다. 이러한 물가와 환율의 조정 속도 차이가 오버슈팅을 초래한다. 물가와 환율이 모두 신축적으로 조정되는 장기에서의 환율은 구매력 평가설에 의해 설명되는데, 이에 의하면 장기의 환율은 자국 물가 수준을 외국 물가 수준으로 나눈 비율로 나타내며, 이를 균형 환율로 본다. 가령 국내 통화량이 증가하여 유지될 경우 장기에서는 자국 물가도 높아져 장기의 환율은 상승한다. 이때 통화량을 물가로 나눈 실질 통화량은 변하지 않는다.

그런데 단기에는 물가의 경직성으로 인해 구매력 평가설에 기초한 환율과는 다른 움직임이 나타나면서 오버슈팅이 발생할 수 있다. 가령 국내 통화량이 증가하여 유지될 경우, 물가가 경직적이어서 실질 통화량은 증가하고 이에 시장 금리는 하락한다. 국가 간 자본 이동이 자유로운 상황에서, 시장 금리 하락은 투자의 기대 수익률 하락으로 이어져, 단기성 외국인 투자 자금이 해외로 빠져나가거나 신규 투자 자금 유입을 위축시키는 결과를 초래한다. 이 과정에서 자국 통화의 가치는 하락하고 환율은 상승한다. 통화량의 증가로 인한 효과는 물가가 신축적인 경우에 예상되는 환율 상승에, 금리 하락에 따른 자금의 해외 유출이 유발하는 추가적인 환율 상승이 더해진 것으로 나타난다. 이러한 추가적인 상승 현상이 환율의 오버슈팅인데, 오버슈팅의 정도 및 지속성은 물가 경직성이 클수록 더 크게 나타난다. 시간이 경과함에 따라 물가가 상승하여 실질 통화량이 원래 수준으로 돌아오고 해외로 유출되었던 자금이 시장 금리의 변동으로 국내로 복귀하면서 단기에 과도하게 상승했던 환율은 장기에는 구매력 평가설에 기초한 환율로 수렴된다.

　단기의 환율이 기초 경제 여건과 괴리되어 과도하게 급등락하거나 균형 환율 수준으로부터 장기간 이탈하는 등의 문제가 심화되는 경우를 예방하고 이에 대처하기 위해 정부는 다양한 정책 수단을 동원한다. 오버슈팅의 원인인 물가 경직성을 완화하기 위한 정책 수단 중 강제성이 낮은 사례로는 외환의 수급 불균형 해소를 위해 관련 정보를 신속하고 정확하게 공개하거나, 불필요한 가격 규제를 축소하는 것을 들 수 있다. 한편 오버슈팅에 따른 부정적 파급 효과를 완화하기 위해 정부는 환율 변동으로 가격이 급등한 수입 필수 품목에 대한 세금을 조절함으로써 내수가 급격히 위축되는 것을 방지하려고 하기도 한다. 또한 환율 급등락으로 인한 피해에 대비하여 수출입 기업에 환율 변동 보험을 제공하거나, 외화 차입시

　　　　　　　　　　김여사 외환시장의 꽃이 되다

지급 보증을 제공하기도 한다. 이러한 정책 수단은 직접성이 높은 특성을 가진다. 이와 같이 정부는 기초 경제 여건을 반영한 환율의 추세는 용인하되, 사전적 또는 사후적인 미세 조정 정책 수단을 활용하여 환율의 단기 급등락에 따른 위험으로부터 실물 경제와 금융시장의 안정을 도모하는 정책을 수행한다.

※ 2018 수능 국어 지문으로 환율이 다뤄질 만큼 환율의 중요성은 갈수록 커지고 있다. 외환 투자는 환율을 이용한 투자인 만큼 참고하도록 국어시험에 실린 지문을 인용해 싣는다.

차례

Episode 1

산신령이 하산한 이유

Episode 4

박씨, 한국의 조지 소로스가 되다

산신령이
하산한 이유

산신령,
인간세계에서 살기로 결심하다

    따스한 봄바람이 살랑살랑 인왕산 기슭을 타고 올라와 치마바위에 걸터앉아 있는 산신령의 귓가를 맴돌고 있었다. 산신령은 숨을 한 번 크게 들이켰다가 내쉬고는 되는대로 혼잣말을 했다.

    어렵게 생각하지 말자.
    봄이 되면 꽃처럼 흐드러지게 피고 볼 일이다.
    따스한 봄빛을 온몸으로 흡수하며
    더 이상 견딜 수 없다는 듯이 흐드러지게 피고 볼 일이다.
    필까 말까 망설이며 피는 꽃이 있다더냐.
    가슴에 생로병사에 대한 두려움 품고 핀다더냐.
    봄이 오니 꽃이 피고, 이 세상에 왔으니 살고 보는 거지.

    산신령은 오백년이 넘는 산신령으로서의 삶을 정리하고 이제 인간이 되기로 했다. 유한하지만 햇살과 비가 살에 와닿는 느낌을 즐기고 감동이 있는 삶다운 삶을 살아보기로 굳게 결심한 것이다.
    산신령이 인왕산에 내려온 것은 1506년이었다.

1506년 중종반정으로 연산군이 폐위되고 중종은 왕위에 올랐지만, 사랑하는 아내 단경왕후 신씨가 왕비가 된 지 일주일 만에 중종반정을 반대한 좌의정 신수근의 딸이라는 이유로 궁궐에서 쫓겨나는 걸 지켜보아야만 했다. 중종은 이후 아내 신씨를 잊지 못해 날마다 경회루에 올라 신씨의 집이 있는 인왕산 기슭을 바라보았다. 이 소문을 듣고 신씨는 경회루에서 보이는 인왕산 바위에 자신이 궁궐에서 입었던 치마를 펼쳐놓아 애틋한 정을 전하곤 했다.

산신령도 바위에 치마를 펼쳐놓고 눈물을 흘리고 서 있던 신씨를 몇 번 본적이 있는데, 신씨의 애절한 마음이 녹아 흐르는 듯한 그 치마바위를 산신령은 각별히 아끼었다. 치마바위에 앉아 산신령은 생각했다.

'치마바위는 그때나 지금이나 이 자리에 변함없이 앉아 있고, 진달래꽃은 여전히 봄이 되면 피고 지건만, 그 사람은 여기에 없구나. 아니 그 사람의 흔적은 여전히 여기에 남아 있구나.

내가 오백년간 남긴 흔적은 무엇인가? 아아! 아무것도 없구나. 오백 년을 산들 무엇하리. 꽃이 피듯 한번 흐드러지게 피어보지도 못한다면, 그 애틋한 사랑의 마음을 품어보지도 못한다면, 내리는 비의 감촉을 온몸으로 느껴보지도 못한다면…'

옥황상제의 허락을 받는 것은 어렵지 않았다. 한 달에 한번씩 인왕산에 내려왔다가 1시간 동안 머물다 하늘로 올라가는 선녀에게 40세의 남자로 다시 태어나게 해달라고 간절히 청원하기만 하면 됐다. 무분별한 신청을 막기 위해 연령은 최저 40세 이상으로 정해져 있었다.

문제는 40살의 남자로 다시 태어나서 무엇을 하면서 어떻게 살아가느냐였다. 그것이 산신령들이 인간이 되길 포기하고 계속 산신령으로 살아가는 이유였다. 하지만 인왕산 산신령은 이미 인간으로 환생한다면 어떻게 살아가야 할지를 모두 생각해 놓은 터였다. 산신령은 이번 봄은 특별한 봄이 될 것 같은 생각이 들었다. 왜냐하면 인간으로 환생하여 맞이하는 첫 번째 봄이기 때문이다.

산신령은 친인척은 물론, 가족도 친구도 없이 고독하게 살다가 안타깝게 스스로 세상을 버린 사람으로 환생을 하였는데, 환생이라기보다는 어떤 생을 마감한 사람의 삶을 계속 이어가게 되었다는 것이 더 정확한 표현이었다. 산신령이 대신 살아가게 된 그 어떤 사람의 실명은 왕무상이었다. 산신령은 개명을 신청하여 이름을 왕신령으로 바꾸었다. 왕신령이 산신령의 법적인 이름이 되었다. 산신령은 무상이란 남자의 못다 한 삶을 대신 아름답게 살아주리라 마음먹었다. 마흔 살 평범한 외모의 남자로 변한 산신령은 자신의 모습이 너무 좋았다. 마치 장님으로 평생 살다가 자신의 모습을 처음 본 것 같은 감동이었다. 자기도 모르게 저절로 입에서 시가 흘러나왔다.

반짝이는 눈으로 하루를 조각하리
감춰왔던 나를 오묘한 선율로 노래하리
아름다운 세상을 향해 노 저어 가리.

김여사 외환시장의 꽃이 되다

물론 지난 500년간 인왕산에만 있었던 것은 아니다. 그는 틈만 나면 전 세계의 명산을 찾아다니며 유랑을 했다. 그러나 막상 이제 인왕산을 영영 떠난다고 생각하니 산신령은 만감이 교차했다. 산신령은 사람으로 변하자마자, 산신령의 능력을 모두 상실했고, 인왕산의 산신령으로 명을 받아 내려온 무학신령에게 인사조차 하지 못하고 하산해야만 했다.

　산신령은 우선 계획대로 수석을 매매하는 수석전문점을 찾아가서 그동안 이곳저곳에서 고르고 골라 수집했던 돌들을 한씨에게 팔았다. 한씨는 수석 수집광이었는데, 평생 본 적이 없던 너무도 아름다운 돌들에 넋을 잃고 값을 후하게 제시했다. 그리고는 추가로 매입할 의사도 있으니 앞으로 계속 거래하자고 간청했다. 한씨는 산신령에게 산 돌에 즉석에서 하나하나 이름을 붙였는데, 그 이름은 '월하여인', '모녀의 기도', '백호와 월광' 등이었다. 한씨는 자신이 지불한 돈의 몇 배는 받고 되팔 수 있으리란 확신에 너무도 기뻐하며 산신령을 환송했다.

　산신령은 돌을 판 돈으로 우선 연신내에 가격이 저렴한 빌라를 얻었다. 산신령은 인간세상으로 오기 전에 두 가지 살아갈 방도를 생각했다. 그것은 심마니가 되어 산삼을 캐서 팔아 살아가는 것과 신비로운 모양의 수석을 주워다가 팔면서 살아가는 방법이었다. 하지만 스스로 남들과 똑같이 노력하여 돈을 벌어 살아가는 것이 더 삶의 재미가 있을 것이라는 생각에 우선은 수석을 팔아 생활기반을 마련하고, 일부 여유자금으로 전업투자를 할 생각이었다. 그래서 하룻밤을 새집에서 푹 자고 난 후, 다음 날 중고 컴퓨터를 구입하고 스마트폰을 장만하였다. 그다음 날은 은행과 증권사, 선물회사 등을 돌아다니며 계좌를 개설했다.

산신령은 신이 났다. 모든 게 새로웠다. 그 무엇도 새롭고 재밌지 않은 것이 없었다. 이제 문제는 어떻게 투자를 해서 돈을 벌어서 살아가느냐 하는 것이었다. 이미 산신령이었을 때, 틈틈이 버려진 투자서들을 주워다 읽고 기본적으로 금융시장이 어떻게 돌아가는지를 공부하면서, 투자는 어떻게 할 것인지를 생각해보았다. 그러나 딱히 주식투자를 할 것인지, 채권투자를 할 것인지, 선물거래를 할 것인지는 결정하지 않은 상태였다.

산신령은 며칠 동안 어디에 투자할지 깊은 고민에 빠졌다. 주식은 매력적인 투자대상이지만, 투자대상인 회사의 가치를 제대로 분석하여야 하고, 회사가 잘 되면 성공할 수 있지만, 회사가 망하면 덩달아 투자에 실패한다는 점이 싫었다. 회사가 잘되든 안되든 신경 안 쓰고 투자하고 싶었다. 어떤 기업 경영자의 경영능력, 부채비율, 판매실적 등등을 자세히 알고 싶지도 않았다.

채권은 사서 보유하다가 만기에 이자를 받을 수 있지만, 일단 초기 투자금이 커야 해서 산신령의 작은 투자금으로 투자하기엔 무리였다. 금이나 부동산에 투자하는 것도 고민해 보았으나 투자금액이 커야 하고 장기적으로 가격이 하락세를 보일 경우 매월 수익을 창출하지 못할 수도 있기 때문에 산신령에겐 적당한 투자방법이 아니었다.

고민이 계속되던 중 산신령은 환율과 외환거래에 대해 공부하면서 바로 이거다 싶었다. 풍부한 유동성과 양방향 변동성으로 매매 수익을 내기에 문제가 없었고, 2천만원 내외의 초기투자를 생각하는 산신령에게 통화선물은 안성맞춤의 투자방식이라고 판단되었다.

산신령이 느낀 환율의 매력에 대해, 그리고 왜 외환거래를 선택했는지 그 이유를 한번 살펴본다.

환율의 매력에
푹 빠지다

산신령은 우선 나라마다 동일한 상품이 가치가 다르게 매겨지는 게 신기했다. 하긴 아프리카에선 바나나가 아주 흔해 가격이 싸지만, 우리나라에선 바나나를 쉽게 재배할 수 있는 환경이 아니어서 아프리카처럼 싸지 않다. 각 나라의 환경이나 경제적 수준에 따라 동일한 상품의 가격이 다르게 매겨지는 게 이상한 일은 아니었다.

〈환율에 대한 기초적인 이해〉

상품	한국 가격	미국 가격	달러 대비 원화교환비율
자동차C	60,000,000원	30,000$	2000원/$
노트북X	1,500,000원	1,000$	1500원/$
핸드폰G	1,100,000원	1,000$	1100원/$
스탠드S	45,000원	50$	900원/$
야구공B	6,000원	10$	600원/$

＊ 60,000,000Won / 30,000$ = 2,000Won/$

위 표에는 현재 외환시장에서 원/달러 환율이 얼마인지가 표시되

김여사 외환시장의 꽃이 되다

어 있지 않다. 미국과 한국의 수출입업자들이 교역을 한다면 상품마다 교환비율이 모두 다르게 표시될 것이다. 사실 국가간 무역거래 초기에 다양한 교환가치를 하나의 환율로 표시한다는 문제는 그리 쉬운 일이 아니었다. 물건값으로 거래되는, 두 나라간 화폐를 주고받을 때 환율을 얼마로 할 것인가를 정하는 일은 어려운 문제였기 때문에, 환율은 고정환율제도로부터 금본위제도를 거치면서 수많은 정책입안자들의 고민과 시행착오가 있었다. 현재와 같은 자유변동환율제를 근간으로 하는 국제 외환시장이 형성된 것은 근래의 일이었고, 우리나라 원화환율은 시장에서 자유롭게 결정되고 있긴 하지만 국내에서만 거래되는 한계가 있다. 만약 환율이 높게 형성되거나, 낮게 형성되면 어떤 일이 벌어질 것인지 생각해보면 외환시장의 매력을 절로 알게 된다.

〈국가간 교역증가를 초래하는 환율〉

상품	한국	미국	교환비율	환율
				3000원/1달러
자동차C	6천만원	30,000$	2000원/$	수출증가 → 달러유입 →
노트북X	150만원	1,000$	1500원/$	(달러매도) → 환율하락 ↓↓↓↓↓↓↓↓↓↓↓
핸드폰G	110만원	1,000$	1100원/$	
스탠드S	45,000원	50$	900원/$	수입증가 → 달러유출 →
야구공B	6,000원	10$	600원/$	(달러매수) → 환율상승 ↑↑↑↑↑↑↑↑↑↑↑
				500원/1달러

산신령은 가만히 생각해보았다. 환율을 잘 지켜보다가 환율이 폭등하면 우리나라 물건 가져다가 외국에 팔면 돈을 벌고, 환율이 폭락하면 외국 물건 가져다가 우리나라에서 팔면 돈을 벌 수 있다니 돈을 번다는 게 너무도 쉬울 것 같았다. 물론 관세, 수출입 비용, 보험료 등등 공부해보니 수출이나 수입을 한다는 게 보통 일이 아닌 것도 알았지만 일견 쉬워 보였다는 말이다.

또 물건은 샀다 팔았다 하는 게 불편하지만, 한국 돈이든 미국 돈이든 돈을 거래하는 시장, 즉 외환시장만 있다면 물건을 사고팔 듯 돈을 사고팔 수 있고, 차액을 남길 수 있을 것 같았다. 원화와 달러를 매매할 경우 원화를 매수하는 것은 달러를 매도하는 것과 같고, 원화를 매도하는 것은 달러를 매수하는 것과 같다는 점도 재미있게 느껴졌다. 두 개의 통화로 이루어진 외환매매 쌍(Pair)은 한 통화의 가치가 오르면 다른 통화의 가치가 떨어지고 한 통화의 가치가 떨어지면 다른 통화의 가치는 떨어지는 완벽한 제로섬(Zero sum) 성격을 가지고 있다는 점은 신기했다.

산신령은 생각했다. '환율이 900원이 되면 달러를 천불 사서(1천불 ×900원, 90만원어치 달러 매입) 미국 노트북을 1천불 주고 수입해다가 우리나라에서 150만원에 팔면 60만원의 차익을 챙길 수 있겠구나! 음, 환율이 2000원이 되면 150만원짜리 노트북을 미국에 수출하여 1천불을 받아다가 환전하면 200만원을 받으니까 50만원을 챙길 수 있겠구나!' 이건 봉이 김선달이 대동강물 팔아먹기보다 쉽다는 생각이 들었다.

김여사 외환시장의 꽃이 되다

환율이 이렇게 매일 오르락내리락하고 있으니, 골치 아프게 미국과 한국을 오가며 물건을 사고팔 필요 없이 그냥 앉아서 환율이 높을 때 팔고 환율이 낮을 때 사면 봉이 김선달처럼 돈을 벌 수 있는 게 아닐까? 여기까지 생각이 미치자 산신령은 원달러 시장에서 달러를 사고팔아 돈을 버는 것이 참으로 재미있겠다고 느껴졌다.

해외에서 아주 싼 물건을 발견한 수입업자는 1달러당 1150원을 주고 달러를 사서 그 물건을 우리나라에 수입해다가 팔아서 이익을 볼 수 있다면, 환율 1150에 달러를 사는 게 즐거울 것이다. 우리나라 상품이 엄청 높은 가격에 거래되는 나라가 있다고 할 때, 그 나라에 수출해서 받은 수출대금을 1달러당 1050원만 받고 팔아도 이익을 볼 수 있다면 그 수출업자는 즐거워할 것이다. 결국 산신령이 1150원에는 거꾸로 달러를 팔고 1050원에 달러를 매수하여 이익을 보더라도 아무도 말릴 사람이 없을 것이기 때문에 마음껏 사고팔아도 괜찮겠다는 생각이 들었다.

산신령은 남에게 피해 안 주고 즐겁게 살고 싶었기 때문에 누군가의 눈물을 훔쳐 돈을 벌고 싶지는 않았다. 딱 필요한 만큼만 돈을 벌어와도 아무 일 없이 돌아가는 외환시장이 그의 가치관과 부합한다는 결론을 내렸다.

산신령은 환율을 관찰하기 시작했다. 국제외환시장에서 거래되는 환율의 움직임을 보여주는 환율 관련 사이트는 너무도 많았다. 산신령에게 즐겨보는 외환 사이트(investing.com)도 생겼다. 국제금융시장에서 거래되는 통화의 환율 위주로 정보를 제공하지만 원달러 환율도 볼 수 있었다. 조회창에 USDKRW[1] 입력하고 조회하면, 밤새 런던이나 뉴욕 외환시장이 열리는 시간에 원달러 환율이 변동되는 것을 볼 수 있었다. 엔화와 유로화, 파운드화의 움직임은 역동적이어서 그 움직임을 관찰하는 것만으로도 재미있었다.

외국인이 우리나라 주식과 채권 투자에 관심을 가지는 것도, 우리나라 사람이 외국의 주식과 채권 투자에 관심을 가져야 하는 점도 환율을 생각해보면 더 쉽게 이해가 갔다.

〈외국인을 유혹하는 국내 환율〉

상품	한국	미국	교환비율	환율
AAA급 주식 만주	150억	13백만불	1153.8원/$	▶ 환율 2000원/$ 이라면? 외국인 13백만불로 원화교환(260억원) → 달러유입 → 달러매도 → 환율하락↓
CCC급 주식 만주	1억원	15만불	666.6원/$	

환율이 2,000원이라면 미국인은 AAA급 주식 만주를, 한국인은 150억 어치 보유할 수 있는 데 비해 외국인은 260억원 어치를 보유할 수 있다. 110억원을 이미 번 것처럼 기분이 좋을 것이다.

---

1) 국제적인 기준으로 원달러 환율은 달러/원 환율이라고 부르는 게 맞다. 1USD 가 KRW로 얼마냐를 표시할 때 USDKRW로 표시한다. 이 USDKRW 환율을 우리나라에서는 원화달러=원달러환율로 부를 뿐이다.

〈해외자본은 우리나라 금리수익과 환차익을 노린다〉

상품	한국금리	미국금리	이자차익율	환율
AAA급 채권 100억	3%	2%	1%	▸ 환율 2000원/$에서 　1000원/$로 하락예상시 → 달러유입 → 달러매도 → 환율하락↓
CCC급 채권 100억	5%	3%	2%	

만일 동일한 가치를 가지는 채권이 이자율이 높고, 환율이 하락이 예상된다면 외국인은 달러를 가져다가 팔아 한국채권을 매입하여 이자수익은 물론 환차익까지 볼 수 있다.

산신령은 추가적으로 이자율이 물가와도 밀접한 관련을 가지고 있어서 물가가 오르면 금리가 오르고, 물가가 떨어지면 금리가 떨어지는 경향이 있음에 주목했다.

미국의 물가는 그대로 있는데 한국 물가가 두 배가 된다고 가정하자. 한국에서 미국 햄버거 가격이 5천원하다가 1만원이 된다면, 한국 물가가 상대적으로 2배가 오른 것이고, 한국 돈의 가치가 떨어진 셈이다. 그렇다면 한국 돈의 매력이 떨어져서 외국인들이 한국 돈을 팔아 치우려고 할 것이다. 이 외국인들을 붙잡는 방법 중 하나는 한국 돈을 가지고 있으면 이자를 왕창 준다고 하는 것이다. 돈의 가치가 떨어진 대신 보유하고 있으면 이자를 더 쳐주는 것이다. IMF 때 한국 돈의 가치가 떨어지고 이자율이 20% 가까이 치솟기도 한 사실이 있는데, 이때 채권에 투자했더라면 큰돈을 벌었을 것이다.

채권은 표면이자 수익만을 얻는 게 아니라 만기 전이라도 시장에서 팔 수가 있는데, 금리가 하락하면 채권가격이 급등하기 때문에 금리가 높을 때 채권을 샀다가 금리가 낮을 때 채권을 매도한다면 큰 자본이득을 올릴 수 있다. 채권 금리가 확실히 떨어질 것으로 예상된다면 금리가 더 떨어지기 전에 채권을 사려는 엄청난 수요가 발생할 것이다. 수요가 많아지면 가격은 오른다.

물가가 너무 올라도 문제지만 물가가 너무 안 올라도 문제다. 기업들이 물건가격을 30년째 같은 가격으로 팔고 있다고 가정해 보자. 물건 팔아서 직원들 월급 주고 이익도 남기고 새로 공장도 짓고 해야 할 텐데, 물가가 30년째 제자리이면 경제성장률이 떨어질 위험이 있다. 물가는 적정하게 경제성장을 도와줄 만큼 올라줘야 한다.

일본이 장기불황에서 탈출하고 싶어서 수십 년 동안 물가 상승률 2%를 목표로 갖은 노력을 다하고 있는 모습을 살펴보면, 물가관리가 얼마나 중요한지 알 수 있다. 일본 금리는 0%대를 정말 신기할 정도로 오랫동안 유지하고 있다. 물가가 좀 올라줘야 금리를 좀 올릴 텐데, 물가가 안 올라주니 금리 올릴 엄두를 못 내고 있는 형국이다.

산신령은 경제는 공부하면 할수록 재미있다는 생각이 들었다. 결국 물가도 환율에 영향을 미치는 요소임을, 미국 물가상승률 통계지표가 발표되면 왜 국제외환시장에서 달러환율이 그렇게 요동을 치는지 산신령은 절로 이해가 갔다. 산신령은 한 나라 돈으로 다른 나라 돈을 사고, 다른 나라 돈으로 한 나라 돈을 파는 FX(Foreign Exchange, 외환매매)는 정말 매력 있는 투자상품이라는 생각이 들었다. 돈의 역사를 공부해 보니 환율의 개념이 생겨난 것은 수백 년도 안 되었고,

아직도 국가간 환율전쟁은 진행 중이라고 할 수 있는데 이렇게 총성도 없고, 평화롭고, 재미있는 전쟁은 없을 것 같다는 생각도 들었다. 산신령은 환율에 관해 과거 자료를 찾아가며 많은 밤을 지새우며 공부를 했다.

산신령은 '환율공부노트'를 만들어, 다시 찾아볼 내용을 꼼꼼히 적어나갔다. 그 노트에 산신령이 적어놓은 공부의 흔적 중 일부를 옮겨와 본다.

년 월	평균 환율	외환 보유고	경상 수지	대외 금융계정	년 월	평균 환율 ($/원)	외환 보유고	경상 수지	대외 금융계정
2001.1	1272.82	954	−6	11	2011.1	1120.07	2,960	−30	−18
2	1252.44	953	−5	2	2	1118.14	2,977	15	19
3	1288.43	944	15	18	3	1122.45	2,986	−23	−33
4	1325.55	935	−8	−9	4	1086.84	3,072	−24	−28
5	1298.46	936	12	13	5	1083.54	3,051	−11	12
6	1293.83	943	14	16	6	1081.27	3,045	15	16
7	1302.6	971	0	12	7	1059.5	3,110	41	32
8	1285.39	990	−2	−10	8	1073.17	3,122	47	57
9	1293.7	1,001	4	18	9	1118.61	3,034	32	31
10	1302.6	1,005	3	12	10	1155.45	3,110	37	50
11	1284	1,017	−1	1	11	1132.31	3,086	68	70
12	1289.66	1,028	1	4	12	1147.45	3,064	18	36

(데이터 출처: 한국은행)

✎ 외환보유고가 2001년 1천억불에서 10년 후 3천억불로 3배 늘었다. 기본적으로 경상수지 흑자가 늘어나서 우리나라로 달러가 유입되는 만큼, 대외금융계정 (대외투자자산)이 늘어나서 우리나라에서 달러가 빠져나간다. 우리나라가 돈을 벌면 그 돈으로 해외에 투자하는 것과 유사하다.

✎ 2001년: 엔화 약세로 인한 불안심리에 달러매수세, 엔화의 강세 반전에도 비거주자(역외)의 NDF[2]매수, 대규모 외국인 직접투자 유입, 무역수지 흑자로 1200원대 후반에서 안정된다.

---

2) Non delivery forward의 약자다. 비거주자의 차액결제선물환 거래를 말하는데, 비거주자는 역외, 외국인투자자를 말하며 이 NDF시장에서는 우리나라 은행들도 거래를 하지만 외국인투자자들이 주로 거래를 한다.

김여사 외환시장의 꽃이 되다

✏️ 2011년: 신흥국 중심의 글로벌 채권 약세, 일본 대지진, G7 공조 엔화 시장개

입, 유럽 재정불안 확대로 인한 글로벌 달러 약세로 1100원이 무너지다.

년 월	평균 환율	외환 보유고	경상 수지	대외 금융계정	년 월	평균 환율	외환 보유고	경상 수지	대외 금융계정
2002.1	1317.6	1,043	−7	−3	2012.1	1145.85	3,113	−22	13
2	1318.72	1,051	3	5	2	1123.35	3,158	−24	−4
3	1322.51	1,061	8	−2	3	1125.9	3,160	38	37
4	1318.93	1,077	−8	−3	4	1135.55	3,168	1	−16
5	1266.06	1,096	6	14	5	1154.27	3,109	53	26
6	1223.47	1,124	6	2	6	1165.51	3,124	63	32
7	1185.12	1,155	0	−6	7	1143.36	3,143	84	91
8	1196.37	1,165	−8	16	8	1131.69	3,169	18	32
9	1208.5	1,167	17	14	9	1124.78	3,220	67	58
10	1241.13	1,170	10	18	10	1106.93	3,236	75	72
11	1211.91	1,183	8	8	11	1087.52	3,261	83	92
12	1208.91	1,214	12	0	12	1076.97	3,270	73	83

✏️ 2002년: 외국인 주식 순매도, 미국 경상수지적자 확대, 미국·이라크 전쟁 가능

성에 따른 달러화 약세, 한국 국가신용등급 상향, 일본정부의 엔화 약세[3] 유도

가 공공연히 있었다.

✏️ 2012년: 고유가, 국제 외환시장 변동성 확대, 원달러 환율 하방압력, 주요국

---

3) 엔화는 국제외환시장에서 1달러에 110.10엔, USD/JPY 110.10 형식으로 거래
되며 엔화가 약세를 간다는 것은 USDJPY환율이 110에서 120으로 상승하는
것을 말한다. 달러가 상승하고 엔화가 약세를 타는 것이다.

통화정책 완화[4] 조치가있었고 1100원대가 무너지다.

년 월	평균 환율	외환 보유고	경상 수지	대외 금융계정	년 월	평균 환율	외환 보유고	경상 수지	대외 금융계정
2003.1	1179.46	1,229	−21	−9	2013.1	1065.35	3,289	31	27
2	1191.27	1,240	−7	3	2	1086.68	3,274	25	17
3	1233.68	1,238	−1	4	3	1102.2	3,274	71	70
4	1231.51	1,236	−10	−7	4	1121.83	3,288	53	24
5	1200.14	1,283	0	20	5	1110.67	3,281	99	123
6	1194.07	1317	11	20	6	1135.21	3,264	71	49
7	1181.55	1,329	7	19	7	1127.23	3,297	73	94
8	1178.32	1,362	10	10	8	1116.98	3,311	67	62
9	1166.03	1,415	33	35	9	1087.35	3,369	82	70
10	1166.04	1,433	36	13	10	1066.8	3,432	111	101
11	1185.21	1,503	30	36	11	1062.82	3,450	62	74
12	1192.85	1,554	30	21	12	1056.67	3,465	66	88

✎ 2003년: 3월 북한 핵문제로 일시적 급등, 일본정책당국의 개입에도 불구하고 엔화 강세, 외국인 대규모 주식 순매수, 역외 달러매수, 일본 경기회복 기대감, 미 연준의 저금리정책 기조 유지 등으로 1100원 후반에서 움직이다.

✎ 2013년: 원고 엔저현상 심화, 엔화 약세와 캐리트레이드[5] 중남미통화 비동조

---

4) 통화정책 완화: 통화정책의 대표적인 수단은 금리조정이고 통화정책을 완화한다는 것은 금리를 내려서 시장에 통화가 더 많이 풀리도록 하는 것이다. 금리를 내리면 시중에 유동성이 증가한다.

5) 캐리트레이드: 금리가 낮은 통화로 자금을 조달해 금리가 높은 나라의 금융상품에 투자해 수익을 내고자 하는 거래를 말하는데, 금리가 낮으면 대출금리가 낮기 때문에 적은 이자비용으로 높은 이자를 받는데 투자하여 수익을 얻을 수 있다. 일본 금리가 지속적으로 초저금리상태를 유지하고 있어 수시로 엔화 캐리트레이드 수요가 발생하곤 한다.

한 현상, 미달러화와 다우지수 동반강세, 파운드화 약세, 아베노믹스와 엔달러 100엔 시대, 원달러 환율 급락하다.

년 월	평균 환율	외환 보유고	경상 수지	대외 금융계정	년 월	평균 환율	외환 보유고	경상 수지	대외 금융계정
2004.1	1184.64	1,574	22	4	2014.1	1064.75	3,484	19	35
2	1166.96	1,630	12	19	2	1071.3	3,518	50	68
3	1166.33	1,636	19	16	3	1070.89	3,543	63	48
4	1150.81	1,636	6	7	4	1044.55	3,558	70	61
5	1177.01	1,665	44	53	5	1024.99	3,609	92	82
6	1158.54	1,670	20	36	6	1019.36	3,665	79	103
7	1158.12	1,680	21	20	7	1019.93	3,680	61	48
8	1158.96	1,705	16	24	8	1025.36	3,675	70	79
9	1147.8	1,744	42	60	9	1033.24	3,644	76	86
10	1143.52	1,784	22	14	10	1060.28	3,637	87	72
11	1090.1	1,926	42	52	11	1095.1	3,631	108	105
12	1051.44	1,991	31	38	12	1104.33	3,636	70	106

✏ 2004년: 경기둔화 우려 및 풍부한 시중유동성으로 금리하락, 외국인 대규모 주식 순매수, 역외거래자의 달러화 매도로 1100원대 무너지다.

✏ 2014년: 러시아·우크라이나 사태, 유로화 강세, 위안화 환율변동폭 확대와 위안화 절상[6], 엔화 가파르게 평가절하[7]되어 1000원을 위협하다.

---

6) 위안화가 절상된다는 것은 위안화대비 달러가 약세를 보인다는 의미다.
7) 엔화가 평가절하된다는 의미는 달러가 엔화대비 강세를 보인다는 의미다.

년 월	평균 환율	외환 보유고	경상 수지	대외 금융계정	년 월	평균 환율	외환 보유고	경상 수지	대외 금융계정
2005.1	1038.32	1,997	14	27	2015.1	1088.86	3,622	70	66
2	1022.69	2,022	8	16	2	1098.4	3,624	63	60
3	1007.28	2,054	12	17	3	1112.57	3,628	99	104
4	1011	2,064	−17	−17	4	1088.66	3,699	73	92
5	1002.13	2,061	5	6	5	1091.27	3,715	81	71
6	1010.68	2,050	10	19	6	1112.2	3,747	116	95
7	1036.79	2,057	6	14	7	1143.22	3,708	93	102
8	1020.96	2,067	11	15	8	1179.1	3,679	82	88
9	1029.23	2,067	8	13	9	1184.76	3,681	107	109
10	1045.89	2,073	31	24	10	1148.18	3,696	96	111
11	1041.51	2,082	20	31	11	1151.97	3,685	98	78
12	1027.15	2,104	19	22	12	1172.24	3,680	81	87

🖊 2005년: 미국 경기회복 기대감, 미 연준[8]의 저책금리 인상지속, 수출 네고물량 등 공급우위 지속, 일본에 비해 견고한 미국 경기회복세, 미·일 금리차 지속 전망에 따른 엔화 약세가 나타나다.

🖊 2015년: 원-위안 시장 출범, 그리스 사태, 캐리트레이드 청산 증가, 원화 약세 재개, 위안화 10년 내 최대 일일 절상폭 시현하는 등 위안화 영향을 받다.

---

8) Federal Reserve Board, FRB, FED, 미국 연방 준비제도이사회를 말한다. 12개 연방준비은행을 관할한다.

김여사 외환시장의 꽃이 되다

년 월	평균환율	외환보유고	경상수지	대외금융계정	년 월	평균환율	외환보유고	경상수지	대외금융계정
2006.1	987.07	2,169	0	16	2016.1	1201.67	3,673	72	76
2	970.18	2,160	−32	−10	2	1217.35	3,658	76	92
3	975.09	2,173	−16	−19	3	1188.21	3,698	105	120
4	954.44	2,229	−33	−15	4	1147.51	3,725	38	7
5	941.4	2,247	1	5	5	1171.51	3,709	105	91
6	955.16	2,243	23	24	6	1170.5	3,699	121	93
7	950.15	2,257	−6	8	7	1144.09	3,714	84	102
8	960.72	2,270	−14	2	8	1111.68	3,755	50	75
9	953.68	2,282	32	37	9	1107.49	3,778	81	96
10	954.23	2,295	28	29	10	1125.28	3,752	87	70
11	936.22	2,343	46	41	11	1161.64	3,720	89	89
12	925.75	2,390	6	6	12	1182.28	3,711	79	93

✐ 2006년: 지정학적 리스크 증가, 외국인 순매도, 미 연준의 정책금리 동결 등으로 글로벌 미달러화 약세, 일본 제로금리정책 해제, 위안화 추가절상 가능성, 일본의 조기 금리인상 가능성 둔화로 엔화 약세를 보임에도 원화 강세를 보이다.

✐ 2016년: 중국 주식 및 외환시장 급등락, 중국 금융시장 불안, 엔화의 급속한 절상, 위안화 관련 투기세력의 위안화 약세베팅, 미 경기둔화 우려로 달러화 약세를 시현하다.

년 월	평균 환율	외환 보유고	경상 수지	대외 금융계정	년 월	평균 환율	외환 보유고	경상 수지	대외 금융계정
2007.1	936.36	2,402	3	8	2017.1	1185.1	3,740	53	43
2	937.02	2,428	−6	10	2	1144.92	3,739	84	92
3	943.26	2,439	−11	−28	3	1134.77	3,753	58	60
4	931.5	2,473	−21	−23	4	1132.73	3,766	39	18
5	927.91	2,507	−22	1	5	1125.28	3,785	59	26
6	928.32	2,507	16	31	6	1130.04	3,806	70	87
7	918.85	2,548	27	52	7	1134.4	3,838	73	98
8	933.8	2,553	23	23	8	1130.79	3,848	61	91
9	932.41	2,573	45	34	9	1131.59	3,847	122	128
10	915.86	2,601	21	46	10	1131.57	3,845		
11	916.98	2,619	34	10					
12	930.24	2,622	10	10					

✎ 2007년: 조선업체의 대규모 수주, 미달러화의 글로벌 약세 등의 영향으로 10월 말 900.7원까지 하락, 서브프라임모기지[9] 부실에 따른 안전자산 달러 매수세, 외국인 주식 순매도 확대, 미 서브프라임 사태 이후 엔 캐리트레이드 청산 가속화되며 엔화 강세를 보이다.

✎ 2017년: 미국 대선 결과 원달러 환율 하락세, 위안화 환율 변동성 확대, 유럽 정치적 불확실성 증대, 신흥국 통화 강세로 1100원대 초반 하방압력 받다.

---

9) 서브프라임(subprime)은 프라임(prime)의 아래 있는 비우량 등급을 말하며 모기지는 주택담보대출을 의미한다. 이러한 비우량 등급 주택담보대출을 모아서 구조화채권을 만들어 팔다가 리먼브라더스 사태가 발생했다.

김여사 외환시장의 꽃이 되다

년 월	평균 환율	외환 보유고	경상 수지	대외 금융계정	2008년은 외환시장 격변의 한해
2008.1	942.39	2,619	−6	−20	
2	944.69	2,624	−21	−22	2018년 이후에는 무슨 일이 일어날 것 인가?
3	979.86	2,642	11	−9	
4	986.66	2,605	−22	−27	
5	1036.73	2,582	−16	−21	10년 전 환율이 900원대였던 적도 있고, 1400원대였던 적도 있다. 900원 ~1400원 어떤 환율도 가능하다. 우리나라 환율은 외풍에 영향을 많이 받는다.
6	1029.27	2,581	−10	−3	
7	1019.12	2,475	−22	2	
8	1041.54	2,432	−38	−34	
9	1130.4	2,397	15	2	
10	1326.92	2,123	40	12	
11	1390.09	2,005	29	20	
12	1373.84	2,012	70	35	

✎ 2008년: 국제유가 상승, 리먼 브라더스 파산, 서브프라임 사태, 국제금융시장 불안 고조, 유럽 및 이머징마켓[10]으로 신용위기 확산, 외국인 주식 순매도, 경상수지 적자, 경상수지 흑자 전환, 미 기준금리 인하에 따른 달러화 급락, 글로벌 증시 불안에 따른 엔 캐리트레이드 청산[11] 등으로 급락했으나, 원달러 환율은 폭등하여 1300원대를 넘어서다

---

10) 이머징 마켓(Emerging market)은 신흥국 시장을 말하며 중국이나 브라질 등 떠오르는 자본시장을 말하는데 우리나라도 광의로는 이머징 마켓에 포함된다.

11) 엔 캐리트레이드는 엔화 대출을 받거나 엔화를 매도해서 여타자산에 투자하는 거래를 말한다. 국제외환시장에서 엔캐리트레이드가 증가하면 USD/JPY 환율이 상승한다(달러매수/엔화매도). 엔캐리트레이드를 청산하면 거꾸로 달러매도/엔화매수 거래가 늘어나 환율이 하락한다.

년 월	평균 환율	외환 보유고	경상 수지	대외 금융계정	2009년은 격변에서 점차 안정을 찾은 해
2009.1	1346.1	2,017	3	−4	
2	1429.46	2,015	50	26	
3	1461.98	2,063	58	28	2008년 외환보유고가 환율이 급등하면
4	1341.9	2,125	32	9	서 일시적으로 600억불이 줄어든다. 외
5	1258.71	2,268	23	27	국인들 단기에 600억불 이상 달러매수
6	1261.35	2,317	41	47	가능하다. 2009년 외환보유고 다시 증
7	1263.97	2,375	19	−4	가하다. 환율이 높았을 때 무역수지 흑
8	1238.4	2,454	12	25	자도 늘어났고, 외국인투자자들의 컴백
9	1219.15	2,542	22	19	이 거세게 일어났다.
10	1175.25	2,642	26	48	
11	1164.23	2,709	31	36	
12	1166.45	2,700	18	15	

✎ 2009년: 동유럽발 금융불안 및 단기외채 과다우려, 경상수지 흑자 지속 및 외

국인의 대규모 주식 순매수, 미국의 재정적자 확대 우려, 일본의 기초경제여건

악화, 글로벌 증시 반등에 따른 엔 캐리트레이드가 재개된다.

김여사 외환시장의 꽃이 되다

년 월	평균 환율	외환 보유고	경상 수지	대외 금융계정	2010년은 안정을 되찾은 해
2010.1	1138.82	2,737	−17	13	
2	1157.08	2,706	−2	−13	
3	1137.64	2,723	10	6	
4	1117.11	2,789	8	−24	2010년 환율이 1110원 초반에서 1200
5	1163.11	2,702	67	47	원 사이에서 움직인 것은 2017년 환율
6	1212.33	2,742	36	48	의 움직임 밴드와 많이 닮았다.
7	1207.3	2,860	37	23	우리나라 환율은 1100원대에서 안정적
8	1179.92	2,854	38	25	으로 움직이는 것이 적당한 듯 보인다.
9	1167.01	2,898	44	40	
10	1123.45	2,933	42	26	
11	1126.2	2,902	41	43	
12	1147.55	2,916	−16	−2	

✎ 2010년: 그리스 등 유럽국가 재정위기, 외국인 대규모 주식순매도, 북한의 연평

　　도 포격 도발, 중국의 추가긴축 가능성, 일본 수출업체의 손절매성 달러매도 지

　　속하여 달러 약세(엔화 강세)를 보이다.

| 산신령의 메모장 ① |

◎ 2001.1~2017.8 단순 매매기준율 평균은 1125.46원이다. 환율 1200

　 원대는 중요한 의미를 갖는 환율대이다.

◎ 경상수지 흑자와 대외순자산 금융계정은 비슷하게 움직인다. 경상수지

　 흑자가 증가하여 달러가 유입되는 것이 해외금융자산이 증가하여 달러

　 가 유출되는 것으로 일정부분 균형이 이뤄진다.

　 • 순대외금융자산 추이(연말) 2013년 −372.4억불 → 2014년 +842.3억

불 → 2015년 +2,044.6억불(전년대비 +1,202억불) → 2016년 +2,784.9억불(전년대비 +740억불)

- 순대외채권 추이(연말) 2013년 +1,853.8억불 → 2014년 +2,537.9억불 → 2015년 +3,244.5억불 → 2016년 +4,033.9억불(전년비 +867억불)

- 2015년말 환율 1167.7 → 2016년말 환율 1208.5(이 과정에서 역외비거주자 NDF투자자 250억불 매수가 큰 영향력 행사)

- 거주자 외화예금잔액 추이(억불) 2013년 484.3 → 2014년 611.1 → 2015년 585.3 → 2016년 589.1 → 2017년 10월 말 현재 732.8(전년말 대비 144억불 급증, 1100원대 환율이 매력적이라고 판단하여 외화예금을 많이 했음. 향후 환율이 상승하면 환율상승을 일정부분 제약할 수 있음.)

◎ 지속적인 경상수지 흑자에도 불구하고 환율은 상승세를 보일 수 있다. 경상수지 흑자가 바로 환율하락으로 이어지지는 않는다.

◎ 경상수지 흑자 + 외국인 국내자본 투자 증가 = 외환보유고 증가란 공식이 성립하지는 않지만 일정부분 상관관계가 있음을 부인할 수 없다.

◎ 주식시장과 채권시장에 영향을 미치는 요인들과 외환시장에 영향을 미치는 요인들은 대동소이하다. 그 방향과 크기가 다를 뿐 동일한 사건을 가지고 약간 다르게 반응할 뿐, 주식시장과 채권시장에 관심을 가지면 외환시장도 일정부분 예측이 가능하다.

◎ 경기회복에 대한 기대감, 우려만으로도 금융시장은 출렁인다. 따라서 경제주체들의 심리와 시장 전반의 분위기를 냉철하게 분석하여야 한다.

◎ 역사는 반복된다(History repeats itself). 고전을 읽으면 우리의 삶을 풍성하게 만들 수 있듯이, 금융시장의 과거 역사를 잘 읽으면 미래를 대비하는 데 큰 도움을 받을 수 있다.

◎ 미국, 일본 등 주요(Major) 국가가 처한 경제 상황의 변화가 여타 국가의 환율에 미치는 영향이 크다. 우리나라 내적 문제뿐만 아니라 글로벌 이슈를 제대로 이해하고 있어야 환거래의 의사결정에 도움이 된다.

◎ 서브프라임모기지 부실, 리먼 브라더스 파산, 엔 캐리트레이드, 동유럽발 금융불안, 유럽 및 이머징마켓 신용위기 등 낯선 용어들이 의미하는 바를 이해하기 위해서는 공부가 필요하다.

◎ 2007년 환율 900원에서 2017년 초 환율 1200원이 시사하는 것은 10년 내로 환율이 300원 위로도 아래로도 변동 가능하다는 것이다. 만일 9억원 현금으로 1백만불을 900원에 사서 1200원에 판다면 3억원이라는 큰돈을 벌 수 있다.

반면 원달러 선물시장에서 만약에 900원에 1백만불어치 달러 계약(10,000$짜리 선물계약 100개)을 매입하였다면 5천만원 정도로도 가능하니까, 1200원에 팔아서 이익실현 한다면 단순 이론상으로는 불과 5천만원을 투자하여 3억원을 벌 수도 있다는 결론이 나온다. 선물시장의 레버리지 효과는 놀랍다. 물론 그만큼 위험도 크므로 늘 위험관리를 잘해야 한다.

◎ 환율은 국내뿐만 아니라 해외의 정치, 경제, 주식, 금리 등등 거의 전 부문에 걸쳐 영향을 받기에 참으로 오묘하고 재미있는 대상이다. "환율은 귀신도 모른다"는 속담이 거짓은 아니다.

◎ 환율이 한두 가지 정해진 요소에 의해 영향을 받는 것이 아니라 다양한 요소에 의해 영향을 받는다면, 전문가들의 예측이라는 것은 정말 틀릴 확률이 높다. 어떤 일이 발생할지 모르는데, 그 결과를 예측하는 것은 그만큼 허황된 소설에 불과하다. 그렇다면 결론은 환율은 예측보다 대응이 중요하고, 돈을 버는 것보다 위험관리가 중요하다.

김여사 외환시장의 꽃이 되다

년도	금리 (국고채, 3년)	거래소 KOSPI	미국 DOW	원/달러	엔/달러	외국인 주식잔고	외국인 채권잔고
2001	5.91%	693.7	10022	1313.5	131.3	101.04조	0.17조
2002	5.11%	627.6	8333	1186.2	118.6	97.99조	0.63조
2003	4.82%	810.7	10425	1192.6	107.30	139.90조	5.29조
2004	3.28%	895.9	10800	1035.1	102.52	173.19조	4.79조
2005	5.08%	1379.4	10785	1011.6	117.33	260.13조	9.55조
2006	4.92%	1434.5	12502	929.8	118.85	262.53조	10.54조
2007	5.74%	1897.1	13366	936.1	112.97	308.44조	36.89조
2008	2.33%	1124.5	8668	1259.5	90.2	166.98조	37.49조
2009	4.41%	1682.8	10549	1164.5	92.1	289.40조	56.21조
2010	3.38%	2051.0	11585	1134.8	81.43	374.68조	62.79조
2011	3.38%	1847.5	12046	1143.0	77.62	341.92조	82.86조
2012	2.82%	1997.5	13115	1070.6	85.46	398.26조	91.00조
2013	2.86%	2011.34	16478	1055.4	105.30	416.58조	94.70조
2014	2.10%	1915.59	18038	1099.3	120.40	409.07조	100.34조
2015	1.66%	1961.31	17721	1172.5	120.40	400.13조	101.35조
2016	1.64%	2026.46	19834	1207.7	116.6	458.71조	89.23조
2017.8	1.75%	2363.19	21892	1127.8	110.6	571.04조	104.37조

(원본 data 출처: 금융감독원, 시장분석팀)

| 산신령의 메모장 ② |

◎ 2001년 주가 700포인트에 101조원을 만일 외국인 투자자들이 그대로 보
유하고 있다고 가정할 경우, 주가가 현재 3.3배가 올랐으므로 303조원이
되어, 평가이익만 200조원(약 1,800억불)에 달한다.

◎ 외국인들은 2007년 30조원(약 250억불), 2008년 43조원 (약 370억불)

을 매도하였고, 2008년 말 주가 1124포인트, 주식 보유잔고 166조원인데, 이것이 우리나라 주가의 바닥이고, 외국인 투자자들이 보유한 주식의 평균단가일 확률이 높다. 현재 주가가 이보다 2배가 높으니까 166조원 ×2=332조원, 570조-330조=240조원(약 2,140억불)은 한국 경제상황이 악화되면 매도 가능성이 있는데, 외환보유고가 3,800억불이면 커버하고도 남을 것 같다. 불안할 필요 없다.

다만 2,000억불을 매도한다면 환율은 900원대에서 시작하여 1600원대도 갈 수도 있다. 다만 그럴 확률이 0.1%도 안 된다는 것뿐이다.

◎ 2007년 코스피 주식을 30조5,577억원 순매도하면서 상장채권을 33조8,980억원 순매수한 점을 이해롭다. 외국인들이 주식을 매도하고 있다고 겁먹을 필요없다. 채권 매매 동향도 동시에 살펴볼 필요가 있다.

재밌게도 2008년 코스피 주식을 43조4,978억원 순매도하고, 상장채권을 22조3,498억원 순매수했다. 2년간 비슷한 매매형태를 취한 이유는 무엇이었을까?

◎ 원달러 환율과 USD/JPY(JapaneseYen) 엔화 환율과는 밀접한 상관관계가 있지만 절대적인 것은 아니다.

◎ 금리가 낮아지면 주가가 올라갈 수도 있지만, 경제상황이 좋아서 금리가 올라가도 주가가 올라갈 수 있다. 교과서의 설명처럼 어떤 요인이 상승이나 하락으로 귀결지을 수 있는 것보다 복합적인 요인이 상승과 하락을 결정할 확률이 높다.

◎ 2001년부터 17년간 외국인들이 국내 채권을 100조원 이상 매수했다. 이는 경제상황이나 주가에 관계없이 우리나라 신용도에 비추어 금리가 매력적이었음을 의미한다. 따라서 100조원(약 900억불) 한국 채권포트폴리오는 급격하게 이탈할 확률이 낮다.

◎ 국제외환시장의 USD/JPY환율 변동성이 원/달러 환율 변동성보다 크다. 70엔대~130엔대는 원달러 환율로 단순히 비교하자면 700원~1300원 사이에서 움직이는 것으로서 1000원~1200원 사이에서 주로 움직이는 원달러 움직임보다 최고가와 최저가뿐만 아니라 매년 변동 폭이 상당히 크다. 그만큼 국제외환시장 투자는 국내 외환시장 투자보다 위험도가 상대적으로 더 크다.

산신령의 '환율공부노트'에는 특히 엑셀로 작성한 표들이 다양하게 등장하였는데, 그 표는 과거 환율이 많이 움직였던 날 환율 차트를 숫자로 옮겨 적고 다양한 단기매매 시나리오나 자신이 실행했던 전략을 기술하고 그 결과를 적어놓고 있었다.

이것은 과거의 환율 움직임 속에서 어떠한 방식으로 매수와 매도를 반복할 때 수익이 안정적으로 발생했을지를 검증하고 자신만의 매매 방법을 개발하고 연구해나가는 과정을 보여주는 자료였다. 구체적인 숫자로 꽉 찬 엑셀표도 삽입되어 있었지만 워드로 간단하게 박스를 그리고 환율 움직임이 컸던 날의 시사점을 기록해 놓은 표도 있었다.

예를 들면 이러한 박스가 삽입되어 있었다.

〈환율 변동 폭이 평소보다 컸던 날 시사점〉

일자	2016.6.7 KB 1회차 고시 매매기준율 1186.50 KB 82회차 고시 매매기준율 1159.50
요약	미고용지표 충격으로 20.90원 하락. 2011년 9월 이후 최대 낙폭 기록
급락 원인	미국 고용지표가 전년 및 2016년 평균치를 큰 폭 하회로 6월 미국 금리인상 기대가 무너지고 7월에도 금리인상이 어렵다고 판단
특이사항	저점 결제수요 유입. 외환당국 스무딩 유입 추정 주요 지지선(60일 이동평균선) 하회
환율추이 (최종고시율)	(5.31~6.14) 1191.0 → 1192.5 → 1187.5 → 1186.0 → 1152.5 → 1159.5 → 1166.0 → 1174.0 → 1179.0
시사점	하루 20원 이상 움직일 수 있음. 5원 하락했다고 매수했으면 −15원 손실도 가능했음. 스무딩[12]이 유입되면 단기적으로 환율이 다소 진정되기도 함

---

12) smoothing은 말 그대로 부드럽게 만든다는 뜻인데, 우리나라 외환시장은 참가자가 국내 참가자에 한정되어 있어 환율전망이 동일한 방향일 경우 환율이 한 방향으로 쏠리는 경향이 있다. 이를 보완하기 위해 한국은행에서 필요시 시장에 유동성을 공급하는 방식으로 안정적인 움직임을 유도하는 것을 말한다.

　　　　　　　　　　　　　　　　　　　　　김여사 외환시장의 꽃이 되다

원달러 거래를 하기로
결심하다

산신령은 공부를 하면서 점점 사도 산 것이 아니고, 팔아도 판 것이 아닌 FX거래가 자신이 가야 할 길이라고 느꼈다. 바람이 불었다 흩어지고 구름이 모였다 흩어지고 강물이 흘러가고 계절이 오고 가는 것처럼, 왔다 갔다 하는 환율의 움직임 속에 자신의 마음을 맡기고 세상 돌아가는 이치를 공부하면서, 살아갈 돈도 벌 수 있다면 이보다 즐거운 일이 어디 또 있겠는가. 생각해보니, 뭔가에 투자하여 몇 개월 몇 년을 기다리는 것보다 매일 매일 시작되고 마감되는 하루, 그 하루 안에 투자를 했다가 끝내고 또 다음 날을 기약하는 방식의 투자에 외환매매가 적격이라는 확신이 들었다.

무엇보다 좋은 것은 하나의 생명체처럼 살아 움직이는 것 같은 금융시장을 하나하나 더 이해하고 공부해 나갈 수 있다는 점이었다. 부동산에 투자해 놓았다면, 오르길 기다리며 기다리는 것밖엔 하루 중 달리 할 일이 없을 것 같다는 생각이 들었고, 주식에 투자했다가 당일 회수하는 것은 주식이 하락하는 날엔 낭패이기 때문에, 산신령으로선 다른 대안이 없다는 결론에 이르렀다.

한 달 정도 집중적으로 대략적인 공부를 마무리하고 산신령은 본격적으로 금융시장 시세를 지켜보면서, 구체적인 외환매매 방법에 대해 고민하기 시작했다.

산신령은 주식시장과 외환시장을 유심히 관찰하다가 외국인투자자들이 막대한 규모의 자금과 금융시장의 추세를 거스르지 않는 원칙적인 거래로 우리나라에서 막대한 수익을 거둬 본국으로 가져가고 있다는 것을 발견했다. 그동안 우리나라에서 외국인이 벌어들인 돈이 평가차익을 포함하여 200조원 이상으로 추정됐다. '우리나라도 해외투자를 잘해서 그 이상의 돈을 벌어와야 할 텐데…' 생각도 들었다. 그리고 주식시장에서 매수하거나 매도하면 시차를 두고 나타나기는 하지만 외환시장의 환율 변동성을 확대시키고, 방향성에도 큰 영향력을 행사하고 있는 것을 발견했다.

'외국인투자자들의 눈치를 봐야 한다는 점은 썩 내키지 않지만 외국인투자자들이 1200원 주변에서 30억불 매도할 계획을 미리 눈치 채서 같이 팔아 환율을 떨어뜨린 다음, 1200원에는 10억불밖에 못 팔고 나머지 20억불은 1180원에 팔도록 만드는 식으로, 오히려 우리나라 투자자들이 외국인투자자들을 역이용하는 방법도 생각해 볼 수 있지 않을까.'

'그래, 외국인 투자자들이 우리나라에서 거둬갈 이익금의 일부를 내가 외환시장에서 약간 취한다고 해서 나쁠 것은 없다. 내가 외국인 투자자들에게 맞설만한 자금력도 없을뿐더러 외환시장에선 가장 작은 규모의 투자자가 되겠지만 그저 내가 앞으로 살아갈 만큼의 돈을 벌어도 외환시장에선 그 누구도 눈치채지 못할 만큼 미미한 규모일 것이다.

결정했다. 앞으로 난 외환시장에서 원달러 거래를 해서 돈을 벌어 살아가리라. 산신령 경력을 살려 심마니가 되는 것도, 수석 수집가가 되는 것도 내키지 않는다. 약간의 돈으로 약간의 돈을 벌면서 앞으로 딱 50년만 이 세상에서 행복하게 살아보자.'

그는 곰곰이 생각해보았다. 원달러 거래를 어떻게 할 것인가?

첫째, 원화로 달러 실물을 매수하였다가 나중에 되파는 방법
3천만원으로 환율 1120원일 때 매수하여 환율 1200원이 되면 판다.

(매수) 30,000,000원/1120원(USD/KRW)[13]=26,786$

(매도) 26,786 $ × 1200원/$ = 32,143,200원

(차익) 32,143,200원 − 30,000,000원 = 2,143,200원

이 방법은 첫째 환율이 1120원이었다가 단기간에 1200원이 된다

---

13) 원달러 환율은 1달러당 원화를 표시하는 USDKRW환율을 말하며 1원이 몇 달러 인지 표시하지 않는다. 원화 강세, 원화 약세보다는 달러 강세, 달러 약세 표현을 더 많이 쓰고 달러 강세면 원화는 평가절하되는 것이고, 달러 약세면 원화 가치 상승, 원화절상된다고 표현한다.

는 보장이 없고, 또한 1년 후에야 1200원이 된다면 3천만원으로 1년간 2,143,200원을 벌었으니 연수익률은 7.144%에 불과한 방법이다. 산신령은 이 방식으로는 먹고 살기에 부족하겠다고 판단했다.

외화예금 통장에 달러를 매입하여 놓았다가 파는 방식도 동일하게 부족하다 싶었다. 무엇보다 매일매일 샀다 팔 수는 있지만 그 수익은 너무도 작았고, 환율이 떨어지는 날도 많아서 그런 날은 손해 보고 팔아야 하는데 이건 선택의 대상이 되지 않았다.

둘째, 통화선물시장에서 원달러 선물거래를 하는 방법

3천만원으로 환율 1120원일 때 달러를 매수한다면, 1계약 1만달러당 위탁증거금률 4.8% 가정 시 달러선물 55계약을 매수할 수 있다.

10,000$(거래단위) × 1120원(당시 환율) × 4.8% = 537,600원 = 1계약(개)

을 거래하기 위해 필요한 위탁증거금, 투자금 30,000,000원/537,600 = 55계약

만일 1년 후 1,200원에 매도한다면 44백만원 수익이다.

(매수) 55개 × 10,000$ = 550,000$ × (환율 1120원)

(매도) 55개 × 10,000$ = 550,000$ × (환율 1200원)

(손익) (1200 − 1120) × 550,000 = 44,000,000원 수익

※ 실제 만기 1년물 계약은 없음

김여사 외환시장의 꽃이 되다

현금으로 달러를 산다면 3천만원으로 26,786$밖에 살 수 없지만, 선물로는 무려 20배(550,000$/26,786$)나 많은 550,000달러를 샀다 팔았다 할 수 있다.

다만, 샀다가 1년 후에 환율이 80원이 올라간다는 보장도 없고, 거꾸로 베팅을 했다면 44,000,000원 손실로, 원금 3천만원을 모두 까먹고 추가로 −14,000,000원 손실을 보기 때문에 1년 단위로 거래하는 것은 산신령에겐 선택옵션이 될 수 없었다.

하루하루 매매는 가능했다. 매력적인 것은 높은 환율에 매도했다가 낮은 환율에 매수하면 환율이 하락하는 날에도 돈을 벌 수 있다는 것이었다. 산신령은 그가 가진 종잣돈으로 투자하기에 당일매매가 가장 적합하고 매력적임을 다시 한번 확신했다.

선물회사에서 산신령은 이미 선물거래에 관해 장시간 계좌개설시 설명을 들은 바 있다.

"선물거래는 위탁증거금 3%~15% 정도만으로 매매가 가능하여 현금으로 투자하는 것보다 6배~30배 많이 투자할 수 있습니다. 선물거래는 작은 지렛대가 큰 바위를 움직이듯 한다 하여 레버리지 거래라고 하는데, 작은 투자금액을 큰 투자금액으로 바꿔주기 때문에 종잣돈이 적은 투자자들이 많이 도전을 합니다. 하지만 충분한 여유자금이 없으면 갑작스레 손실이 커질 경우 깡통계좌가 될 수 있고 더 이상 투자를 할 수 없게 되기 때문에 늘 유의해야 합니다. 레버리지의 크기는 위탁증거금률에 의해 결정됩니다. 달러선물의 경우 위탁증거금률이 시황에 따라 변동되기도 하는데 현재 4.8%이기 때문에 거의 20배의 레버리지 상품입니다. 4.8%의 20배는 96%잖아요."

산신령은 인왕산에서 산신령으로 지내면서 안타까운 광경을 본 적이 있다. 주식투자로 큰돈을 벌었던 투자자가 자신의 실력을 과신하여 더 큰돈을 벌 욕심으로 주가지수 선물거래에 뛰어들었다가 번 돈을 다 날리고 괴로워 죽음을 생각하는 모습, 한때 펀드매니저로 잘 나가던 사람이 친인척들 돈을 투자받아 자신의 실력을 과신한 나머지 욕심을 내서 주가지수 선물과 주가지수 옵션 거래에서 대량 포지션을 잡았다가 주가 급변동으로 친인척들 돈을 엄청나게 잃어버리고 야반도주를 할지 말지를 고민하는 모습, 그런 모습들을 여러 번 목격했었다. 주가지수 선물투자로 말할 것 같으면 3천만원을 거래개시 증거금으로 넣고, 주가지수선물 계약 2개만 매수해도 약 1억5천만원 투자하는 셈인데 주가지수가 1%만 투자방향대로 움직이면 하루에 1.5억원의 1%인 150만원을 벌 수 있다.

계좌수익률로 따지자면, 하루 수익률 150만/3,000만=5.0%이고, 연수익률도 따지자면 1,825%(5.0%×365일)다. 그야말로 대박이다. 이런 대박의 꿈을 쫓아서 많은 개미들이 무리한 투자를 한다. 0.001%의 개미는 주가지수 선물투자로 몇천만원으로 시작하여 몇백억 이상을 벌기도 한다. 하지만 수익 가능성의 크기와 손실 가능성의 크기는 같다. 연 2,445%의 수익을 볼 수도 있지만 거꾸로 연 2,445%의 손실을 볼 수도 있다. 그러한 결과는 참혹하다. 파산이다. 산신령은 주가지수 선물거래도 생각해봤고 하루 몇십만원씩 안정적

김여사 외환시장의 꽃이 되다

으로 버는 게 가능해 보이긴 했다. 하지만 그는 주가의 움직임보다는 환율의 움직임이 더 재미있다고 느꼈다.

셋째, 달러선물 상장지수펀드(ETF)에 투자하는 방법

펀드에 투자하는 방법도 있긴 했다. 국제외환시장의 달러지수의 움직임에 따라 두 배의 레버리지가 발생하는, 즉 ETF를 매도하였는데 달러가격이 떨어지면 그 가격하락 폭의 2배만큼 수익을 거두는 상품에 투자하는 것이었다. 하지만 3천만원을 투자한다면 10% 정도는 움직여줘야 수익률이 20%가 되고 수익금이 6백만원이 되는데 1년을 기다려도 10%가 안 움직이거나 거꾸로 움직일 수 있어서 이것도 대안은 아니라고 생각했다. 하루 중에 조금씩 수익을 볼 수 있는 대상이 필요했다.

기타 선물환거래, 스왑거래 등은 소액자본의 개인에겐 어울리지 않는 투자방식이기 때문에 결국, 산신령은 위험을 감수하더라도 원달러 거래를 할 수 있는 최고의 방식은 통화선물 거래방식이라고 결론 짓고 원달러 통화선물거래를 하기로 결심했다.

우선은 거래준비를 완료한 다음에 추가로 연습 삼아 투자도 하고 공부도 더 하기로 하고, 산신령은 NH선물을 방문하여 파생상품거래에 관한 위험에 관해 자세히 듣고 통화선물 계좌를 개설하고 증거금 3천만원을 입금했다. 그리고 스마트폰에 모바일 트레이딩 시스템도 깔고 거래방법에 대해 하나부터 열까지 자세하게 배웠다.

거래준비는 끝났다. 어려운 것은 없었다. 이제 환율이 낮을 때 사서 높을 때 팔거나, 환율이 높을 때 팔고 낮을 때 사는 기술을 익히기만 하면 되었다.

산신령은 빙그레 웃었다. 산신령이 원달러 선물거래를 한다? 지나가던 개도 믿지 못할 일이 벌어지고 있는 터였다. 그 누가 믿어줄 것인가? 스스로도 믿기 어려운 일이 벌어지고 있었지만 즐거웠다.

투자 원칙을
수립하다

산신령은 우선 신중하게 생각하고 고민하여 자신만의 투자원칙을 세웠다. 그 투자원칙은 다음과 같았다.

/ 나의 하루를 건다

국내 자본시장의 큰손, 외국인투자자들이 국내 주식시장에서 매매하는 모습을 보면, 너무도 신중하게 투자하는 것을 볼 수 있다. 주식 500조원을 가지고 있는 그들이 하루 중에 최대 매수하거나 매도하는 물량은 1조원이 안 된다. 1조/500조×100=0.2%다. 엄청난 금액처럼 보이지만 하루 0.2%다.　　　　　　　　　※ 0.2%×365=73%

이것이 가진 돈에서 하루에 베팅 가능한 최대치이다. 내 계좌에 베팅 가능 계약수가 60계약이라면 60×70%=42계약, 42계약을 넘어서 매매하지 않는다. 70%가 하루 최대 베팅치다.

그리고 단 1개의 주문이라도 나의 하루를 걸고 주문을 낸다.

하루를 망칠 수는 없다. 천천히 주문가격 확인하고 수량 확인하고 하루를 망치지 않도록 신중히 주문을 낸다. 급할 것은 없다.

기회라고 생각하면 최대 베팅치를 건다. 그러나 그런 날은 한 달에 3일을 넘기지 않는다. 사전에 기회가 되는 레벨이 어느 수준인지 충분히 검토한다.

하루 투자금액의 50% 범위에서 분할 매수, 분할 매도를 원칙으로 하되 기회가 왔다고 생각하면 과감하게 행동에 나선다. 다만, 평소 충분히 공부하여 기회가 되는 레벨과 상황이 어떤 상황인지를 미리 파악해 놓고, 스스로 납득할 만큼 충분한 이유를 설명할 수 있을 때 실행한다. 멋도 모르게 매매의사결정을 하는 것은 도박이다. 도박은 하지 않는다. 그러기 위해 평소에 공부한다.

그러한 공부에는 다음과 같은 내용이 모두 들어가 있을 필요는 없으나 최소한 커다란 이유를 세 가지 이상 제시할 수 있을 만큼 분명한 이유가 있어야 한다.

투자 의사결정에 영향을 미치는 요인들 예시

美 FRB 의장의 말 한마디 한마디, 유럽 중앙은행 총재의 말 한마디 한마디, 일본의 통화정책 방향, 국채선물시장에서의 외국인투자자 매매동향, 주가지수 선물시장에서의 외국인투자자 매매동향, 주식 및 채권 현물·선물시장에서의 외국인 매매동향, 미국과 유럽 등 선진국, 중국과 일본 등 아시아 주변국 경제동향, 국내 경상수지 통계, 원달러 환율 전망 기사들, 엔화/위안화/ 유로화 환

김여사 외환시장의 꽃이 되다

원변동추이, 선진국과 한국의 금리동향, 유가 및 금 등 주요상품가격 동향, 역외 NDF투자자 매매동향, 한국관련 해외펀드 자금동향, 국내금융기관의 해외펀드자금 동향, 외환당국 동향, 기술적 분석에 의한 지지선 및 저항선, 이동평균선 추이, 추세의 지속이나 추세 전환에 대한 시장의 컨센서스, 시장의 분위기, 외환 애널리스트 리포트들, 한국은행의 정책 및 정부의 환율정책기조 및 보도자료, 미국 다우/S&P/나스닥 동향, 일본 중국 증시동향, 유럽증시 동향, 국내외 테러 위협, 북핵 관련 문제, 국제적인 지정학적 문제, 주변국들의 정국변동, 선진국 경제서장률 동향, 국내 경제서장률 동향, 인플레이션, 실업률, 인구증가율 동향 등

평소 공부해 놓을 내용들

원화가 국제통화가 아니기 때문에 가지는 특징, 국제통화 중 저평가된 통화와 고평가된 통화, 향후 3년 내 가장 변동성 위험이 높은 통화, 선진국의 양적완화가 환율에 미친 영향, 인구감소와 디플레이션 시대의 도래 가능성, 향후 양적완화 축소 및 정상화 과정이 환율에 미칠 영향력, 우리나라 금리의 향방 및 환율에 미치는 영향, 북한의 핵도발 및 한국 신용등급 변동 등 주요 뉴스가 환율에 미친 영향력, 미국의 부채문제, 일본이 겪은 '잃어버린 10년'의 환율 측면에서의 의미, 레이거노믹스와 달러의 변동, 조지 소로스와 영란은행의 대결, 2008년 금융위기 당시 원달러 환율의 실증적 연구, 트럼프노믹스의 한

율 관련 정책적 시사점, 글로벌 금융위기 재발 가능성, 유럽재정위기 재발 가능성, BRICS 주가 및 환율 전망, 신흥국 통화의 강세와 원화 강세 커플링(동조화) 가능성, 가계부채 및 부동산가격상승에 따른 향후 위기발생 가능성, 미국 쌍둥이 적자와 달러의 몰락 가능성, 중국의 부채 증대에 따른 신용위기 발생 가능성, 유럽재정 위기 재발 가능성, 금 가격과 달러 시세의 상관성 분석 등

우리가 살아가는 자본주의 사회의 근간은 '돈'이고 글로벌화에 따라 국가와 국가가 무역과 환율로 체인처럼 엮여 있기 때문에 언제든 한 나라에서 시장 급변동이 발생하면 그 충격이 연쇄반응을 일으켜 다른 나라에도 위기와 기회가 발생할 수 있다. 기회는 늘 왔다가 가기 때문에 기회가 우연히 왔다가 토끼처럼 도망가도록 지켜보고 있지만 말고 기회가 오면 콱 붙잡아야 한다.

달러화가 반드시 상승할 것이다. 달러화가 반드시 하락할 것이라는 고정관념을 버린다. 환율은 내가 결정하는 것이 아니라 시장이 결정하는 것이기에 시장이 맞는 것이지 내가 맞는 것은 아니다. 시장의 움직임을 거스르지 않는다. 환율은 올라갈 수도 있고 내려갈 수도 있다. 특히 하루 중에는 더욱 그렇다.

당일 중 매매 후 미청산 포지션을 남겨놓지 않는다. 내일 환율

은 내일 묻는다. 오늘 중 10계약을 매수했다면 시장이 종료되기 전에 10계약을 매도한다. 오늘 기회가 오지 않았다면 내일 다시 기회가 올 것이다. 오늘 기회가 안 온 것은 내일 더 큰 기회가 올 가능성을 남겨놓은 것이기에 다시 처음 거래하는 마음으로 거래를 시작하면 된다. 미국 달러화는 몇 년 전부터 몰락할 것이라는 전망과 기축통화로서의 지위를 잃게 될 것이라는 논란이 있어 왔지만 여전히 건재하다. 몇 년 전 달러화 약세에 올인했다면 지금쯤 알거지가 되어있을지도 모른다. 그저 하루하루 그날 최선을 다해 시장에 대응하는 것이 최선의 매매방법인지도 모른다. 주식은 그 자체로서 가치를 보유하고 있지만, 돈은 종잇조각에 불과하다. 그 종잇조각에 올인하는 것은 어리석은 일이다. 차라리 금에 올인하는 것이 나을 것이다.

미국 달러화에 대한 논란은 늘 무엇이 맞고 틀리냐를 떠나서 지속해서 자료와 미래전망을 업데이트하면서 지켜보아야 한다. 어쨌든 기축통화이고 원화를 비롯한 모든 통화의 환율변동에 영향을 미칠 것이기 때문이다.

미국이, 더 정확하게는 미 연방정부가 채무상환 불이행(디폴트)을 선언할지도 모른다는 위기설은 지속적으로 미국 의회가 채무한도 증액에 합의함으로써 위기설로 끝나 왔으나, 미국이 막대한 부채를 끌어안고 있는 것은 팩트다. 정부 요청을 의회가 받아주지 않는다 할지라도, 연방준비은행(Federal Reserve Bank)에 예치해 둔 현금을 활용하거나 보유하고 있는 금과 석유를 활용하여 일시적으로 메꿔줄 수도 있기에 당장 디폴트가 나진 않을 것이다. 세계를 호령하는 초강대국이 알고 보니 빚더미 위에서 위태롭게 올라앉아 있는 현실과 그 역사적 배경에 대해서는 공부해 볼 가치가 충분하다.

미국의 위기가 국제경제질서와 국제금융시장에 미치는 파급력은 2008년 금융위기 때 이미 경험한 바 있고, 잠재적인 위험은 달러화의 급락방향이다. 하지만 이러한 미국달러화의 급락은 원화의 강세가 아니라 원화의 약세를 촉발할 위험이 크다. 미국이 해외에 투자해 놓았던 달러자산이 본국으로 환류되면서 외국인투자자들이 한국 주식과 채권을 팔아 달러를 사서 본국으로 송금하기 때문이다.

수면 아래로 가라앉아 있지만, 미국은 여전히 쌍둥이 적자에 시달리고 있고 계속 달러를 찍어내서 그 적자를 메울 수밖에 없는 상황인데, 미국의 대외부채가 지나치게 많아져서 달러가치가 하락하면 미국 국채를 지속적으로 사들여왔던 중국을 비롯한 전 세계 무역흑자국들과 투자자들이 미국 국채를 매도[14] 할 수밖에 없고, 국채를 매도하면 국채 금리가 상승할 수밖에 없다. 미국채 금리상승은 자산시장의 몰락을 유발할 수 있는 등, 글로벌경제가 어떤 혼란에 빠질지 예단하기 어렵다.

역사적으로 보자면, 미국은 로널드 레이건 행정부 이후 쌍둥이 적자(경상수지 적자와 재정적자)에 계속 시달리는 것을 탈피하고자

---

14) 무역흑자국들과 투자자들이 미국 국채를 매도: 국제외환시장에서 달러가치가 떨어질 것으로 예상되면 미국국채를 매도했다가 달러가치가 더 떨어진 후에 다시 미국국채를 매입하면 더 싸게 미국국채를 사는 셈이기 때문에 국제 달러시세가 큰 폭으로 하락하면 미국 국채 매도세가 유발될 수 있다.

김여사 외환시장의 꽃이 되다

1993년 이후 '강한 달러 정책'을 통해 딜레마를 해결하려고 했다. 무역적자 축소는 사실상 포기한 채, 재정적자 감소를 통해 달러 헤게모니를 유지하는 전략이었다. 하지만 조지 W 부시 행정부 들어 감세와 아프가니스탄·이라크 침공, 거기다 금융위기까지 맞으면서 상황이 급격히 악화됐다. 2006년 당시 국내총생산(GDP) 대비 63.9%였던 연방정부 부채는 올해 2017년 106% 수준으로 '5년 만에 두 배' 가까이 늘었다.

미국이 부채한도를 상향조정하고 계속 쌍둥이 적자(무역적자와 재정수지 적자)를 지속하는 전제조건은 달러화 강세를 유지해 미국 국채를 각국의 투자자들이 매입하여 자본수지 흑자로 메꾸는 것이다. 하지만 트럼프의 대선 전 유세연설에서 보면 오히려 달러 약세 정책으로 무역수지 적자를 줄이고 싶어하고, 감세로 재정수지 적자를 감내하는 방향으로 움직이고 있으며, 재정수지 적자를 줄이기 위해 허리띠를 졸라맬 정책은 내놓지 않고 있다. 과연 미국이 얼마나 더 경상수지 적자를 감당할 수 있을지 모르겠다.

IMF 전 우리나라는 무역수지 적자를 이겨내면서도 원화 강세를 유지하다가 일순간에 와르르 원화가치가 폭락하면서 결국 IMF를 맞았던 기억이 생생한데, 문제는 미국이 위기를 맞지 않기 위해서 허리띠를 졸라매게 되면 심각한 경기침체가 발생할지 모른다는 것이다. 지금도 물가 2% 목표가 달성되지 않아 연준이 긴축정책을 과감하게 실시하지 못하고 있는 판국이다. 그럼에도 불구하고 어쩔 수 없이 스케줄에 따라 자산축소를 해서 미국 시장에 풀려있는 막대한 달러를 회수하기 시작하면 디플레이션이 발생할 것이다. 디플레이션은 합리적으로 추측건대 연준의 자산축소가 시작되는 2017년부터 본격적인 축소에 들어가는 3, 4년 후 그러니까 2020~2021년도에 발생할 확률이 높다.

디플레이션이 발생하면 글로벌 증시가 다시 아래쪽으로 방향을 틀어서 끝을 모르고 지난 10년간 불길처럼 타올랐던 자산시장이 어떤 모양새로 몰락할지 예측하긴 어렵지만 분명한 것은 한번쯤은 모든 이들을 놀라게 할 것이다. 다만 당장 달러화매도(Short) 베팅을 하긴 어렵다. 미국의 물가가 강한 상승 모멘텀을 보여주면 연준의 금리인상 속도가 빨라지고 달러화가 급격한 강세를 보일 수도 있기 때문이다.

/ 앞으로 위안화를 눈여겨봐야 한다

원화는 과거에 엔화와 커플링 현상을 보여준 경우가 많은데, 향후에는 위안화와의 커플링, 즉 동조화 현상도 눈여겨보아야 한다. 중국은 위안화의 SDR[15] 편입을 기화로 국제적인 기축통화로서의 지위를 획득하고자 빠른 행보를 보이고 있다. 한국과 교역규모가 가장 큰 중국이니 만큼 앞으로 국제달러지수에 원달러 환율이 연동되

---

15) 위안화의 SDR 편입: SDR은 국제통화기금(IMF)의 특별인출권(Special Drawing Right)을 지칭하며 경제위기가 발생했을 때 인출하여 사용하게 된다. 위안화의 SDR편입과 SDR 내 차지하는 비중이 높아지는 것은 국제적인 기축(주요)통화로 인정받고 있음을 의미한다.

듯이, 중국 위안화 변동에 덩달아 원화도 일희일비하는 일이 늘어날 것이다. 2014년 12월 개설된 원-위안 직거래 시장의 거래량이 늘어나고 있으며 원위안 환율이 간접적으로 원달러 환율에 미치는 영향력이 커질 것이다. 위안화 약세 달러 강세가 나타나면, 원위안 시장에서 위안화 약세 원화 강세가 나타날 것이고, 원달러 시장에서 원화 약세 달러 강세가 나타날 것이다. 환율 괴리시 재정거래 수요가 나타날 것이다.

원화의 국제화는 요원하게 느껴지지만 위안화는 멀지 않았다. 중국당국의 환율 관리는 점차 느슨해질 것이다. 2016년 말~2017년 상반기에 헤지펀드들이 달러 강세 위안화 약세에 베팅하여 위안화를 엄청나게 팔아치웠다가 중국당국의 개입에 한방 얻어맞아 피를 본 일이 있었다. 이러한 중국당국의 개입이 언제까지 지속될지는 모르지만, 만약 중국당국의 통제가 사라지면 엔화나 유로화처럼 변동성이 확대될 것이고 원달러 환율도 변동성이 동반 확대될 것이다.

변동성이 확대된다는 의미는 제대로 알고 투자한다면 그만큼 기회가 늘어남을 의미하기에 위안화에 대한 공부도 늘 염두에 두고 있어야 한다. 미국은 내심 자신들의 무역수지 적자 축소를 목표로 하고 있으면서도 공식적으로는 글로벌 경제회복을 위해서는 무역불균형 문제가 시정되어야 한다고 주장하며, 중국에 위안화를 절상해야 한다고 끊임없이 압력을 주고 있고, 우리나라도 환율조작 의심국으로 분류하여 곱지 않은 시선을 보내고 있다.

과거 기사를 찾아보니, 엔화 대 달러 환율이 85대 1에서 추가 절상되어 79대 1이 되자 일본 재무상이 펀더멘탈에 비해 지나치게 절상되고 있음을 지속적으로 경고하고 일부 개입한 사실이 확인된다. 당시 시장참가자들은 지진피해 복구비용 마련을 위해 일본이 보유 중인 미국 국채를 팔아서 (달러매도 엔매입) 엔화를 자국으로 들여와야 하기 때문에 달러매도를 할 것이라는 기대에 더욱 거세게 달러매도 일변도를 보였는데, 지나고 나서 보면 그때가 달러매수 엔화매도 기회였다.

우리나라 환율이 절상되면 분명 무역수지 흑자는 줄어들 것이지만, 2009년 1250원대였을 때의 무역수지 흑자를 비웃으며 2017년 9월 환율 1130원대에도 사상 최대 무역수지 흑자를 기록하는 것을 보면, 환율평가절상(환율하락)이 반드시 무역흑자 축소로 이어지지 않음은 분명하다.

그 이유는 무엇일까? 한나라의 통화가 절상되면 외국에서 수입한 제품이 자국민에게 더 싸져서 수입이 늘어나고 수출은 줄어서 무역흑자가 감소한다. 하지만 즉시 나타나지는 않는다. 수출이 감소하면 총소득도 감소해서 소비가 줄어들어 수입이 줄어드는 측면이 있다. 또 환율이 폭등하여 원화가 약세를 보인다면 우리나라 경제에 적신호가 켜진 것이기 때문에 국민이 지갑을 닫아 소비가 줄어들 수 있다.

불황형 무역수지 흑자라는 용어도 있다. 공부는 하면 할수록 재밌고 환율은 정말 끝없이 오묘하기만 하다. 환율도 횡보, 국제유가도 횡보 중인데 국내 휘발유 가격은 11주 연속 상승세라는 신문기사도 보인다. 유가도 눈여겨보아야 한다. 기본적으로 유가상승은 주가상승에 도움이 된다. 유가가 급락하면 주식시장도 떨어지는 경향이 있다. 유가가 오를 때 정유업체의 결제수요 규모가 더 커진다. 원유를 사는데 돈이 더 많이 들기 때문이다. 세상은 환율보다 더욱 오묘하다.

단계적인 성장원칙을 반드시 지킨다. 작게 시작하여 3개월 단위로 철저히 검증하면서 투자규모를 늘려간다.

만물의 성장과 소멸의 과정은 대동소이하다. 나무를 예로 들자면, 아주 작은 씨앗 하나가 싹을 틔우고 뿌리를 내리고 자라나 수십 미터 높이의 아름드리나무로 성장한다. 마법처럼, 동화 속에서처럼 뚝딱 순식간에 자라나는 법은 없다. 긴 시간이 필요하며, 자양분이 있어야 하며, 햇빛이 필요하며, 뿌리를 내릴 토양과 물이 필요하다.

6개월간은 투자원금 2천만원 이내에서 투자한다. 만일 6개월간 이익을 실현하면 투자원금을 5천만으로 증액한다. 만일 1년 동안 평균 수익률 30% 이상을 달성하면 투자원금을 더 늘릴 수 있다. 단 3개월 단위로 투자원금을 전부 투자하는 것이 아니라 600만원(3개월), 1,200만원(3개월), 2,000만원(3개월), 3,500만원(3개월) 범위 내에서 투자한다. 아무리 시장이 유혹해도 투자원금을 지키며, 대출을 받아 투자하지 않는다.

무공을 연마하면 할수록 무공 실력이 늘듯이 투자도 혼신의 노력을 다한다면 실력이 늘지 않을 리 없다. 다만, 걸음마도 못하는 아기가 100미터 전력질주를 할 수 없는 법이며, 수영장 50미터도 못가는 수영실력으로 바다를 헤엄쳐 갈 수는 없는 법이다.

한마디로 투자에 실패하는 사람은 초보운전 딱지도 떼지 않은 채로 아우토반에서 시속 200킬로미터로 운전을 시도하는 사람일 확률이 높다. 오랜 시간이 필요하다. 부와 경험을 축적하여 투자 내공을 키워 나가야 한다. 더군다나 금융시장에 확실한 답은 없다. 내일 어떻게 될 것이라는 확실한 것은 없다. 다만 칼 쓰는 기술을 연마하면 무라도 자를 수 있듯이 투자 기술을 연마하면 돈을 벌 수 있는 확률이 높아진다. 실패는 모두 원인이 있고 성공도 원인이 있다. 서두르지 말고 단계적으로 성장해 나간다는 원칙을 지키면 언젠가는 성공할 수 있다.

금융시장은 주식-채권-외환시장이 유기적으로 맞물려서 돌아가고 있고 어디 한 군데도 확실한 예측은 어렵다. 한 분야의 경제학 박사가 큰돈을 벌지 못하는 이유는 미래 예측을 아무리 잘해도 실행은 별개의 문제일뿐더러, 예측은 예측에 불과할 뿐 반드시 실현된다는 보장이 없기 때문이다. 미래의 성공은 전반적인 금융시장을 잘 이해하는 사람, 단기적인 매매이익은 단기적인 대응을 잘하는 사람의 몫이다.

환율 전망을 할 수는 있되, 당일 중 환율의 움직임이 엉뚱하게 움직인다고 해도 당황해서는 안 되며, 그 움직임이 하루에 끝나는 것이 아니라 한 달을 지속할 수도 있기 때문에 그러한 당황스러운 움직임조차 있는 그대로 받아들일 줄 아는 성숙함이 필요하다.

손절매도 능력은 장기 생존능력과 비례한다. 그러한 성숙함은 경험과 공부와 내공에서 나온다.

강물이 위에서 아래로 흘러가고 있는 중이다. 하지만 중간에 거대한 바위를 만나면 그 바위를 비켜서 흘러가기도 하고 곡선코스가 나타나기도 하고 낭떠러지가 나타나기도 하고 잔잔한 넓은 강을 천천히 오랫동안 흘러가기도 한다. 하루하루 배를 타고 그 강을 건너고 있다면 어떤 상황이 벌어질지 알 수는 없지만, 강물이 흘러가는 대로 배를 맡기고 배와 한 몸이 되어 흘러가면 된다. 일희일비할 일이 없다. 느긋함과 유연한 사고능력을 길러야 한다.

단기매매에 관한 일반적인 투자자들의 투자습관을 존중한다. 시장의 움직임을 존중한다. 시장은 항상 옳다(The market is always right)는 것을 명심한다. 단기매매 기술을 지속적으로 테스트하고 내가 좋아하는 기법이 어떤 기법인지를 발견한다. 단계적으로 나만의 기법을 발전시킨다.

단기매매의 장점은 잠자리가 편안하다는 점이다. 하루 마감을 개운하게 할 수 있다는 점이다. 태양은 아침이 되면 다시 떠오르고 저녁이 되면 지듯이, 내일을 기약하며 편안한 마음으로 하루를 마감할 수 있다는 점이다.

중장기적으로는 상승추세에 있더라도 단기매매 시에는 하루의 움직임 안에서 매도하였다가 매수하여 이익을 볼 수 있다. 시장은 그렇게 움직인다. 누구에게나 공평하게 기회를 늘 제공한다. 기회는 늘 있지만 누구나 그 기회를 이용하여 돈을 버는 것이 아니며 오직 기회를 잡는 자의 몫이다.

단기매매를 위해서는 대다수 투자자들이 인정하는 기법들을 인정하지 않을 수 없다. 왜냐하면 그것이 시장 심리(Market sentiment)이며 그 심리에 따라 시장이 움직이기 때문이다. 그 심리가 때로 격하게 표출된다고 해서 잘못되었다고, 이래서는 안 된다고 항변하며 시장과 싸울 필요는 없다. 강물이 흘러가는 대로 노 저어 가면 그뿐이다. 급류를 만나서 배가 많이 흔들리고 뱃멀미가 난다고 해서, 노를 집어 들고 굽이치는 강물을 후려치며 싸울 필요는 없다.

이러한 단기매매의 기본적인 원칙은 기술적인 측면이 꽤 있다. 이를테면 단기적으로 매수방향으로 쏠림이 나타나 가격이 올랐다면, 단기적으로 매수 포지션 청산에 따른 가격 하락이 나타날 가능성이 크다. 그 쏠림이 멈추는 시점을 잘 파악하여 시장에 들어가 매도하면 된다.

차트 분석가들이 차트 분석에 매달리는 이유는 차트는 과거 투자자들의 투자 패턴을 담고 있어서 패턴이 반복되는 경향이 있기 때문이다. 이동평균선 근처에서의 치열한 싸움이 벌어지고 있다면 한발 떨어져서 지켜보다가 이기는 쪽으로 함께 움직이면 된다. 결과만 받아들이면 그만이다. 이러한 방관자들이 진입하도록 기술적으로 속이는 대형투자자(Major player)가 있다는 점은 유의해야 하며 거래량과 패턴에 대한 기술적 분석을 통해 속임수 여부를 잘 판단하여 빠져나와야 한다. 차트의 눈속임에 속지 말아야 한다. 차트를 매매에 참고하는 것은 좋으나 그것은 50%만 믿을 수 있다. 50% 이상은 수급과 펀더멘탈 요인으로 움직인다. 늘 사고에 있어 중심을 잡아야만 한다. 난 차트를 믿지 않는다. 참고할 뿐이다.

참가자들을 무시하면 안 된다. 과거에는 북핵 리스크가 발생하면 단기간에 주식이 급락하고 환율이 급등하곤 했는데 요즘은 누구나 다 그렇게 움직일 가능성이 있다는 것을 알기에 쉽게 움직이지 않는다. 덩달아서 매수해봤자, 결국 가격은 제자리로 돌아오기 마련이고 제자리로 돌아오기 전에 이익실현을 못하면 높은 가격에 매수했던 부분은 손절매도 할 수도 있음을 알기에 위험을 떠안고 급하게 매수하려 하지 않는다.

시장은 점점 똑똑해지고 있다. 과거와 달리 정보유통 속도가 빨라져서 반응속도도 빨라졌고, 확실히 시장에 영향을 미칠 사안이 아니라면 시장을 움직이지 못한다.

중간에서 아주 조금씩 먹으면 된다(Just take a little from the middle). 고점이나 저점을 목표로 거래할 필요 없다 (Don't go for the top or bottom). 조금만 먹어도 먹고 사는 데 지장 없다. 가격의 움직임이 100이라면 그 1/3 정도의 움직임 속에서 조금만 먹고 나오면 된다. 무리해서 끝을 보겠다고 덤비다간 까딱하면 끝장나는 수가 있다. 시장은 무섭다. 늘 내가 기대하고 예상하는 대로 움직이는 게 아니다.

기억하라! 단기매매는 중간에서 아주 조금만 먹으면 된다. 하루 변동 폭 1/3만 먹어도 최고의 딜러다.

첫 6개월,
성공적으로 원달러 시장에 진입하다

산신령은 계좌개설 후 2017년 4월부터 6월까지 계좌잔고의 일부인 6백만원 전후의 실제 투자금으로 원달러 선물거래를 시작했다. 하루 집중적으로 시장을 들여다본 시간은 한두 시간도 채 안 되었고 하고 싶은 공부를 하면서, 가벼운 운동도 하면서 스마트폰으로 가끔 시세를 확인하면서 마음속에 거래 레벨로 생각했던 환율에 도달하면 매수하거나 매도하였다. 결과는 성공적이었다. 3개월 동안 한번도 큰 손실을 입은 적도 없었으며, 3백만원의 수익을 달성했다.

7월부터 9월까지는 투자금을 1천만원 전후로 하여 거래를 했는데 처음엔 투자규모를 늘리자 손익이 예전보다 크게 움직이는 것에 다소 긴장했다. 예전보다 하루 손익이 두 배 가까이 더 크게 움직였지만, 3개월 동안 조심조심 거래하여 중간에 밥 먹거나 놀다가 환율을 모니터링하지 않아 다소 갑작스러운 변동에 손실을 몇 번 보기도 했지만 3개월간 3백만원 이상의 수익을 다시 거두었다.

그것은 아주 작은 성공이었을 뿐 그리 주목할 만한 결과는 아니었다. 하지만 산신령에게 이것은 커다란 의미였다. 동일한 방식으로 똑같이 노력하고 잘만 관리한다면, 투자원금이 10배로 늘어났을 경우

김여사 외환시장의 꽃이 되다

6개월에 6백만원의 수익이 아니라 6천만원의 수익도 가능하다는 의미이기 때문이다. 즉, 투자원금 2천만원~3천만원 중 실제로 운용한 금액은 6개월간 1천만원 전후였기에 수익이 6개월간 6백만원이 났다는 것은 연수익률로 환산하면 약 120%의 수익인 것이다. 다만, 거꾸로 이만큼 손실이 났다고 상상하면 아찔했다. 산신령은 빙그레 웃으며 앞으로도 절대 손실을 내지 말아야겠다고 마음속으로 생각했다.

마주치다

10월 첫 주 산신령은 긴 추석 연휴를 맞아 마음껏 쉬었다. 외환시장도 한 주 내내 쉬었기 때문에 더 마음 편히 쉴 수 있었다. 산신령은 추석 당일, 몇 번 간 적 있는 삼청공원을 찾았다. 찾아가야 할 친척도 없고, 자신을 찾아줄 친구도 없었기에 산과 구름을 벗하여 자기 자신과 이야기를 나눌 계획이었다.

삼청공원으로 가는 길에는 외국인 관광객들이 한복을 입고 여기저기서 포즈를 잡고 사진을 찍고 있었다. 한복이 이렇게 화려했던가? 산신령은 아름다운 한복에 감탄하며 좁은 삼청동길을 걸어가는 관광객들을 바라보았다. 낯선 외국인 아가씨가 한복을 입고 웃으며 서 있는 모습을 보는 것은 나쁘지 않았다.

산신령은 사람의 몸을 가지게 된 후로 샤워를 할 때마다 신기해서 자신의 몸을 구석구석 만져보기도 했으나, 여자에 대해서는 진지하게 생각해본 적이 없었다. 있어도 없는 것 같고 없어도 있는 것 같은 산신령의 모습으로 500년을 살아왔고, 여자 산신령을 본 적도 없거니와, 여자와 사랑을 나눈다는 생각조차 해본 적이 없었다. 아마도 그런 갈망이 있었다면 500년을 버티지 못했으리라. 뭔가 갈망하는 것이 있는데 그 갈망을 성취하지 못했을 때의 불행감은 견뎌내기 힘들기 때문이다.

산신령은 삼청공원 벤치에 앉아 한적한 풍경을 감상했다. 길에는 사람들이 많았지만 공원은 한적했다. 한가로이 벤치에 앉아 있는데 기어다니는 개미들이 보였다. 두 마리의 개미가 벤치의 다리 부분에서 마주쳤다. 위에서 아래로 내려오던 개미와 아래에서 위로 올라가던 개미가 서로를 마주 볼 정도로 가까워지자, 두 마리 모두 걸음을 멈추는 모습이 보였다.

신비로웠다. 그 짧은 순간, 개미 두 마리는 무슨 생각을 하고 있을까 하는 생각이 들었다. 그때였다. 산신령이 앉은 벤치 바로 옆 벤치에 한 여인이 앉았다. 그리고 산신령과 그 여인의 두 눈이 딱 마주쳤다. 산신령에게 상상도 못 했던 감정이 솟아났다.

산신령의 머릿속에선 순식간에 시가 한 편 쓰여지고 있었다.

일 년과 백 년

한 번과 백 번

한 시간과 백 시간

돌과 나무

비슷함과 다름

그럼에도 불구하고

마주친 찰라

그 불꽃 같은 순간을 생각하다

마주쳤다가도

종국엔 각자 가야 할 길을 갈 뿐이란 걸 알지만

그렇게 말하고 싶지 않다

불꽃처럼 스쳐 가는 순간일 뿐이란 걸 알지만

그렇게 말하고 싶지 않다

그 순간은 경이로움과 놀라움으로

이성과 논리적인 사고를 마비시켜 버리는

엄청난 순간이 될 수도 있다고 말하고 싶다

여인이 산신령을 향해 눈인사를 하며 살며시 미소지었다. 산신령은 어안이 벙벙했다. 낯선 여인이 왜 자신에게 미소를 짓는 것인지 영문을 알지 못했다.

"괜찮으시다면 저와 잠시 담소를 나눌 수 있으시겠어요?"

여인이 뭔가를 망설이는 듯한 표정으로 산신령에게 다가와 말을 건넸다.

그렇게 산신령과 여인은 이야기를 나누기 시작했다.

산신령은 여인의 이야기에 깜짝 놀라고 말았다. 그녀는 자신의 이름이 김나나이며 마흔다섯 살이라고 했다. 산신령보다 다섯 살이 많았지만 상당히 젊어 보였다. 빼어난 미모는 아니었지만 왠지 모를 기품과 우아함이 풍겼다.

그녀는 스스로를 북악산에 은둔하며 살고 있었던 구미호라고 말했다. 구미호로 살고 있을 때, 인왕산 산신령을 잘 알고 있었고, 인왕산 산신령이 지금의 인간 산신령으로 변한 것도 모두 알고 있다고 했다. 산신령을 만나기 위해 따라왔음도 고백했다.

"실로 이백 년 만에 인간의 몸을 빌려 반평생 살아보는 꿈을 이루게 되었습니다. 비록 마흔다섯의 여인으로 새 삶을 시작했지만 스무 살 여인 부럽지 않습니다."

구미호라고 밝힌 나나가 홀로 고독하게 살아가다 자기 생명을 버린 한 여인의 몸으로 환생하여 살아가게 된 과정은 산신령과 비슷했다. 다만 그녀는 옛날이야기에 나오듯이 사람의 간을 꺼내 먹은 적은 없다고 했다. 200년 전 굶주림으로 죽기 직전, 삼청공원 계곡에서 신비로운 약초를 발견하고 그것이 무엇인지도 모른 채 먹었는데, 그로 인해 영원히 죽지 않고 살 수 있는 힘을 얻게 되었다고 했다. 하지만 200년 동안 사람들의 눈을 피해 살아가는 일은 너무도 힘든 일이었고, 늘 어둠 속에서 지내야 했기에, 단 10년이라도 좋으니 인간으로 살아가게 해달라고 기도했다고 한다. 둔갑술로 사람의 눈에 띄지 않고, 동물들의 병을 치료할 수 있는 영험한 힘을 빌려, 산에 사는 동물들을 도와주고 치료하며 덕을 쌓아, 드디어 산신령과 같은 날에 인간으로 태어나게 되었다고 했다. 사실 산신령은 옥황상제에게 청원만 하면 인간으로 환생할 수 있었지만, 구미호는 인간의 모습으로 잠시 변신은 할 수 있지만 환생은 허락되지 않았다. 하늘의 뜻이었다.

200년 기나긴 세월의 아픔이 기억났는지, 산신령에게 자신의 과거를 털어놓는 나나의 눈시울엔 뜨거운 눈물이 그렁그렁 맺혔다.

"이 세상에 제가 아는 분은 오직 한 분, 신령님뿐입니다. 그리하여 이렇게 실례를 무릅쓰고 이야기를 청한 것입니다. 저는 산신령님의 집 주변을 맴돌며 도움을 청할까 말까 망설인 지 오랩니다. 산신령님의 연신내 집에서 멀지 않은 어느 식당의 종업원으로 취업해서, 그 식당에서 숙식을 해결하고 있는데, 앞으로 이 세상을 어찌 살아가면 좋을지 도움을 받을 수 있을까 해서 뵙고 싶었습니다."

나나의 놀라운 이야기에 산신령은 무어라 대답을 해야 할지 몰랐다. 그저 나나의 눈을 말없이 들여다볼 뿐이었다. 나나도 산신령의 눈을 말없이 들여다보았다.

그리고 두 사람은 서로의 마음을 읽었다. 더 이상 말이 필요 없었다. 마음이 통했다. 완전하게 철저히 통해버렸다. 무너진 둑에서 물이 콸콸 쏟아지는 것을 멈출 수 없듯 두 사람의 연정은 걷잡을 수 없었다.

두 사람은 삼청공원 꼭대기에 올라 서울 시내를 내려다보았다. 한양도성 성터가 있는 길에 멈춰 서서 서울 시내를 내려다보는데, 나나의 왼손이 산신령의 오른손을 슬며시 잡았다. 산신령은 그 손을 뿌리치지 않았다. 하늘에 구름이 떠가고 두 사람의 마음은 마치 그 구름에 올라탄 듯 들떠 있었다.

나나와 저녁을 먹고 헤어진 그날 밤 산신령은 꿈을 꾸었다. 황진이를 사랑하는 자신이 황진이와 하룻밤을 보내는 그런 꿈이었다. 산신령은 황진이를 직접 본 적은 없었다. 다만, 황진이의 글을 접하고, 그녀의 묘한 매력에 끌린 적은 있었다. 다소 당황스러운 꿈이긴 했다. 꿈은 이러했다.

김여사 외환시장의 꽃이 되다

촛불이 켜지고, 명주 솜이불은 숨을 죽이고, 눈물처럼 촛농이 흘러내리는 가운데, 그녀가 비녀를 뽑자 긴 머리카락이 하얀 목선 뒤로 흘러내렸다. 가슴 옷고름 사이로 하얀 살결이 보일 듯 말 듯 했다. 황진이는 아름다웠다.

산신령이 황진이에게 물었다.

"세월의 벽과 저승의 벽을 타고 넘어와, 이승에서 저를 만난 감회가 어떠하오?"

"세상이 천지개벽을 해도, 여심과 여체를 탐하는 남자의 마음은 변하질 않는군요. 내게 추근대던 수많은 한량 중 한 명을 보는 느낌일 뿐이오."

황진이는 담담하게 대답했다.

"님의 아름다운 시와 영혼을 사랑한 지 오래, 저승마저 감동시킨 당신을 향한 제 사랑을 어이하여 한량과 비교를 하시는지요. 제 넉넉한 품에 안겨본 적도 없으면서 탐하는지 안 하는지 어찌 아신단 말이오?"

"호호호. 이미 먼지가 되어 흩어진 몸, 당신에게 안기고 싶은 마음도 없을뿐더러 이미 사내의 냄새에 흥미를 잃은 지 오래, 나의 사부님 화담의 고매한 인품과 격조 있는 시 외엔 제 저고리의 옷고름을 풀 수 있는 남자는 존재하지 않아요."

산신령이 답했다.

"님에게 가는 길은 있어도, 님의 마음을 여는 길은 없구려. 어이하여 하늘은 화담의 시재와 인품을 내게 주지 않았는지 알 길 없으나,

내 아무런 대가 없이 님을 사랑하는 것을 후회하진 않으려오."

"아직 당신은 마음이 어리시군요. 그 어린 마음 긴 세월이 지나면 어른스러워지실 터, 그 마음 거두시고 이승에서 남김없이 사랑하길 바라오."

황진이는 그렇게 말하며 스르르 눈앞에서 사라져 버렸다. 산신령은 꿈에서 깨어 이게 무슨 개꿈인가 하고 생각했다. 하지만 황진이와의 하룻밤, 아주 잠깐의 대화, 그 순간은 만리장성을 쌓은 시간보다도 길게 느껴졌다. 그의 마음속에서 황진이는 돌아가고 없었다. 문득 산신령은 누군가를 죽을 만큼 사랑한다는 것은 어떤 의미인지에 대해 깊이 생각해보았다. 나나의 얼굴이 떠올랐다. 보고 싶었다. 산신령은 깨달았다. 도를 닦아도 막을 수 없는 것이 그리움이라는 것을.

이른 아침 준비를 하고 산신령은 나나를 만나기 위해 광화문으로 갔다. 나나는 추석 연휴 3일을 쉬고 주말에 다시 일을 시작하기 때문에 이틀 더 나나를 만나는 게 가능했기에 꼭 만나자고 약속했었다. 산신령일 때는 사랑이라는 것은 존재하지 않는 것이라 생각하여 관심 없었고, 사랑은 종족번식을 위해 두 사람이 만나는 것으로서 자긴 해당사항 없다고 생각했던 산신령이었기에, 나나를 만난다는 것은 사실 용기가 필요했다. 하지만 본능적으로 자신의 몸이 나나를 향해 움직이고 있음을 느꼈고, 나나와 자신의 운명은 하늘이 정해준 것 같은 예감이 들었다.

두 사람은 광화문과 종로를 거닐며, 난생처음 본격 데이트를 했다. 마치 갓 스물을 넘긴 청춘 남녀가 만나 이야기를 나누고 거리를 활보하듯, 두 사람은 즐거운 기분에 휩싸이고 있었다. 저녁을 먹을 적엔 두 사람은 난생처음 술도 한잔씩 마셨다. 두 사람은 술 이름이 재밌다고 웃었다.

세세한 과정이 어떠했는지는 알 수 없으나, 다음 날 아침 연신내 산신령의 빌라에서 두 사람은 창문으로 들어오는 햇살을 맞으며 함께 눈을 떴다. 그렇게 두 사람은 함께 살기 시작했다. 가끔 손도 꼭 잡았다.

산신령,
구미호와 사랑에 빠지다

산신령과 구미호 나나는 사랑에 빠졌다. 동경해 왔던 인간으로서의 삶, 그 삶을 사랑이 더욱 충만하게 채워준다는 것을 깨달아 갔다. 아무도 부인할 수 없이, 산신령과 구미호는 깊은 사랑에 빠졌다.

산신령은 혼인신고와 신혼여행은 딱 일년만 기다려달라고 나나에게 말했다. 1년 후 투자 내공이 향상되어 안정적으로 수익을 낼 수 있게 되면, 이탈리아로 신혼여행을 떠나겠다고 약속했다. 1년 후부터는 절대로 나나가 식당일을 하지 않게 하고, 집에서도 손에 물 한 방울 안 묻히게 하겠다고도 약속했다.

나나는 월요일 하루만 쉬며, 매일 밤늦도록 일했지만 힘든 줄 몰랐다. 가정이 단순히 가족이 같이 사는 터전이 아니라, 꿈과 사랑의 나무가 자라는 아름다운 정원임을, 보일러가 집을 따뜻하게 하는 게 아니라, 따뜻한 서로에 대한 사랑이 집을 따스하게 만든다는 것도 알게 되었다. 나나는 식당에서 일하며 틈틈이 주방장 아저씨에게 간단한 요리도 배웠고, 직접 간단한 요리를 할 수 있게 되었다. 손에 물 한 방울 안 묻히게 해주겠다는 산신령의 언약은 나나가 스스로 깼다. 산신령을 위해 가끔 손에 물을 묻히길 원했다. 나나가 일을 쉬

김여사 외환시장의 꽃이 되다

는 월요일 아침이면, 산신령은 밥을 하고 나나를 도와 아침상을 차리고 둘은 아침밥을 함께 먹었다.

　어느 화요일 아침, 산신령은 60세 이후 구체적인 노후계획을 세워야겠다는 생각이 들었다. 물론 60세 이후에도 원달러 매매거래는 할 수 있는 한 지속할 생각이었다. 그 외에도 여러 계획이 떠올랐다. 행복감에 전율했다. 이렇게 사랑하다 지금 죽어도 여한이 없을 것 같았다. 현재의 삶을 다시 산신령으로서의 삶과 바꾸고 싶지 않았다.
　'영원히 간직하고픈 순간, 그 시간의 조각들을 수집하는 게 행복이 아닐까.' 뜬금없이 그렇게 생각하며 산신령은 외환공부노트에 즉흥적으로 시를 한 수 끄적였다.

　　　몸 전체가 일순간 멈춰버린 듯 넋이 나간 듯
　　　감동적이고 아름다운 순간
　　　그 순간을 죽을 때까지 간직하고 싶어
　　　하나의 조각품으로 남긴다면
　　　무엇을 남기고 싶은지 생각에 잠기다
　　　수많은 조각가들이 남겨놓은
　　　수많은 여자 조각품들이 떠올랐다
　　　그 여인을 만나고 바라보고 안던 순간이
　　　작가에겐 가장 아름답고 감동적인 순간
　　　어루만지고 새기고 다듬어서라도

가슴 속 감동이 파도치던 그 순간을
새기고 싶었으리라

가슴 속 추억의 조각공원으로 가면
나에게도 이미 여러 개의 조각품들이 있다
가슴의 피가 멎어버릴 것 같았던 순간
강렬하게 한 여인을 사랑하던
천연색 무지개 같았던 순간들을 작품으로 만들어 놓았다
그 아름다웠던 시간의 조각
눈물과 감동으로 빚은 조각품을 끌어안고
조각품처럼 내가 멈춰버릴 때가 있다
시간의 조각들 사이로 시간의 강물이 흐르고
나는 두 눈을 감는다
행복한 눈물이 흐른다.

가을이 북한산 길목으로 접어들어 걸어오고 있는 아침, 산신령과 나나는 북한산 공원으로 향했다. 월요일이라 등산객은 그리 많지 않았지만, 저마다 폼나게 등산복을 차려입고 북한산을 오르고 있었다. 산신령은 나나에게 자신이 돈을 벌고 있는 방법을 자세하게 이야기해준 적이 있었다. 나나는 처음 듣는 이야기라 이해하기 어려워하기도 했지만, 연신 신기한 표정을 지으며 산신령의 이야기에 귀를 기울였다.

김여사 외환시장의 꽃이 되다

북한산을 오르면서 나나는 산신령에게 말했다.

"문득, 당신의 외환매매기법을 5천년 전 원시시대의 돌망치 사냥 기술과 비교해 봤어요. 그때엔 돌망치로 누가 더 사냥을 잘하느냐가 잘 먹고 잘사냐를 좌우했었잖아요. 당신도 비슷한 거 같아요. 돌망치 대신 돌을 주워다가 팔아서 투자대금을 마련하고, 사냥기술 대신 그 투자대금으로 매일 달러를 샀다 팔거나 팔았다 사는 기술로 돈을 벌어 살고 있으니…."

"하하, 듣고 보니 그렇게 틀린 말은 아닌 것 같구려. 자본주의 사회 는 돈을 사냥하며 살아가는 것이나 마찬가지지요. 돈이 없으면 먹고 살기가 힘드니까. 동물을 사냥하는 대신 돈을 사냥하여 먹고 사는 것, 결국 누가 돈을 더 잘 사냥하느냐가 그 사람의 기본적인 삶의 질을 좌우하는 것 같구려."

"그런가요? 그렇다면 저도 돈을 사냥하는 기술을 배워야 하는 거 아닐까요? 식당일은 뭔가 사냥하는 기분이 들지 않아서 스릴이 없답 니다. 처음 당신을 유혹할 때 살짝 사냥하는 기분이 들어서 스릴이 있었는데요…후훗."

"어허, 이 무슨 말씀인가? 그럼 내가 사냥 당한 거란 말이요?"

산신령은 싱긋 웃으며 오른손으로 나나의 어깨를 감싸 안았다.

"근데 사실 내 기술은 무공에 가깝다고 생각하오. 칼을 들고 싸우 는 것이 아니지만 매일 외환시장 참가자들과 정신적으로 싸우고 있 는 셈이니까요. 다행히 정신적으로 싸우는 무공이라 피를 보지 않아 서 좋고, 누구에게든 승리의 기회가 50대 50으로 공평하니, 누군가가 지는 것에 대해 가슴 아파 할 일도 없고 말이요."

산신령의 말에 나나는 산신령을 마치 귀여운 연인을 바라보듯 바라보면서 말했다.

"어이구, 어련하시겠어요. 오죽하면 자기 호를 스스로 무공이라고 지으셨을까…?"

북한산 계곡 그늘에 자리를 펴고 준비해온 음식을 먹으며 나나가 산신령에게 말했다.

"제가 육체적으로는 당신보다 연식이 5년 더 됐지만, 마음은 당신보다 300년이나 어린 거 아시죠? 이렇게 어린 저를 데리고 살면서 여태껏 찐하게 사랑한다는 고백을 하신 적이 없답니다. 저를 위해 멋진 사랑의 세레나데를 들려주거나, 사랑의 시를 읊어줘 보세요."

"허허. 이 나이에 쑥스럽게 무슨 사랑의 고백을…?"

산신령이 곤란해했다. 그러면서도 최근에 완전히 나나에게 중독되어 영원히 헤어나오지 못할 것 같은 느낌을 표현한 시를 읊어주었다.

봄이면 왜 꽃은
슬피 떨어져도 피는가
가을이면 왜 낙엽은
외로이 떨어져도 붉게 물드는가
그 빈자리
그 텅 빈 허전함
왜 자꾸 채우고 싶어 하는가

　　　　　　　　　　　　　김여사 외환시장의 꽃이 되다

왜 자꾸 그리워하는가

외로움은 왜 때로
가슴 한편을 할퀴는가
꽃잎으로 뒤덮이는가
가슴 속에
나도 모를 사랑이 살고 있다
그 붉은 입술이
가슴에 있음을 느낄 수 있다

번진다
붉은 노을이 하늘에 번지듯
다시 어제처럼
붉은 노을이 하늘에 번진다
그리움이 나를 물들인다.
들어왔다 나가길 반복하는
해변의 파도처럼
자꾸만 내 가슴 속을 들락거리는
한 사람에게
나는 중독되었다.

산신령의 시를 듣고는 나나가 말했다.

"에이. 겨우 중독된 걸로 끝이에요? 뭔가 그대는 제 가슴 속으로 들어와 또 하나의 심장이 되었다던가, 그대는 이미 저와 하나가 되어 그대가 없으면 숨을 쉴 수조차 없다던가, 뭔가 더 화끈한 시를 기대했는데…"

나나가 새침한 표정을 지어 보였다. 가히 500년 산신령 출신과 200년 구미호 출신인 두 사람의 이야기만 놓고 보면 철부지 풋사랑을 하는 20대 같았다.

"흠…. 그렇다면, 좀 더 강하게 가보겠소."

산신령이 웃으며 시를 읊었다.

그대의 향기에 취해버렸소

그대의 감촉에 취해버렸소

그대의 눈빛에 반해버렸소

그대의 목소리에 반해버렸소

그대의 감성에 감동했소

그대의 마음에 감동했소

그대만 보면 가슴이 떨리오

그대만 상상하면 가슴이 떨리오

그대와 함께라면 즐겁소

그대와 함께라면 행복하오

저는 그대에게 완전히 중독되었소.

김여사 외환시장의 꽃이 되다

산신령이 말이 끝나자, 나나가 말했다.

"뭐예요! 이것도 겨우 중독 수준이잖아요. 흥, 그렇다면, 할 수 없죠. 차라리 당신의 입을 다물게 만들겠어요."

그렇게 말하며 나나는 산신령과 입을 맞추었다. 붉게 물든 단풍잎 하나가 바람에 날리어 두 사람의 머리 위로 떨어지고 있었다.

단기매매의
추억들

산신령은 매달 초가 되면 날을 하루 잡아서 지난 한 달 동안 자신이 단기매매에서 거뒀던 성공과 실패의 원인, 결과를 분석했다. 그리고 훗날 누군가를 위해 그 단기매매의 추억들을 들려주거나 책으로 엮어 알려줄 때를 대비하여 컴퓨터에 문서를 만들어 저장해 놓았다. 문서 제목은 '단기매매의 추억들'이었다.

3년 후 산신령의 투자규모는 억 단위에 달했고, 수익으로 자그마한 17평 아파트를 사서 이사를 했다.

산신령과 나나는 그 후로도 오랫동안 서로를 진심으로 사랑하며 하얀 머리카락이 흰 눈이 내린 듯 머리 전부를 하얗게 뒤덮을 때까지 행복하게 살았다. 살아가는 데 불편함이 없을 정도의 돈만 남겨 두고 나머지 돈은 모두 어려운 사람들을 위해 기부했고, 두 사람이 모두 세상을 떠났을 땐 모든 재산을 사회에 환원하였으며 구름처럼 사라졌다.

기부금 총액은 절대 밝히지 말아 달라고 하여 그 액수가 얼마인지는 알 수가 없으나, 모 기부단체 관계자에 의하면, 웬 노부부가 자신

김여사 외환시장의 꽃이 되다

들의 이름조차 밝히지 말아 달라고 하며 정말 많은 돈을 기부했다고 한다. 익명을 요구한 모 동물보호협회 관계자는 우리나라에 그 누구도 그 노부부만큼 많은 돈을 기부한 적은 없었고, 앞으로도 없을 것이라고 단언했다. 한번은 왜 그렇게 많은 돈을 기부하느냐고 묻자, 이 세상에 태어난 사람이나 동물이나 모든 생명은 하나같이 존귀한 것이며, 그 누구에게도 피해를 끼치지 않고 선하게 살아가는 동물들이 고통스러운 기억을 지우고 이 세상을 떠나길 바라기 때문이라고 간단히 대답했다고 말했다.

산신령의 FX거래를 추억하며 여기에 산신령이 저장해 놓았던 "단기매매의 추억들"이라는 문서의 일부분을 옮겨본다.

역외시장(NDF, Non-Delivery Forward, 차액결제선물환)
참가자들의 단기매매 전략 전술

◎ 환율이 10원 이상 움직인 날의 공통점은 NDF 참가자들의 매매가 활발했다는 점이다. 역으로 해석하면, "NDF 출신 참가자들의 매매가 활발할 것으로 예상되면" 함부로 역방향으로 거래했다간 손절매도나 손절매수를 할 가능성이 높기 때문에 유의해야 하며, 5원 이상 움직이는 날은 역외시장참가자를 따라가서 단기적으로 수월하게 2~3원 수익을 보고 빠져나올 수 있다.

2017년 4월~10월 환율 급변 현황

일자	전일종가	시가	고가	저가	종가	평균
4.14	1129.70	1135	1141.1	1135	1140	1138.8
5.18	1118.3	1123.7	1127.6	1121.9	1124.5	1125.2
8.9	1125.1	1130	1137.3	1130	1135.2	1134.7
9.4	1122.8	1129	1133.8	1128.5	1133	1131.5
10.10	1145.4	1142.5	1143	1135.1	1135.1	1138.2

(자료출처: 한국무역보험공사, 정보광장)

◎ 시가부터 강하게 매수하여 +3원, 이후 기다려서 다시 시가 부근으로 환율이 조정을 받으면 다시 강하게 매수하는 전략을 쓴다.

◎ 10시 반까지 기다려서 환율이 더 이상 안 빠지거나 안 올라가면 매수 혹은 매도한다. 점심시간 장이 얇은 틈을 타서 추가 매수 혹은 매도한다.

◎ 은행권 손절매도, 은행권 손절매수 구간 시 역으로 진입하여 포지션을 구축한다. 은행권 손절매도 시 강하게 매수하여 원위치로 환율을 올리고, 다시 은행권의 매수세가 유입되면 이익실현 매도한다.

은행권 손절매수시 강하게 매도하여 원위치로 환율을 끌어내리고, 다시 은행권의 매도가 유입되면 이익실현 매수한다.

◎ 펀더멘탈상 시장에 임팩트를 줄 사항이 발생하면, 매도포지션에 대한 환매수는 레벨을 불문한다. 전일 종가 대비 +5원에서 시작해도 구축해 놓은 평균 매도단가 근처라면 하루 개장, 중장, 종장 세 번 정도에 나눠

김여사 외환시장의 꽃이 되다

서 밀릴 때 환매수 한다. 매수 포지션에 대한 손절매도 시에도 환율이 설사 -6원에서 시작하더라도 지속적으로 매도한다.

국내 주식에 투자하고 있는 외국인 기관투자가들의 거래전략(Real Money)

◎ 10일 치 매매대금을 합해서 미리 매도하거나 미리 매수한다. 이익실현 매도 예정물량이 1조원 혹은 헤지 매도 물량이 1조원이라면 10억불을 10 일에 걸쳐 나눠서 매수하는 것이 아니라 시장이 안심하고 있을 때 하루 만에 모두 매수한다.

◎ 글로벌 금융시장의 불안으로 전체 투자 포트폴리오의 비중을 10% 축소하기 로 했다면, 그리고 그 금액이 30억불이라면, 15억불을 분할해서 시장에 틈시 안 나게 매수하고, 시장에 소문이 나면 30억불을 매수한다. 그리고 환율이 오르면 15억불 초과매수했던 부분을 이익실현 매도한다.

◎ 바이코리아 혹은 셀코리아를 해야 할 명분이 주어진다면, 환율을 크게 문 제 삼지 않는다. 다만 시장을 자극하지 않도록 다양한 경로로 주문을 넣 어서 최대한 분할 매도 혹은 매수한다. 중요한 것은 헤지물량의 크기와 비율이지 환율이 무서워서 헤지해야 할 것을 미루지 않는다. 시장상황에 따라 다이나믹하게 헤지매수 헤지매도 물량 조절을 통해 수익극대화를 목표로 한다.

시장 참가자들이 좋아하는 차트 매매신호 두 가지

◎ 환율이 꽤 오랫동안 상승추세를 보이다가 꼭대기에 역망치형을 보이거나, 환율이 하락추세에서 강하게 밀고 올라가면서 망치를 만드는 경우에 그날 거래량이 꽤 많았고, 다음 날 이 망치형이 성립된다고 판단되면 환율이 강하게 움직인다. 떨어진다고 사거나 많이 올랐다고 팔았다가 낭패를 보는 수가 있다.

인간은 망치를 들고 동물을 사냥하던 원시인의 본능이 있기 때문일까? 이 망치형 패턴을 꽤 좋아한다.

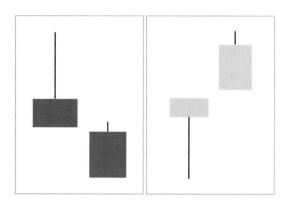

◎ 단기차트든 장기차트든 헤드앤숄더 패턴이나 역헤드엔 숄더 패턴을 억지로라도 만들어보려고 시도할 만큼 이 반전신호를 좋아한다. 인간은 본능적으로 변화에 대한 욕구가 크기 때문일까? 이런 패턴이 나오고 정말 그림이 만들어지면 흐름이 바뀐다. 그런데 잘 보면 마치 산과 계곡을

김여사 외환시장의 꽃이 되다

보는 듯하다. 사람은 본능적으로 산에 끌리는가 보다.

외환당국의 스무딩오퍼레이션을 참고한 매매

◎ 상승추세든 하락추세든 추세가 분명한데, 과도하게 하락하거나 과도하게 상승할 경우 외환당국이 시장안정화를 위해 속도를 조절할 가능성이 크다. 다만 물가가 급등하고 있으면 환율하락을 용인하거나, 물가가 하락 중이라던가 글로벌 달러시세가 급등할 경우 환율상승을 용인할 여지가 있기 때문에, 평소엔 아예 잊어버리고 매매한다. 첫 번째, 두 번째 스무딩오퍼레이션이 감지되면 스무딩오퍼레이션에도 불구하고 환율이 10원 이상 더 내려가거나 더 올라갈 때 매수포지션을 일부 이월하거나 매도포지션을 일부 이월할 수 있다. 과도한 쏠림은 진정되는 경향이 있기 때문에 하락할 때 매수하고 상승할 때 매도하더라도 리스크는 작아지기 때문이다. 포지션 이월거래는 외환당국이 출현할 때, 역외투자자들이 확연하게 환율을 상승시키거나 하락시킬 의도가 보이고 실제 액션을 취할 때 예외적으로만 운영한다.

◎ 과도하게 환율이 움직여 기획재정부까지 공조 할 경우가 있다. 그럴 경우엔 당국에 맞서지 않는다. 외환당국이 시장을 어떻게 해석하고 있는지 분석해보고 당국이 환율상승을 우려하면 약간 숏, 환율하락을 우려하면 약간 롱을 취하고 시장상황을 지켜보다가, 환율이 의미 있게 하락할 요인이 발생하거나, 의미 있게 상승할 요인이 발생하면 과감하게 매수나 매도를 한다. 시장 흐름에 변화가 생길 가능성이 크기 때문이다.

산신령과 구미호의 사랑이야기를 마치기 전에 한가지 이야기는 꼭 부연해야겠다. 산신령은 그 어떤 SNS 활동도 하지 않았다. 다만, 딱 한군데 블로그에 종종 글을 썼다.

그 블로그의 이름은 '김여사의 FX 다이어리'였다. 매일 매일 각종 경제지표 발표치를 일목요연하게 정리해서 올려주고, 각종 FX사이트 링크도 제공하고 중요한 정보를 전달해주는 사이트도 총망라하였다. 참 정리를 잘해놓고 있었고 무엇보다 김여사와 나여사의 매매일지는 뭔가 도와주고 싶은 마음도 들게 만들었고, 두 사람의 성격적 특성이 나타나는 것 같아서 마치 누군가의 일기장을 매일 훔쳐보는 것 같은 기분마저 들었다.

그래서 가끔 김여사가 앞이 잘 보이지 않는다고 할 때면, 방명록에 산신령의 생각을 살짝 전달해주곤 했다. 김여사는 개인 쪽지를 보내 산신령을 한번 꼭 만나보고 싶다고 했다. 산신령은 김여사를 개인적으로 만나지 않았다. 그저 쪽지에 대해 늘 지켜보고 있으며 응원하고 있다고만 답변했다. 김여사도 더는 만나자는 쪽지를 보내지 않았다.

김여사가 원달러 거래를 시작하고 얼마 되지 않아 올린 매매일지를 쭉 보다가, 산신령은 김여사가 차의 운전으로 비유하자면 곡선코스에서 뜬금없이 액셀을 밟거나, 직선코스에서 너무 옆 차들을 의식하여 제대로 속도를 내지 못하는 식으로 상황에 맞는 매매전략을 구사하지 못하는 것이 안타까웠다. 그래서 어느 날 방명록에 표를 한 장 그려주고 간단한 메모를 남겼다.

김여사는 댓글로 정말 큰 도움이 되었다고 했고 정말 정말 정말 글을 남기신 산신령이라는 아이디를 쓰는 님의 정체가 궁금해서 미칠 지경이라고 이모티콘을 여러 개 남겼다. 산신령이 '김여사 FX 다이어리'의 방명록에 남긴 산신령의 글을 하나 여기에 남겨본다.

[산신령]

현재 환율이 1050~1060원 레인지 장세라는 확신이 든다면, 레인지 거래 포지션을 맥시멈으로 운용하지 말고 크게 먹을 게 없으니 조금씩 샀다 팔면 됩니다. 1060원 근처로 갈수록 매도, 1050원 근처로 갈수록 매수입니다. 1055원에 매도 10계약 하지 마시고 못 먹어도 기다리다가 1060원에 매도 10계약 하세요. 1060원 레인지를 혹시 뚫고 올라가며 분명 펀더멘탈상 환율상승 요인이 있다면, 레인지가 깨진 것입니다. 손절매수 하시고 롱포지션을 취하여야겠지요? 레인지 거래 당시 포지션 운영규모보다 거래규모는 커지게 됩니다. 하지만 저항선이고 펀더멘탈상 더 올라가기 어려운 1079원 레벨이라면 다시 숏포지션을 고려해 봅니다. 단, 구름대가 형성되어 있고 차트분석, 참가자 심리분석상, 분명 달러를 사야 할 이유보다 달러를 팔아야 할 이유가 많은 경우라야 합니다. 레인지장이냐, 추세장이냐에 따라 거래규모 조절은 필수이고, 시장이 움직이는 방향으로 따라가면 됩니다. 유연하게 차를 모세요. 찬찬히 조심스럽게. 김여사님을 응원합니다!

▼표시는 매도포지션, ▲표시는 매수포지션을 가리킵니다.

환율	포지션 운영 예시
1077~1079	▼▼▼▼▼▼▼▼▼▼▼▼▼
1075~1077	▼▼▼▼▼▼▼▼
1072~1074	▼▼▼
1070~1071	
1067~1069	▲▲
1064~1066	▲▲▲▲▲
1061~1063	▲▲▲▲▲▲▲▲▲
1059~1060	▼▼▼▼▼▼
1056~1058	▼▼▼
1054~1055	
1052~1053	▲▲▲
1050~1051	▲▲▲▲▲▲
1048~1049	▼▼▼▼▼▼▼▼▼▼▼▼
1045~1047	▼▼▼▼▼▼▼
1041~1044	▼▼▼
1039~1040	▼
1036~1038	▲
1033~1035	▲▲
1030~1032	▲▲▲▲▲

김여사 외환시장의 꽃이 되다

[Episode 2]

김여사,
외환딜러
뺨을 치다

김여사
재테크 강의에 빠지다

딱 하나 남은 주차자리, 양쪽의 차들이 선에 너무 가깝게 세워서 주차를 하느라 식은땀을 흘리며 곤욕을 치른 김여사는 한숨을 푹 쉬며 혼잣말을 중얼거렸다.

'운전경력 5년인데도 여전히 주차하느라 애를 먹다니, 언제쯤이나 나는 운전 스트레스에서 자유롭게 될까?'

그러면서 김여사는 친구와의 약속장소인 K카페로 들어섰다. 멀리서 김여사를 알아보고 반갑게 웃으며 친구 세화가 손을 흔든다.

"어머, 지수야! 너 오늘 엄청 예뻐 보인다. 나보다 예쁜 네가 커피 사~"

김여사는 세화의 말에 피식 웃으며 자리에 앉으며 말했다.

"또 뻥치네. 너 말 안 믿어. 지난번 네가 읽으라고 추천해준 '창의성을 지휘하라'는 책 읽느라 머리털 다 빠지는 줄 알았어."

어제는 창의력을 발휘해서 운전을 하고 있었는데 웬 아저씨가 창문을 열고 고래고래 소리를 지르더라. 대낮부터 술 마시고 운전하는 거냐고 고함을 치면서 말이야. 얼굴이 벌게서, 술은 자기가 마신 것 같더구먼. 열 받아서 혼났어."

"또 운전하다가 한바탕 했구나. 하긴 나 솔직히 친구라서 하는 얘기지만 너 차 타는 거 겁나긴 해. 호호호."

"너 나한테 한대 세게 한번 맞아볼래?"

"싫어. 호호호."

두 사람은 커피잔을 사이에 두고 이런저런 이야기를 나눴다.

"그 책의 저자가 한 말은 하나도 기억나는 게 없고 친군지 누군지 컴퓨터 공학자 앨런 케이라는 사람이 한 말 적어놓은 건 머릿속에 콕 박히더라. '미래를 예측하는 가장 좋은 방법은 미래를 창조하는 것'이라는 말 말이야."

김여사가 말했다.

"어머, 나도 그 말이 넘 멋있어서 수첩에 적어놓았는데. 지수야, 우리 돈이 많은 미래를 한번 창조해 보지 않을래?" 세화가 말했다.

그렇게 책과 돈에 관한 이야기를 주고받다가 헤어진 후 이틀이 지났고, 김여사는 백화점에서 온 홍보물을 보다가 솔깃한 광고에 눈길이 멈추었다. 무료 재테크 강의였다. 주중 2회씩 5주에 걸친 무료강의였다. '딱히 할 일도 없는데 나도 재테크해서 돈 좀 벌어볼까?' 그런 생각이 들자 김여사는 그 강의를 꼭 들어야겠다고 마음먹었다.

그것은 김여사가 새로운 삶을 시작하는 계기가 되었다. 왜냐하면 김여사가 K백화점에서 주최한 그 '나잘나 선생의 무료 재테크 강의'를 듣고 재테크에 큰 관심을 가지게 되었고, 본격적인 투자에 나서는 단초를 제공하였기 때문이다.

강사인 나선생은 금융시장에서 다양한 경력을 가진 중후한 멋을 지닌 40대 초반의 강사였다. 김여사는 애초에 무료니까 그냥 한두 번 들어보고 재미없으면 듣지 않겠다는 생각이었는데, 강의가 썩 재미있지는 않았지만 나선생이 호감 가는 외모였고 강의 결론이 어떻게 나는지 궁금하여 끝까지 듣게 되었다. 결과적으로 재테크 강의가 김여사 가슴 속에 잠자고 있던 재테크에 대한 열망에 불을 지른 셈이었다.

나잘나 선생의 재테크 10강은 대략 이런 내용이었다.

습관이 재테크 성공을 좌우한다

"성공적인 재테크 방법은 좋은 재테크 습관을 갖는 것입니다."

이 한마디로 저의 강의를 시작할까 합니다.

어이쿠, 제 소개를 깜빡했네요.

저는 나잘나라고 합니다. 만나서 반갑습니다. 이리 봐도 잘났고 저리 봐도 잘났고 잘났다는 말 이외엔 달리 표현할 길이 없어서 이름조차 잘나입니다. 이름도 얼굴도 잘나긴 했는데, 솔직히 그렇게 잘나가지는 못합니다. 나이 마흔이 되도록 장가도 못 갔구요. 잘나가지 못해도 누가 여자 소개해 준다면 마다하지 않고 잘 나갑니다.

자, 이제 강의를 시작하겠습니다. 재테크는 좋은 습관을 가지면 성공한다는 것, 어렵지 않습니다. 게으른 습관을 가진 사람은 평생을 게으르게 살고, 부지런하고 성실한 습관을 가진 사람은 평생을 부지런하고 성실하게 살아서 성공할 확률이 높지 않겠습니까? 그렇다고 부지런하다고 해서 무조건 성공하는 것은 아닙니다. 성공할 확률을 높일 뿐이며 성공은 그 이외에도 공부, 운, 환경 등등 여러 요소가 복합적으로 작용해야 합니다.

만일 동일한 조건으로 재테크 경쟁을 한다면, 예를 들어 1천만원으로 1만명이 경쟁한다면 그 결과는 천차만별일 것입니다. 한두 번 놀라운 결과를 보여주는 능력자들이 부지기수겠지만, 결국 끝까지 좋은 재테크 습관을 가진 사람이 성공하는 게 아닐까요? 좋은 습관은 무엇일까요?

제가 잘 나서 나잘나 선생이지만, 제가 하는 말보다는 저보다 잘난 유명한 사람들이 하는 이야기가 여러분들의 가슴에 더 와닿을 것 같아 유명한 사람들의 이야기를 몇 개 빌려와서 이야기해 보겠습니다.

현대 경영학의 창시자라고 불리는 피터 드러커는 95세에 타계했는데, 그 일주일 전에 정원을 가꾸는 내용이 담긴 책 세 권을 사서 읽기 시작했다고 합니다. 재테크를 하려면 책을 가까이해야 합니다. 아이쿠, 여기저기 실망하는 모습들이 보이네요. 재테크 강의라고 해서 기대하고 왔는데, 고작 책 사보라는 이야기나 하고 있으니 말이죠. 그냥 족집게처럼 콕 집어서 10시간 안에 재테크 달인을 만들어 주면 좋을 텐데 말이지요. 그래도 공짜니까 좀만 견뎌주시기 바랍니다.

제가 기억력이 나빠서 준비해 온 글을 일부 읽어드리겠습니다.

동아일보 2008년 8월 14일자 '오늘과 내일' 오명철 전문기자가 쓴 칼럼에 소개된 내용이라는데요, 어느 95세 할아버지의 회고랍니다. 이 할아버지는 피터 드러커보다 오래 사신 것은 분명하네요. 95세에 이 글을 쓰셨다니까요.

김여사 외환시장의 꽃이 되다

나는 젊었을 때 정말 열심히 일했습니다. 그 결과 나는 실력을 인정받았고 존경을 받았습니다. 그 덕에 65세 때 당당히 은퇴를 할 수 있었죠. 그런 내가 30년 후인 95세 생일 때 얼마나 후회의 눈물을 흘렸는지 모릅니다. 내 65년의 생애는 자랑스럽고 떳떳했지만, 이후 30년의 삶은 부끄럽고 후회되고 비통한 삶이었습니다.

나는 퇴직 후 '이제 다 살았다, 남은 인생은 그냥 덤'이라는 생각으로 그저 고통 없이 죽기만을 기다렸습니다. 덧없고 희망이 없는 삶… 그런 삶을 무려 30년이나 살았습니다. 30년의 시간은 지금 내 나이 95세로 보면… 3분의 1에 해당하는 기나긴 시간입니다. 만일 내가 퇴직할 때 앞으로 30년을 더 살 수 있다고 생각했다면 난 정말 그렇게 살지는 않았을 것입니다. 그때 나 스스로가 늙었다고, 뭔가를 시작하기엔 늦었다고 생각했던 것이 큰 잘못이었습니다.

나는 지금 95세이지만 정신이 또렷합니다. 앞으로 10년, 20년을 더 살지 모릅니다. 이제 나는 하고 싶었던 어학공부를 시작하려 합니다. 그 이유는 단 한 가지…

10년 후 맞이하게 될 105번째 생일날, 95세 때 왜 아무것도 시작하지 않았느지 후회하지 않기 위해서입니다.

이 시점에서 박수 한번 치셔도 좋을 것 같은데 박수가 안 나오네요. 2008년으로부터 아직 10년이 채 흐르지 않았는데 이 글을 쓰신 할아버지가 살아계시는지 궁금하네요. 사실 재테크와 직접 관련은 없지만 저도 서른다섯 살에 독학으로 중국어 공부를 시작했습니다.

혼자 공부하려니 이만저만 어려운 게 아니더군요. 근데 지금은 중문과 전공한 사람보다야 못하지만 중국 사람들과 기본적인 대화는 주고받을 수 있고 중국 뉴스도 대충 알아들을 수 있는 수준이 되었습니다. 솔직히 말하자면 마흔이 되도록 우리나라에서 제 천생배필을 만나지 못했으니 혹시나 13억명이 살고 있는 중국대륙의 미모의 아가씨 중에 제 천생배필이 있지는 않을까 해서 중국어를 공부하게 되었는데요, 제 흑심을 하늘이 간파한 탓인지 중국 아가씨들은 절 거들떠보지도 않습니다.

자, 자꾸 옆길로 새서 죄송한데요, 재테크 지금부터 시작해도 늦지 않다. 지금부터 공부해도 평생 돈 벌 수 있다, 성공할 수 있다는 점을 분명히 하고자 할아버지 이야기를 해드렸습니다. 세상에 저절로 이루어지는 것은 없는 법입니다. 지금 제 강의를 듣고 있는 여러분은 오늘부터 당장 시작하면 됩니다.

요즘 거의 매일 우리가 텔레비전에서 보는 미국 대통령 트럼프의 이야기를 한번 해봅시다. 정말 대단한 분입니다.

트럼프 대통령은 부동산 사업을 하는 아버지 덕분에 부동산에 입문했지만, 딱히 상속재산이라고 할 만한 것은 없었다고 하네요. 그렇지만 34세에 독자적인 사업을 시작해서 41세에 부동산 제국의 황제로까지 불리게 되었는데, 트럼프 대통령이 이야기하는 재테크의 기본 요건을 저는 세 가지로 요약했습니다.

첫째, 일단 처음엔 작게 시작하라. 작은 것에도 성공 못 하는데 큰 것에 성공할 리 없습니다.

둘째, 누구보다 잘 아는 데서 최고의 투자가 시작된다. 공부하라. 아는 게 힘입니다. 알아야 면장을 합니다. 당연하죠.

셋째, 투자를 결정했다면 그 투자에 대해 그 누구보다 잘 알고 있어야 한다. '프로테크'란 주식을 샀다면 그 주식에 대해 누구보다 잘 알고 있어야 하고, 여의도 재건축아파트에 투자한다면 여의도 아파트시장에 대해 누구보다 잘 알고 있어야 한다. 뭐, 지극히 당연한 이야기죠.

처음엔 누구나 실수를 합니다. 몸으로 부딪치면서, 돈을 조금 잃어가며 배워갑니다.

트럼프는 1천만원이 있는데 어디에 투자해야 하는지 다른 사람에게 묻지 말라고 충고합니다. 부동산 거래에 내야 하는 세금이 얼마인지도 모르는데 부동산을 사겠다는 건, 그냥 누군가에게 돈을 줘버리겠다는 것과 다름없다는 식으로 이야기하지요. 뉴욕에서 건물을 세우려면 도시구획, 대기권, 세법 등에 관해 수천 가지를 알아야 한다고 합니다.

지금은 잘 모르겠지만 한창 시절, 트럼프 대통령도 끊임없이 책을 읽었다고 합니다.

재테크의 시작은 결론적으로 '공부'입니다. 간단합니다. 남보다 앞서기 위해서는 남들보다 더 많이 알려고 하고 자기만의 노하우를 터득해야 합니다.

트럼트 대통령은 일주일에 28시간 독서를 했다고 합니다. 하루 4시간입니다.

여러분 모두 약간 놀라는신 표정이네요. 정말 트럼프가 하루 4시간씩 그렇게 책을 많이 읽었단 말야? 정말 트럼프가 그렇게 돈을 벌기 위해 노력했단 말야? 저도 놀랐습니다.

월트 디즈니(Walt Disney)에 대해서도 이야기를 해봅니다. 월트 디즈니는 농장에서 어린 시절을 보내면서 습관처럼, 취미처럼 말이나 닭, 개나 소 등을 그렸다고 합니다. 디즈니는 그림으로 승부를 걸어보기로 하고, 19세에 광고대행사 미술부에 입사하게 됩니다. 하지만 디즈니는 광고대행사에 들어간 지 한 달 만에 쫓겨났다고 합니다. '그림을 못 그리는 것'이 이유였다고 합니다. 참 재미있죠?

그는 이후 창업을 했다가 무려 6번이나 파산했고, 실패에 지쳐 모든 것을 포기하고 아내와 함께 고향으로 향하는 기차에 올랐답니다. 그런데 아이러니하게도 그 기차에서 미키 마우스에 대한 아이디어가 떠올랐습니다. 미키 마우스가 디즈니의 인생을 완전히 바꾸어놓게 되지요. 사물을 보고 그리는 습관을 10년 이상 지속했고, 아무리 힘들어도 포기하지 않은 덕분에 결국 성공하게 됩니다.

재테크도 소소한 실패를 거듭할지라도 꾸준히 습관처럼 공부하고 관심을 가지고 투자를 계속하면, 언젠가 반드시 성공할 수밖에 없습니다.

김여사 외환시장의 꽃이 되다

오늘 강의에서 이렇게 공부가 중요함을, 철저한 준비와 지속적인 습관이 중요함을 말씀드리는 이유는 그저 재테크 정보나 하나 얻어서 대박 나는 꿈은 제 강의를 들어서는 이룰 수 없다는 점을 미리 말씀드리기 위해서입니다. 아이쿠, 이러다가 다음 강의시간에는 강의실이 텅텅 빌까 염려스럽네요.

"연습은 잘하는 사람이 하는 것이 아니라, 잘하기 위해 하는 것이다."

이 말은 말콤 글래드웰이 〈아웃라이어〉란 책에서 한 말입니다. 그는 하루에 3시간씩 10년 동안 1만 시간을 연습해야만 '큰 성공'을 거둘 수 있다는 '1만 시간의 법칙'을 주장했는데요, 사실 재테크해서 운 좋아서 성공한 사람도 많지만, 보편적인 성공의 법칙을 운에 맡기면 곤란하니까, 보편적으로 성공하는 법칙은 오로지 10년을 공부한다는 각오로 연습하는 수밖엔 없지요. 재테크에 적용하자면, 책을 보고 강의를 듣고 공부하는 것도 연습입니다.

오늘 강의는 여기서 마무리하겠습니다. 무언가를 성취하기 위해서는 지속적으로 관심을 갖고 이루려고 하는 습관적인 노력이 필요합니다. 그런 습관에 따라 운명이 바뀌고 성공이 따라오게 됩니다. 다음 강의시간에도 습관처럼 제 강의를 들으러 오는 것이 여러분 재테크 성공의 첫걸음입니다. 다음 시간에 뵙겠습니다.

빨리 돈 벌려고 투자하다간 빨리 망한다

학창시절 배운 영어 속담에 이런 게 있지요. Haste makes waste! 무슨 뜻인지 아시죠? '서두르면 망친다'는 말이지요. 우리나라에도 급할수록 돌아가라는 속담이 있는 걸 보면 세상사 살아가는 이치는 어느 나라나 비슷한 것 같습니다.

이 강의를 듣고 있는 사모님들은 급한 일이 없는 분들이라고 믿습니다. 급할 것 없습니다. 인생은 천천히 즐기면서 가는 것입니다. 빨리빨리 돈을 벌어 펑펑 쓰고 싶다는 생각, 그것은 투기를 하겠다는 생각이지 투자를 하겠다는 마음가짐이 아닙니다.

꿈같은 얘기지만, 연평균 수익률 30% 수준만 계속 올려도 전설적인 펀드매니저가 될 것입니다. 안 그렇습니까? 그런데 사실 많은 사람들은 전설적인 펀드매니저도 올릴까 말까 한 연수익률 30% 이상을 바랍니다. 연 30% 이상 수익을 몇십년 계속 내면 전설이 됩니다. 전설이라고 불리는 사람들은 딱 그 정도입니다.

자, 천천히 생각해봅시다. 매년 30%, 이것은 실로 엄청난 수익률입니다. 천재 물리학자 아인슈타인 아시죠? 아인슈타인에게 20세기의 가장 위대한 발견이 무엇인지 물었습니다. 뭐라고 대답했을까요?

'Compound Interest(복리)'라고 대답했습니다. 이 일화는 아마도 은행에서 10년 만기 저축보험을 권유받아본 사모님들은 들어보신 적이 있는 일화일 겁니다. 자, 복리의 위력을 한번 볼까요. 수십 번 들어도 재밌습니다.

여러분의 종잣돈이 1천만원입니다. 그리고 10억을 만들고 싶습니다. 매년 30% 수익을 올리면, 몇 년 만에 10억을 만들 수 있을까? 1천만원을 매년 30%씩 굴리면 18년 후엔 10억2천4백만원이 됩니다. 18년이라니, 성에 안 차시나요?

자, 그럼 여러분 중 성격 급한 분을 위해 종잣돈을 늘려봅시다. 5천만원 정도로. 그럼 매년 30%의 수익률로 10억을 몇 년이면 만들 수 있을까요? 12년 후면 11억6천4백만원이 됩니다. 자, 여러분 중 성격이 더 급한 사모님을 위해 종잣돈을 1억으로 올려봅시다. 1억을 매년 30%로 굴리면 9년 후엔 10억6천만원이 됩니다.

좋습니다. 여러분의 목표는 이제 연 30% 수익이라고 가정합시다. 그럼 연 30%를 어떻게 달성할 것인지, 그 달성 방법을 찾아야겠지요? 제가 잘나긴 했지만, 저보다 잘난 유명한 사람들 얘기를 한번 들어보죠.

우선 〈돈, 뜨겁게 사랑하고 차갑게 다루어라〉라는 책에서 유럽의 전설로 통하는 앙드레 코스톨라니는 대출이 아닌 자기 돈으로 우량주에 투자해 놓고 수면제 먹고 몇 년간 푹 자라고 이야기했습니다. 뭐 우량주가 한두 개가 아니라 고르기 어렵다는 난제가 있습니다만,

미국 주가지수 중 다우존스(Dow Jones) 지수 아시죠? 1884년, 그러니까 133년 전에 100에서 출발했던 이 다우지수가 2017년 2만 포인트를 돌파했지요. 200배가 올랐어요. 133년 전에 미국의 어떤 할아버지가 후손을 위해 집 한 채에 해당하는 만큼 좋은 주식에 투자했다면 후손들 200명이 집 한 채씩 가지게 되었겠지요.

우리나라 종합주가지수는 1964년에 출발해서 겨우 53년밖에 안 됐지만 지수가 2,500포인트면 25배가 올랐다는 얘기네요.

53년에 25배가 결코 낮은 수익률은 아니지요.

다시 복리로 돌아가 볼까요? 18년이라는 긴 세월이 필요하지만, 1천만원을 복리 30%로 굴리면 1천만원이 10억원으로 100배가 된다고 했습니다. 자, 18년 만에 100배입니다. 놀랍지 않습니까? 여러분들 너무 젊어 보여서 나이를 가늠하긴 어렵지만 평균 40대 초반으로 잡고, 1천만원으로 시작해서 은퇴 나이인 58세면 10억원을 손에 쥐게 된다면, 정말 꿈을 꾸는 것 같지 않겠습니까? 조금 욕심을 부리지 않고, 주가 상승률 53년에 25배가 되듯 천천히 수익을 올리는 데 만족한다면, 연복리 16%면 달성 가능합니다.

자, 느긋한 마음을 가집시다. 10년에서 18년 재테크하겠다 생각하시고, 아니 평생 죽을 때까지 공부하고 재테크하겠다고 생각하시고 정말 느긋한 마음을 가집시다. 50세부터 1억으로 투자 시작해서 60세까지 10년간 투자해서 10억 벌어 60세부터 80세까지 20년 즐겁게 살다가도 성공 아니겠습니까?

김여사 외환시장의 꽃이 되다

투자가 뭘까요? 시간도 투자해야 하고 돈도 투자해야 하고 열정도 투자해야 하고… 투자의 방법에는 수백 가지가 있을 수 있습니다. 정말 수백 가지 방법이 있습니다. 우선 주식을 예로 든 이유는 주식이 가장 일반적으로 거론되는 대표적인 투자방법이기 때문입니다. 제 강의에서는 부동산 투자방법에 대해서는 이야기 안 할 계획입니다만, 부동산도 한국인이 사랑하는 투자방법임이 틀림없습니다.

주식은 참으로 매력적인 투자대상입니다. 어떻게 보면 가장 매력적인 투자대상입니다. 오죽하면, 미인주라는 말이 생겼겠습니까. 여러분들이 주식투자를 하든 안 하든 투자에 대한 공부에 있어서 주식만큼 좋은 공부 대상은 없습니다. 전 현재 주식을 한 주도 투자하고 있지 않습니다만, 주식시장에 대하여 끊임없이 공부하고 있습니다. 매일 주가지수가 오르는지 내리는지 확인하는 정도의 공부입니다. 금융자산에 대한 투자를 고민한다면, 우선 주식을 공부해야 합니다.

투자의 기본은 확률이 높은 곳에 투자하는 것입니다.

자, 여러분이 양털모직㈜이라는 회사의 주식에 관심을 가지고 있다고 칩시다. 아니면 주가지수 선물시장에 투자하고 있다고 칩시다. 주가지수 선물을 당일 시가에 사서 당일 종가에 팔아 이익을 낼 확률은 얼마일까요? 오르거나 내리거나 둘 중 하나입니다. 에누리 없이 확률은 50%입니다.

이제 양털모직㈜ 회사의 주식을 당일 시가에 사서 당일 종가에 팔아 이익을 낼 확률은 얼마일까요? 전제는 양털모직㈜이라는 회사가 전국 각지의 늑대들이 아름다운 여자를 유혹하기 위해 양털모직㈜이 생산하는 양의 탈을 꾸준히 구입하고 있으며, 판매량이 3분기 연속 증가하고 있다고 가정합시다. 그럼 양털모직㈜의 주식을 사고 팔아 이익을 낼 확률은 50%보다 약간 높을 것입니다. 당일 시가보다 주가가 하락하면 저가에 매입하려고 계획하고 있는 투자자가 있을 것이고 종가는 시가보다 높을 확률이 100분의 1은 되지 않겠습니까? 그러니까 51% 이상 될 것입니다.

자, 정리해 봅시다. 재테크, 즉 투자에 성공하려면 연간 30% 수익률을 목표로 느긋한 마음자세를 가지면 된다. 그다음 수익률 30%를 달성하려면 확률적으로 '승률'이 높은 투자대상과 투자방식을 선택해야 한다. 이것이 지금까지의 결론입니다.

이쯤에서 전설적인 투자자 조지 소로스의 이야기를 한번 해봅시다. 조지 소로스의 개인 재산은 20조원이 넘는다고 하고요, 2013년 한 해에만 퀀텀펀드로 약 6조원의 수익을 기록하기도 했으며, 왕성했던 활동시기에는 10년간 42배의 수익률을 기록한 전설 중의 전설입니다. 재미있는 것은 조지 소로스는 돈을 벌 확률이 50%인 외환시장에서 주로 돈을 벌었다는 사실이지요. 조지 소로스도 "1년에 30%~40% 수익을 만들어 내면, 아주 적은 돈으로 시작했더라도 어마어마한 돈을 벌 수 있어요. 그렇게 해서 제가 쌓아놓은 돈은 어마어마합니다"라고 말한 적이 있습니다.

딱 누구 약 올리는 말 같긴 하죠?

1년에 30% 이상 버는 사람은 우리나라 개미들 중에도 꽤 있을 것입니다. 1억원을 10년 만에 수백억 혹은 수천억으로 만든 전설도 있다고 합니다.

엄청난 실력은 투자에서 이길 수 있는 확률 50%를 엄청나게 높게 끌어올릴 수 있습니다. 당연한 이야기지만, 노력하지 않고서 엄청나게 높은 확률로 돈을 벌기를 기대해서는 안 됩니다.

여기서 여러분도 다 아시는 워렌 버핏 이야기를 빼먹으면 섭섭하겠지요? 워렌 버핏에 관해서는 소개할 필요도 없겠죠?

워렌 버핏도 투자 초기에는 주식을 사는 것으로 시작했습니다. 하지만 여러분도 알다시피, 오늘날에는 한 기업의 주식을 뭉텅이로 삽니다. 지분율 10% 취득, 지분율 50% 인수 혹은 합병 등의 큰손 투자법을 발휘하고 있고, 이젠 일반인은 흉내 낼 수 없을 수준이지요.

워렌 버핏은 미래가치가 있는 기업 '발굴'을 좋아하는데요, 좋은 기업을 연구하고 발굴하는 일을 계속하고 있지요. 자신은 죽을 때까지 일만 할 거라고 하더군요. 정말 지치지 않고 공부하고 있다는 이야기입니다.

양털모직㈜이라는 주식에 투자해서 당일 날 이익 볼 확률이 51% 이상이라고 말씀드렸는데, 워렌 버핏처럼 어떤 회사에 대해 분석하고 연구해서 투자한다면, 이익 볼 확률이 몇 %가 될까요? 60% 이상은 되지 않을까요?

주식뿐만이 아닙니다. 다른 투자대상도 공부하고 연구하는 것이 중요합니다. 그러면 이익 볼 확률이 점점 더 높아지는 것입니다.

워렌 버핏은 장기투자자로 유명한데, 최근엔 농담으로 자기는 1백 년 후에 다우지수가 백만 포인트까지 올라갈 거라고 말했지요. 100년 후에 하늘나라에서도 주식투자를 하고 싶은 마음이 읽히는 대목입니다. 정말 이 정도로 무슨 일을 좋아한다면, 그 일을 잘하지 못한다는 게 더 이상할 듯싶습니다.

왜 장기투자가 워렌 버핏에게 매력적으로 여겨졌을까요? 매일 매일 한 기업의 주가를 바라보면서 오르락내리락하는 주가에 신경 쓰기가 솔직히 귀찮았을 겁니다. 그리고 복리의 마술을 모를 리 없는 워렌 버핏이 한 기업이 이익을 잘 내서 이익금의 일정 비율을 유보하고 그 유보금으로 추가로 투자하고, 또 이익 내서 투자하고, 성장하고, 주주의 입장에서는 매년 이익금의 일부를 배당금으로 받고, 그 배당금이 때로는 주식으로 들어와 주식 수가 늘어나기도 하고, 그러므로 좋은 기업을 발굴하여 투자했다면, 잊어버리고 장롱 속에 넣어놓아도 저절로 그 가치가 올라간다는 계산쯤은 다 해놓았기 때문일 것입니다.

구체적으로 투자에서 이길 확률을 높이는 방법에 대해서는 다음에 더 자세히 이야기하기로 하고 오늘 강의는 여기까지 하겠습니다.

절대 서두를 필요가 없습니다. 여러분은 앞으로 10년 이상 공부하셔야 합니다. 그런 의미에서 다음 강의도 꼭 참석해 주십시오. 특히,

김여사님. 아무리 급하셔도 주차는 정위치에 하셔야 합니다. 제가 주차하고 나오다가 주차장에서 김여사님을 뵈었는데, 아이쿠 하마터면 간 떨어질 뻔했습니다. 여사님 차 꽁무니가 옆 차를 거의 들이받을 뻔했거든요. 김여사님이 제 강의를 제일 열심히 들으시는 것 같아 다음 강의에 오시면 선물을 드릴 생각입니다. 다음 강의시간에 뵙겠습니다.

심리게임에서 이겨야 한다

　돈을 투자하는 데는 감정의 통제가 정말 중요합니다. 용산전자상
가에 냉장고를 사러 갔다고 칩시다. 냉장고 외양도 보고 문을 열고
안도 살펴보고 가격도 비교해보고 차분하게 이것저것 따져볼 것입니
다. 하물며 2백만원짜리 냉장고 하나 살 때도 그렇게 신중한데, 2천
만원을 투자하는데 냉정하지 않으면 이상합니다. 냉정하게 따져봐야
합니다. 만약 단기매매를 하는데 손실이 자신이 정한 원칙에서의 손
실비율을 넘어선다면, 냉정하게 손절매도 할 줄 알아야 하며, 차갑
게 자신이 무엇을 잘못 판단했는지 돌아볼 줄 알아야 합니다. 실패
는 공부를 위한 중요한 수업료입니다. 투자에서 돈을 잃으면 열 받는
다고 술을 퍼마실 일이 아니라 차갑게 따져보아야 합니다.

　아무리 누군가가 유혹적인 이야기를 하더라도, 자신이 잘 모르는
투자에 대하여는 흥분하여 뇌동매매하지 말고, 좋은 정보 주셔서 감
사합니다만 그 투자 건으로는 님께서 수익 많이 내시고 저는 제 갈
길을 가렵니다 하는 마음을 늘 가져야 합니다. 만일 어떤 투자 건에
서 장기투자하기로 마음먹었는데 수익이 발생하고 있다면 따뜻하게
지켜보면서 작은 수익을 탐하여 당장 수익 실현하지 말아야 합니다.

단기매매라면 그럴 수도 있겠지만요.

결국 심리게임입니다.

한국 외환시장을 예를 들어봅시다. 환율이 오르락내리락하는 와중에 평균적으로 고점에 매도하고, 저점에 매수를 제일 잘하는 참가 주체는 어디일까요? 외환딜러들일까요? 아닙니다. 평균적으로 고점매도는 수출업체가 잘하고, 저점매수는 수입업체가 제일 잘합니다. 환율이 상승 중에 있습니다. 그럼 외환딜러는 추가 상승을 예상하여 매도를 망설입니다. 하지만 수출업체는 고점이라고 판단되면 환율이 더 올라갈 것 같아도 달러를 매도합니다. 결국은 환율은 올랐다가 떨어지길 반복하기 때문에 올랐다가는 결국 떨어지는데, 평균적으로 오를 때 많이 매도하는 것은 수출업체입니다. 거꾸로 환율이 막 떨어지고 있습니다. 여러분이 투자자라면 더 떨어질 것 같아 겁이 나서 달러를 매수하기 꺼릴 것입니다. 하지만 수입업체는 결제할 금액을 어차피 매수해야 하기 때문에 환율이 더 떨어질 것 같아도 일단 매수합니다.

환율은 떨어지다가 결국은 또 오릅니다. 이것은 무엇을 의미할까요? 더 올라갈까 두려워 못 팔고, 더 내려갈까 두려워 못사는 투자자들의 심리상태에 비해, 실수요 물량을 매수하거나 매도하는 업체들은 두려움이 덜하기 때문에 과감하게 행동에 나서고 평균적으로 하루 중 높게 팔고 낮게 사는 경우가 많습니다.

이 이야기는 우리의 심리상태가 편안할 때, 두려움이 없을 때 투자에서 좋은 성과를 올릴 가능성이 높아질 것임을 시사합니다.

조지 소로스는 이를테면 외환시장 참가자들이 어떤 뉴스에 반응하는 심리를 꿰뚫어 매도가 우세할 것이다, 아니면 매수가 우세할 것이란 판단을 내리고 거래를 하여 잘 맞춘다는 이야깁니다.

투자는 자신의 심리를 잘 다스려야 함은 물론 시장 참가자들의 심리를 잘 읽어내는 훈련이 필요합니다. 사실 북한이 미사일을 쏘아 올렸다고 뉴스가 뜨면 일단 백이면 백 환율이 상승하는데요, 백이면 백 다시 제자리로 돌아옵니다. 참가자들이 더 오르길 기대해 사들일 때 조용히 분할 매도해서 다시 환율이 제자리로 돌아오면 이익실현 매수하는 업체들 실제로 존재합니다. 누구나 잘만 판단하면 돈 벌 수 있는 게 시장입니다.

때로는 시간을 내 편으로 만드는 노력을 해야 합니다. 따뜻한 마음으로 시간을 보내야 합니다. '시간은 돈'이라는 말을 많이 하지요. 맞습니다. 여러분들에게 20대 꽃다운 청춘으로 돌아가 1년의 시간을 다시 살다 올 수 있는 상품을 판다면, 여러분은 얼마를 내고 그 1년의 시간을 사겠습니까?

투자에 있어서 시간 요소는 정말 핵심 중의 핵심입니다.

기본적으로는 '투자대상 상품'에 따라서 장기투자가 적절한지 아니면 단기투자가 적절한지 나누어 볼 수 있지만, 그것마저도 개개인의 성향의 차이에 따라 결정될 수 있을 뿐 정답은 없습니다.

순전히 개인적인 의견이라는 전제하에, 대표적인 투자상품별 단기투자냐 장기투자냐를 선택해 본다면 다음 표와 같습니다.

김여사 외환시장의 꽃이 되다

투자대상(상품)	투자방식	비고(예시)
주식	장기투자 (적절할 때)	주가지수 선물옵션은 단기투자 (355 이상 분할 매도)
채권	장기투자 (적절할 때)	국채선물은 단기투자 (금리3.5% 이상시 분할매수)
외환	단기투자	FX선물은 단기투자 (1050원 매수)
금	단기투자 (적절할 때)	실물은 장기투자, 분할매수 (1,100$~1,200$매수)
석유	단기투자	관련 펀드투자 (70$ 매도, 100$ 매도)
펀드	장기투자 단기투자	적립식 펀드 투자 (주가 1,800대 대량 매수)
부동산	장기투자 (적절할 때)	매수 (2020년~2021년)

이 표에서 적절할 때란 무엇일까요? 사실 내 집 마련이 주는 기쁨과 가치는 돈으로 환산하기 어렵습니다. 집이 없는 사람은 집을 언제 사도 나쁜 투자는 아닙니다. 적절할 때란 투자했다가 적정 목표가격이 오면 매도하는 경우, 고점에 샀는데 너무 오랜 세월을 이러지도 못하고 저러지도 못하는 투자는 나쁜 투자라고 볼 수 있기 때문에, 적절할 때 정정 가격으로 투자하는 것을 말합니다. 자세하게 설명하는 대신, 이렇게 예시를 들어 설명하는 이유는 무엇일까요? 참고 기다리면 적절한 때가 오며, 매년 공부만 열심히 하면 적절한 때 투자 상품을 잘 골라 투자해서 수익을 낼 수 있음을 말씀드리기 위해서입

니다.

아이쿠, 난 공부는 정말 싫어. 그냥 딱 한 가지만 알려달라고 박여사님이 말씀하실지도 모르겠네요. 공부에 재미를 붙이시면 됩니다. 본인이 투자한 곳에서 수익이 팍팍 생긴다는데 그것보다 재미있는 일이 어디 있겠습니까? 공부도 해보면 점점 더 재미있습니다. 한 편의 영화나 드라마보다 재미있는 책 많습니다. 제 강의도 한번 생각해보세요. 저처럼 잘난 40대 총각이 이렇게 여러분께 이런저런 이야기를 해드리고 있는 이 순간이 영화의 한 장면 같지 않습니까? 강사만 원빈으로 싹 바꾼다면 더할 나위 없겠지만요.

자, 투자에 관해서 한번 간단히 이야기해봅시다. 교과서적으로 이야기하자면, 투자의 3요소는 투자금액, 투자기간, 수익률입니다. 보드에 한번 써보겠습니다. 수학이라면 질색하는 분도 계시지만, 어려운 것 아닙니다. 중학생도 이해할 정도의 방정식이니까요.

미래가치(Future Value) =

현재 투자금액(Present Value, 현재가치) x (1+수익률 %)^{N}입니다.

예를 들어, 100만원을 연수익률 10%로 1년 동안 투자하면 1년 후엔 얼마가 될까요? 암산으로도 답이 나오시죠?

네, 현재 100만원×(1+10%)^{1년}= 110만원입니다.

다시 말하면 현재 투자자금을 얼마의 금액으로, 얼마의 수익률로, 얼마의 기간 동안 운용하느냐에 따라 투자의 성과가 결정된다는 의

김여사 외환시장의 꽃이 되다

미입니다. 이건 교과서적인 이야기고 사실 주식에 투자한다고 하면 수익률이 얼마가 될지 나와 있습니까? 없습니다. 마이너스 수익률을 보일 수도 있지요. 투자수익률은 그래서 불확실한 것입니다. 정기예금처럼 확실한 수익률이 제시되는 것은 사실 투자가 아닙니다. 그냥 저축이지요.

투자는 결국 미래의 수익률에 베팅하는 것입니다. 워렌 버핏이라고 미래의 수익률이 얼마가 될지 알까요? 전문가는 단지 '현재'의 상황에 대하여 '자신의 견해'를 말할 수 있을 뿐, '미래'가 어찌 될지는 아무도 모릅니다.

지금으로부터 10여년 전인 2006년, 워렌 버핏이 우리나라에 왔을 때 주식시장에 대해 어떻게 얘기했을까요? 한경 인터뷰에서 그는 한국 투자여건이 너무 좋고 관심도 있다고 말했지요. 그리고 원화 환율이 달러당 1050원 선에서 최근엔 940원으로 떨어졌는데, 달러화 약세가 지속될 것으로 전망되는 시점이라는 게 더 매력적이라는 취지로 말했습니다.

버핏은 한국의 과거 및 당시 환율까지 정확히 제시하는 등 한국 시장을 상당히 연구했음을 보여줬습니다.

그는 특히 외환위기 때 싼값에 한국 주식을 사지 않은 것을 후회한다면서 외환위기 이후 한국 기업의 급성장과 달러화 약세 및 원화 강세, 기업 공개의 투명성 등을 한국 투자 여건의 강점으로 꼽았었지요.

그렇지만, 결과만 놓고 본다면, 당시 940원 하던 환율은 불과 2년 후 한때 1500원대까지 급등했고 지금도 1100원대입니다. 그 당시 환율은 완전 바닥이었는데, 워렌 버핏은 환율이 더 떨어질 것으로 전망되기 때문에 한국 주식이 더 매력적이라고 얘기했었습니다.

이 이야기는 많은 것을 시사합니다. 당시 그의 이야기에 오류는 없었습니다. 환율이 더 떨어질 것 같았고 환율이 떨어지면 외국인투자자 입장에서는 더 좋으니까요.

하지만 미래는 다른 문제입니다. 최고의 전문가도 미래는 잘 모릅니다. 따라서 전문가의 말을 무조건 믿지 말아야 합니다. 다만 위기는 기회가 될 수 있습니다. 왜 위기가 기회가 되냐 하면, 정상을 50% 이탈하였다가, 정상으로 돌아오면 50% 수익이 나는 것입니다. 정상궤도를 이탈했다가 정상궤도로 돌아올 뿐인데 말이지요. 금융시장은 늘 정상궤도로 돌아오려는 속성이 있습니다.

당시 워렌 버핏의 환율 전망이 틀렸다고 해서 투자에서 실패했을까요? 투자의 고수들은 여우입니다. 시장상황이 바뀌면 바뀌는 대로 대응을 합니다. 엄청 이익을 냈고 현재 어느 기업 주식을 보유 중인지는 모르지만, 이익 내는 투자를 계속하고 있을 것입니다.

환율 이야기가 나왔으니 한번 살펴보고 갑시다. 알다시피 우리나라 주식시장에서 외국인투자자들은 환율에 아주 민감할 수밖에 없습니다. 환율 1100원에 1억불을 한국 주식에 투자하면 1억불×1100=1100억원을 투자하는 셈인데, 환율이 1100원에서 1000원이 되면, 앉은 자리에서 투자원금에 대한 환차익만 100억원을 올리게 됩니다. 거기다가 주가가 오르면 추가 수익이 납니다. 물론 환율이 급등하면

김여사 외환시장의 꽃이 되다

환차손을 보게 돼서 환율에 민감합니다만, 요즘은 상당 부분 환리스크 헤지를 하고 투자를 해서, 순수하게 기업 주가에 따라 수익이 결정되게끔 투자합니다. 헤지는 나중에 공부하기로 하지요.

오늘은 주식시장 이야기가 나왔으니 주가가 어떻게 될지, 주식투자 해야 할지 말아야 할지 간단히 이야기해 봅시다. 참고로 개인적인 의견이고 개인적으로는 55세 이후 여유자금으로 5년간 투자해서 3억 원 수익을 목표로 투자할 계획입니다. 앞으로 15년 후가 되겠네요. 투자시점이. 그러니 투자도 안 하는 비전문가인 제 이야기 너무 믿지 마시고, 앞서 워렌 버핏 회장도 환율 예측 틀렸다고 말씀드렸듯, 전설도 예상이 빗나가는 판국에 맞으리라고 기대하는 분 없을 테니까, 맘 놓고 말씀드려도 괜찮겠지요?

당연히 시간적 여유, 금전적 여유가 된다면 주식투자 해야 합니다. 주식투자 해서 잃은 기억밖에 없다면 왜 잃었는지를 잘 생각해보면, 다시 잃지 않을 수 있습니다. 공부하면 절대 잃지 않을 수 있습니다.

기본적으로 우리나라 주가는 상방향으로 열려있습니다. 북한 리스크만 없다면 상방으로 20~30%는 언제든지 올라갈 여지가 있다고 보면 되구요. 고점 예측은 무의미합니다. 시장 상황에 따라 시장이 결정할 일이고요. 50년 후엔 1만 포인트를 넘어가 있어도 이상하지 않을 것입니다.

2년 내 한번 큰 조정이 올 것입니다. 미국의 물가가 상승하고 글로벌 경제가 좋아지면 분명 금리가 오를 것이고 현재는 기업실적 호조에 따른 주가상승과 점진적인 금리인상을 긍정적으로 평가하고 있지만, 본격적으로 FED에서 긴축정책을 펼치면 금리가 한번은 예상보다 크게 오를 가능성이 높고, 그 시점이 언제일지 예측하기는 어렵지만 분명 교과서적으로 금리상승에 따른 주가하락이 나타날 것입니다. 미국 주가하락은 글로벌 주식 포트폴리오 조정을 수반할 것이기 때문에 우리나라 주가도 조정을 받을 것입니다.

주가 조정시 매수, 혹은 현재도 언제든지 좋은 종목은 분할매수입니다. 조정을 기대한다면 주가 2,700~2,800 정도에서 매도로 대응할 수도 있으나, 일단 사서 오르면 고점에 팔고, 고점에 팔아서 떨어지길 기다려야지, 지금부터 계속 팔면 곤란합니다.

주가가 오를 수밖에 없는 큰 이유는 외국인 입장에서 환율이 1100원 아래로 떨어지면, 평균적으로 환차익이 커져서 환차익을 극대화하기 위해 환율을 아래로 더 밀어 내리려고 할 것이고 주식을 더 살 것입니다. 환율은 가만 놔두면 경상수지 흑자를 견디지 못하고 아래로 흐를 것입니다. 따라서 주가가 조정을 받으면 주식 매수 기회가 옵니다.

기회는 지금도 있습니다. 주식시장에는 수천 개의 종목이 있습니다. 향후 업황이 좋아지고 재무실적이 뒷받침될 주식을 잘만 골라내면 주가가 하락해도 수익을 낼 수 있습니다. 문제는 공부입니다.

전 세계 주가가 결국은 오를 가능성이 떨어질 가능성보다 큰 이유는 투자대금이 지속적으로 유입되기 때문입니다.

우리가 내는 국민연금도 일부분 주식에 투자됩니다. 주식 펀드 가입하면 주식에 투자됩니다. 우리의 자손들 돈 벌면 또 국민연금 냅니

김여사 외환시장의 꽃이 되다

다. 펀드 가입합니다. 경제가 성장하면 돈 버는 사람이 많아져서 여유자금으로 주식 삽니다. 세계의 모든 나라가 망하지 않는 한, 어디선가 주식은 늘 오르고 있습니다. 주가는 오르고 싶어 합니다. 떨어져야 할 이유가 많을 때 기관투자가들이 공매도를 해서 주가를 떨어뜨린 만큼 추가이익을 얻기도 하지만, 결국은 좋은 주식을 사는 자가 승리합니다.

심플합니다. 환율이 떨어진다고 예상되면 항공주, 한전을 사면 됩니다. 환율이 오른다고 예상하면 수출이 매년 증가하는 기업 찾아서 주식 사면 됩니다. 정히 한 주도 안 사고 바닥에 사겠다고 버티려거든, 그 사이에 뭘 살지 공부하면 됩니다. 공부하기 싫으면, 추천 주식들 요모조모 따져보고, 무조건 100번에 걸쳐서 분할매수 하세요. 전문가 믿지 말라고 했죠? 전문가 혹은 기관투자가 중에 자신들이 투자한 종목의 주가를 띄우기 위해 추천을 남용하는 경우가 있으니 유의하셔야 합니다.

한 종목을 1년에 걸쳐 나눠서 사면 속을 일 없습니다. 한꺼번에 큰 금액 산 것보다 적게 벌겠지만, 올해 1년 내내 주식 분할해서 샀는데 내년에 주식시장 좋으면 주식으로 돈버는 게 당연한 게 아닐까요? 주식으로 돈 벌기 어렵지 않습니다. 대박 나려고 투자하니 손실이 커지는 것이고, 일년에 5% 수익에도 만족한다면, 100번에 걸쳐 나눠서 샀다가 평균 매수 단가보다 5% 오르는 날 팔면 됩니다.

다만, 그것이 귀찮아서, 5% 수익에 만족 못 해서, 10% 마이너스 날까 봐 안 할 뿐입니다. 냉정하고 차분하게 투자하면 마이너스 내기가 힘들 정도로 향후 주식시장엔 기회가 더 많고, 위기가 찾아오면 그 또한 기회가 될 것이란 생각이 듭니다. 주식을 싸게 살 수 있는 기회 말이지요. 주식투자, 포기하지 마시기 바랍니다. 왜냐하면 어디선가 미래 대한민국을 이끌어갈 기업이 성장하고 있을 테니까요. 제2의 삼성전자가 나오지 말란 법 없습니다. 워렌 버핏의 투자원칙 아시죠?

"첫째, 절대 잃지 말 것! 둘째, 첫 번째 원칙을 잊지 말 것!"

절대 제 다음 강의 스케쥴 잊지 마시기 바랍니다. 남은 하루 즐거운 시간 보내십시오.

김여사 외환시장의 꽃이 되다

재테크의 필요성 그리고 헤지거래

지난 강의에서 위기 속에서 기회를 발견하고 대응하여 돈을 어떻게 버느냐가 중요하다고 말한 것 같습니다만, 다시 한번 우리가 왜 재테크를 해야 하는지 이야기해봅시다. 당연히 돈을 벌려고 하는 게 재테크지 무슨 이야기가 더 필요하겠냐고 생각할 수도 있지만 매사에 분명한 이유와 목적이 있으면 더 열심히 하는 법입니다.

어떤 손실을 막기 위해 대비하는 것을 영어로 헤지(hedge)라고 합니다. 헤지는 원래 뭔가를 막기 위해 세운 울타리를 말하는데, 투자할 때 잊지 말아야 할 것은 '리스크 헤지'라고 많이들 알고 계실 겁니다. 위험을 회피하는 것이 리스크 헤지이고, 리스크 헤지를 위한 거래는 헤지거래가 되겠지요.

자본주의 사회를 살아가는 우리들은 사실 모두 늘 위험에 노출되어 있습니다. 예를 들어봅시다. 박여사님은 예금을 많이 보유하고 계시고, 강 사모님은 부동산을 많이 보유하고 계시고, 대출을 많이 보유하고 계신 분도 있습니다. 예금금리와 대출금리가 급히 올라갈 위험이 있습니다. 그럼 낮은 금리에 돈을 장기간 예치해 놓은 분은 이자를 덜 받는 셈이니 손해이고, 대출금리가 올라가면 대출을 많이 보유하신 분은 앞으로 이자를 더 많이 내야 하고, 부동산 가격이 하락하면 이만저만 마음이 아픈 게 아니겠지요. 그래서 조금이나마 여유자금을 굴려서 돈을 벌어 놓아야 그나마 금리가 오르든, 부동산 가격이 내려가든, 손실이 날 때, 마음이 덜 아프고 재테크로 돈을 좀 벌어서 공돈 생긴 셈 치고 일년에 한번 해외여행이라도 즐겁게 다녀올 것이 아닐까요?

여러분 중에 주식을 자식한테 물려줄 때까지 팔 계획 없이 보유하고 계신 분이 있다면 주가하락 위험에도 노출되어 있는 것입니다. 자식한테 물려줄 소중한 주식가치가 반쪽이 되어가고 있는데, 그냥 장기투자하면 언젠가 제자리를 찾을 것이기 때문에 손 놓고 있을 수만은 없지요.

제 말씀은, 다는 아니더라도 주식이 정말 대책 없이 떨어질 때 일부 매도했다가 나중에 바닥에서 반등할 때 다시 매수하면 오히려 자식한테 물려줄 주식이 늘어난 기분이 들어서 즐거운 기분이 되지 않을까 하는 것입니다.

5만원짜리 주식을 1천 주 보유하고 있다고 가정하고, 주가가 120일 이동평균선 42,000원대를 하향 이탈하고, 외국인 투자자들이 연일 매도하고 있고, 그 주식이 속한 업종의 업황이 향후 1년 동안 반등 기미가 안 보이는 상황이라면, 보유물량의 1/4을 매도한다고 가정해 봅시다. 250주를 4만원에 매도합니다. 6개월 후 주가가 지속적으로 하락하여 25,000원으로 반 토막이 되어있습니다.

　그럼 주식계좌에 들어있는 1천만원(250주×40,000원= 10,000,000원)을 가지고 400주(10,000,000/25,000원=400)를 삽니다. 주가는 빠져서 속이 쓰리시겠지만, 주식이 150주(1000주−250주+400주=150주) 늘어나 있을 것입니다. 주가는 10년 후 어찌 될지 모르지만, 자식에게 150주를 더 증여할 수 있음은 분명합니다. 복잡하게 하지말고 그냥 자녀에게 물려줄 주식이라고 생각하고, 증권계좌 만들어서 생각날 때마다 눈여겨봐 놓은 주식 몇 주씩 사 모으세요.

　혹시 압니까. 20년 후에 10배가 되어있을지. 당연히 어떤 주식을 사야 할지는 공부를 해서 알아내야 합니다.

　금리가 상승하여 보유 부동산 가격이 내려갈 위험이 있다고 칩시다. 이러한 위험에 대비할 방법이 없을까요? 분명 있습니다. 그런데 금리가 상승한다는 100% 보장이 있으면 당장 이 헤지거래를 할 텐데, 금리가 상승한다는 100% 보장이 없는데도 헤지거래를 한다면 그것 자체가 투자(혹은 투기)거래가 됩니다. 투자와 투기는 어감이 좀 다를 뿐, 사실 결과만 놓고 보면 오십보백보 차이가 없습니다. 오죽하면 남이 하면 투기, 내가 하면 투자라고들 말하겠습니까.

　금리 상승 위험에 대비하여 헤지거래를 한다는 것은 너무 거창해보이고, 그냥 우리의 생활에 밀접한 물가가 상승하거나 하락할 위험에도 뭔가 대비해 놓아야 합니다.

　물가가 왕창 올라버리면 우리나라 돈의 가치가 떨어지는 것이나 마찬가지입니다. 물가는 늘 올라왔습니다. 부동산 가치도 늘 올라 왔습니다. 사실 경제가 성장하고 있는 한 물가는 늘 올라왔습니다. 물가가 오르면 우리나라 돈 원화의 가치도 떨어집니다. 옛날에는 학교 앞에서 100원만 줘도 과자를 사 먹을 수 있었지만, 지금은 1000원짜리 과자도 드뭅니다. 환율이 1달러에 600원 하다가 1000원대로 올랐을 뿐인데 물가는 어마어마하게 올랐습니다.

앞으로 물가는 영원히 현재 수준을 유지한다는 보장이 있을까요? 그렇다면 헤지거래 운운할 필요도 없고 재테크도 그냥 열심히 예금 이자 정도 받아도 중간 이상은 하는 셈입니다.

그러나 현실은 물가는 오르고 돈의 값어치는 점점 떨어지고, 밥값도 자꾸 오르고, 기름값도 떨어지는 듯하더니, 어느 순간 또 올라있고 그렇습니다. 뭔지 알맹이와 결론이 없어 보이는 이야기죠?

자, 이제 헤지거래의 유용한 수단인 선물거래 이야기입니다. 이 선물을 활용해서 당장 금리상승 위험에 대비하라는 얘기도 아니고, 부동산 하락위험에 대비하라는 이야기는 더욱 아닙니다. 다만, 선물거래가 무조건 위험한 것이라는 생각보다는 선물거래를 잘 활용하여 위험을 줄이는 투자자도 있음을 기억하시고, 선물거래 자체가 위험한 것이 아니라, 선물거래를 활용하여 위험한 투기를 하는 것이 위험한 것이라는 겁니다.

선물거래는 아주 유용한 헤지수단을 제공하는 금융시장의 첨단 발명품입니다. 물론 이런 선물거래에서 한 걸음 더 나아가 월스트리트

리먼 브라더스의 천재들이 레버리지가 더 큰 상품을 만들어서 팔다가 파산에 이른 사실은 다들 들어보셨을 것입니다.

오늘은 대략 선물거래가 어느 정도 위험한 것인지, 혹은 어느 정도 위험을 줄여줄 수 있는 것인지를 설명해 드리고 마칠까 합니다. 제가 여러분의 이해를 돕기 위해 조금은 부적절한 예시를 들더라도 이해해 주시기 바랍니다. 우선 여러분이 주식 100억원, 채권 100억원, 부동산 100억원을 보유한 거액 자산가라고 가정합시다. 그리고 확실하면 일부 자산을 처분하겠지만, 뭔가 자산가격 하락위험이 있어 보이긴 하는데, 불확실해서 확정적인 거래 대신 선물거래로 위험을 축소하고자 한다고 가정합시다. 선물거래를 해서 위험을 축소했는데, 역시 예상대로 자산가격이 하락하였고, 탁월한 여러분의 식견으로는 더 이상 자산가격이 하락하지 않는 시점에 선물거래로 헤지거래 했던 것을 청산하여 헤지거래 이익으로 자산가격의 하락분 중 일부분을 만회하고자 한다고 합시다. 이게 말로 하니 이해가 어려우실 텐데, 주식을 예로 들어 숫자로 설명해 보죠.

주식가격이 하락할 위험을 감지했는데 확실하진 않아서, 보유 중인 주식 100억원어치 중 30%인 30억원은 매도하는 게 아니라 선물거래로 위험헤지를 했다가, 혹시 주가가 25% 하락하면 다시 사들이는 계획을 세웠다고 가정합시다.

주가가 정말로 나중에 25% 하락합니다. 그 결과는 다음과 같으며 가격하락에 따라 추가 헤지거래를 통해 100억원 전부에 대해 헤지거래를 성공적으로 한다면 주가하락에도 불구하고 오히려 전체 손익이 플러스를 기록할 수도 있지만 이것은 전문가의 영역이니까 패스하겠습니다.

〈주식 헤지거래의 효과〉

구분	가격 하락에도 보유	가격하락위험 헤지
주식 100억	100억의 25% 손실 = 25억 손실	70억의 25% 손실 =17.5억원 손실 30억원 헤지거래 주가 25% 하락시 =7.5억원 이익
주가하락시 평가액	75억원	90억원

더 구체적으로 한번 이야기해보지요. 주식 30억원을 주가지수 선물거래로 헤지거래를 하기로 했습니다. 물론 무슨 주식을 30억어치 가지고 있는지는 또 가정을 해봐야 하고, 개별주식은 개별주식 선물로 헤지할 수도 있지만, 그냥 단순화시켜 주가지수선물로 헤지가 잘 된다고 가정합니다. 베타라는 게 있는데 이건 보유주식의 변동성이 시장변동성 대비 높고 낮으냐에 따라 감안해 주어야 하는 값입니다. 이 베타가 궁금한 사람은 각자 공부해보시고, 베타값은 배제하고 현재 주가지수 선물가격이 300이라면, 30억원 주식 현물 보유에 따른 가격하락 위험을 어떻게 회피할 수 있느냐의 문제입니다.

결론은, 30억원/(300×거래승수 500,000)=20계약이 나옵니다. 주가지수 선물계약 20계약을 매도하면 됩니다. 이게 옛날이야기가 되

김여사 외환시장의 꽃이 되다

었는데요, 지금은 거래승수가 250,000원이라, 30억원/(300×거래승수 250,000)=40계약이 나오는데, 코스피200 주가지수선물 거래 40계약을 매도하면 30억원(30억원/40계약=1계약의 가치 7천5백만원)에 대해 헤지가 가능합니다. 그런데 1계약당 위탁증거금률이 7.5%이므로, 40계약을 거래하려면 (75,000,000×7.5%=5,625,000원)×40=225,000,000원을 위탁증거금으로 선물계좌에 넣어야 합니다.

쉽게 설명하자면, 30억을 헤지하기 위해 30억이 필요한 게 아니라 3억이면 10배인 30억원을 헤지하고도 남는다. 만일 주가가 25% 하락하면 30억원의 25% 가격하락분인 7.5억원을 벌 수 있다. 3억으로 7.5억원을 벌 수 있다. 거꾸로 주가가 하락하는 게 아니라 25% 폭등하면 3억원으로 7.5억원을 날리는 희한한 경험을 하게 된다. 가만히 있었으면 아무 일 없었는데 괜히 헤지거래 한답시고 선물거래 했다가 생돈 7.5억원을 날릴 수도 있다는 이야기가 됩니다.

여기서 잠시 우리나라 개미들의 활약 이야기를 빼놓을 수 없죠. 우리나라 개미들 화끈합니다. 우리나라가 세계에서 1등 하는 게 여러 가지 있는데 주가지수 선물거래 비중에서 개미가 차지하는 비중이 세계에서 제일 높다는 기사를 본 적이 있습니다. 지금은 확인해보지 않아서 잘은 모르지만 어쨌든 세계 톱 클라스임은 분명합니다. 투자하는 개미 중 1%는 엄청난 수익을 기록하기도 합니다만, 여러분들에게 권해드리고 싶지는 않습니다.

이건 팁으로 언급하고 넘어가자면, 선물거래 중 원달러 선물거래가 위험도가 제일 낮은 편입니다. 위험도가 낮은 대신 화끈하게 돈을 벌기는 어렵지만, 안정적으로 수익을 창출하는 좋은 재테크 수단이 될 수도 있습니다. 왜 위험도가 제일 낮은 편인지 구구절절 설명하기엔 이 강의 10회가 부족하다고 느껴지므로 패스하겠습니다.

개미들의 90% 이상이 그럼 주가지수 선물거래에서 큰 재미를 못 보는 이유는 뭘까요? 1계약 매매하는 것이 7천5백만원을 일시에 사고파는 셈이라 주가 변동에 따라 손익이 크게 움직이는 것도 원인이지만, 결국 한번의 거래에서 이익을 볼 확률은 50%인데, 지속적으로 이익 볼 확률은 점점 낮아(4회 연속 승률: 50%×50%×50%×50%=6.25%에 불과)지기 때문입니다. 만일 100계약을 가지고 분할 매수하거나 매도한다면 또 다른 이야기가 되지만, 단 1계약 거래하는 개미가 지속적으로 1계약을 거래해서 돈을 벌기는 초절정 고수가 아니면 어렵다고 보는 것이 타당할 것입니다. 선물거래는 기본적으로 10계약 이상을 매매할 돈이 없다면 아예 쳐다보지 않는 것이 답입니다. 돈이 있더라도 살얼음판, 제로섬 게임에서 살아남을 각오를 단단히 해야 합니다.

부동산 자산도 금리상승 위험에 노출되어 있고, 채권도 금리상승 위험에 노출되어 있으니, 국고채 3년물 국채선물을 이용해서 헤지거래를 하면 어떤 식의 결과를 가져오는지 그냥 대략적인 말씀만 드려보겠습니다. 국채선물 가격계산은 복잡합니다. 자세한 건 궁금하신

분만 따로 공부하시기 바랍니다.

2016.6.24일 국고채(3년물) 금리는 1.25%였는데 5개월 후 2016.11.25일 국고채(3년물) 금리는 1.81%로 급등(0.66%)했습니다. 금리 0.66% 변동은 채권시장에서는 폭등 수준입니다. 참고로 2009년 말 국고채 3년물 금리는 4.41%였으니, 현재는 대폭락 수준이고요, 2015년 말 1.66%에서 2016년 말 1.64%로 미미하게 변동했는데 금리는 그렇게 다이내믹하게 움직이지 않습니다. 하지만 1.25%에서 1.81%로 움직였을 때 국채선물 가격은 111.23에서 108.78로 급락하였습니다. 금리가 오르면 국채가격은 떨어지고, 금리가 내려가면 국채가격은 오른다는 얘기를 어디선가 들으신 적 있죠? 아무튼 금리가 0.66% 오를 위험에 대비해서 111.23에 국채선물을 팔았다가 108.78에 매수했다면 큰돈을 벌었을 것이라는 이야기를 하고자 합니다.

일단 국채선물 1계약은 1억원 액면가인 국채를 대상으로 합니다. 100억원의 국채를 장롱 속에 보유 중인데, 그 중 30억원에 대해서만 금리상승에 대비해서 국채선물을 매도한다면 30계약을 매도하면 됩니다. 현금을 얼마나 선물계좌에 넣어야 할까요?

가격(111.23)×계약수30×거래승수(1,000,000)×위탁증거금율 1.2% =40,042,800원입니다. 즉, 약 5천만원만 있으면 됩니다.

그런데 손익은 111.23-108.78=2.45이고 1계약 0.01당 10,000원의 가치가 있으므로 245×10,000=2,450,000이 되고 30계약이므로 2,450,000×30=75,500,000원의 수익이 발생합니다. 대략 5천만원을 선물계좌에 넣어놓고 30계약 국채선물을 매도했을 뿐인데, 7천5

백만원의 수익이 생긴 겁니다. 국채선물 시장도 살벌하지요? 거꾸로 30계약을 111.23에 샀다가 108.78에 팔았다면 7천5백만원 손실을 입은 셈입니다. 겨우 금리 0.66% 움직였을 뿐인데 말이죠.

다시 정리하면, 부동산 30억을 소유하고 있는데, 금리가 0.66% 올라가서 부동산 가격이 떨어질까 봐 겁이 난 어떤 사람이, 금리상승 위험을 헤지하고자 국채선물을 매도했다가 매수해서 7천5백만원을 벌어서 7천5백만원/30억원×100 =2.5%, 부동산 가격이 5% 하락했지만 2.5%만큼은 회복했다고 소설을 쓸 수 있습니다. 다시 말씀드리지만, 헤지했는데 뜻대로 안 되면 손실입니다. 헤지를 잘못해서 손실이 발생하는 것이 남의 일이 아니라 바로 여러분의 일이 될 수도 있는데 대표적인 것이 해외펀드에 관련된 환헤지로 인한 손실입니다.

간략히 요약해서 말씀드리면, 중국 주식시장이 펄펄 끓었던 적이 있습니다. 단기간에 초급등을 하던 상황에서, 증권사와 은행들이 중국투자 해외펀드 상품을 고객들에게 권유하는 게 일상이었던 적이 있었고 스마트한 고객들은 해외펀드를 가입할 때는 나중에 환매시점의 환율변동 리스크를 헤지하기 위하여 헤지거래를 선택할 수 있다는 교과서의 이야기를 따라 환헤지를 했었지요.

결과는 어떻게 되었냐 하면, 중국 주식이 꼬꾸라지면서 중국펀드 손실률이 40%를 넘어갔습니다. 많은 고객들이 어쩔 줄 몰라 하고 있는 와중에 펀드를 판매했던 판매사에서 고객에게 연락을 했습니다. 과거에 환율 헤지했던 부분에서 환율급변동으로 손실이 많이 발

김여사 외환시장의 꽃이 되다

생했다는 내용이었습니다.

예를 들면, 환율 1100원일 때 해외펀드를 만달러어치 가입(달러매수)하면서 환헤지를 안 했는데, 나중에 펀드 환매(펀드매도, 달러매도)시점에 환율이 900원이라면 펀드에서는 이익이 발생하였더라도 1100-900=200원, 즉 10,000달러×200원=2,000,000원의 환차손이 발생해서 해외펀드에서 수익 15%가 나더라도 수익을 다 까먹는 결과가 나타납니다.

환헤지를 하면 환매시점에 환율이 900원이 되더라도 가입시점에 1100원 수준에 달러매도 선물환 헤지거래를 해놓기 때문에 환율변동에 상관없이 해외펀드에서 15%의 수익이 나면 그 15%의 수익을 모두 가져오게 됩니다.

이러한 사실을 알고 있는 현명한 투자자가 중국 펀드가입 할 때 환헤지를 해놓았는데, 그만 환율이 폭등을 해버린 것이지요. 환율이 1000원대에서 1200원대가 되었다면 20%의 환차손이 추가로 발생하여, 주가하락 40%+환차손 20%=60%손실로 거의 별다른 생각 없이 가입했던 해외펀드가 깡통이 되어버린 사례가 실제로 발생했던 적이 있습니다.

이것이 헤지의 긍정적인 면과 부정적인 면을 잘 설명해주는 사례이고, 최근에는 해외펀드 가입시에 그래서 환헤지를 안 하는 고객도 많이 생겨났습니다. 하지만 바꾸어 말하면, 환율이 향후 급락하거나 급등하는 상황이 발생하면 해외펀드 손익에 환차익이 추가로 10% 이상 생기거나, 환차손이 추가로 10% 이상 발생하는 위험을 감수하는 셈이어서 해외펀드 가입시에는 이것저것 잘 따져보아야 합니다. 이 주제만 가지고도 한 시간을 말씀드릴 수 있지만 시간 관계상 오늘 강의는 여기서 줄일까 합니다.

다음 시간에 뵙겠습니다.

김여사 외환시장의 꽃이 되다

도박을 안 해도 되는 이유

화투, 포카, 슬롯머신, 경마, 경륜 등등 베팅 방법은 많습니다. 개인적인 의견이긴 합니다만, 저는 도박판이 불법이어서 마음껏 도박을 못 하자, 해외 원정도박까지 감행하는 분들을 이해하기 어렵습니다. 국내 선물시장이나 옵션시장에서도 하루에 그 정도 베팅할 배짱이면 투기를 할 수 있는 방법은 많습니다. 투자의 방법과 투자에서 발생할 수 있는 손실위험을 잘 알면서 베팅하는 것을 투자라고 하고, 감으로 올라갈 것 같으면 사고, 감으로 떨어질 것 같으면 파는 베팅을 투기라고 편의상 분류합시다. 투자냐 투기냐는 글자 하나 차이일 뿐, 사실 본질상 차이는 없다고 일전에 말씀드린 적이 있는 것 같습니다만, 공공연히 이렇게 주장하다가 여론의 뭇매를 맞을까 두려워 순전히 개인적인 의견이라는 점을 감안해 주시기 바랍니다.

투자든 투기든 중요한 것은 합법적인 법의 테두리 내에서 행하는 것은 아무런 문제가 없습니다. 경마나 경륜처럼 일부 법의 테두리에서 보호해주는 도박이 있지만, 원칙적으로 도박은 불법이지요. 합법이냐 불법이냐는 엄청난 차이입니다. 도박의 목적이 돈을 벌고자 함과 뭔가 짜릿한 또 다른 즐거움을 느끼는 것이라면, 선물거래나 옵

선거래만 해도 똑같은 목적 달성을 할 수가 있습니다. 골자는 이런 합법적인 투자방식을 마다하고 도박에 빠지는 분들이 안타까울 따름입니다. 아마도 이런 투자는 하루 동안 잘 해봤자 1~2%의 수익밖엔 못 거두고 도박을 하면 하룻밤에 판돈을 싹쓸이해서 수십 배의 수익을 올릴 수 있다고 판단해서 도박에 빠지는 것이겠지요.

그러나 도박은 인생을 망가뜨릴 수 있는 방식이고, 투자는 관리만 잘하면 돈을 좀 잃을 수는 있지만 인생을 망가뜨리지는 않습니다. 물론 투자를 도박처럼 해서 인생을 망치는 안타까운 분들도 있습니다. 그것은 빨리 돈을 벌고 싶거나, 잃은 돈을 빨리 만회하고 싶어서, 무리하게 투자하는 늪에 빠지기 때문입니다.

투자의 기회는 앞으로도 계속 있습니다. 인내는 쓰지만 그 열매는 달다고 속담에도 있습니다. 인내하고 참고 기다려야 합니다. 그러면 도박을 하지 않아도 투자하여 돈을 벌 기회는 반드시 옵니다. 10년을 기다려도 괜찮습니다. 인생을 망가뜨릴 필요 없습니다. 10년을 기다린다 해도, 준비된 사람은 기회가 왔을 때 그것을 잡을 수 있습니다.

도박이 아니라 투자를 해야 합니다. 투자는 기다림의 미학입니다. 도박은 병적인 조급증의 발현입니다.

'금융상품'에 따라서, '시장상황'에 따라서 장기로 투자할지 단기로 투자할지를 결정할 수도 있습니다. 단기적인 투자방식도 얼마든지 있습니다. 매일 매일 단기매매도 재미있습니다.

김여사 외환시장의 꽃이 되다

투자는 들어갈 때와 나올 때를 잘 아는 것이 중요합니다.

주식을 예로 들면, 주가가 500포인트여도 잃는 사람은 잃고 주가가 2000포인트여도 수익 내는 사람은 수익 냅니다. 주가가 몇 포인트일 때 투자에 진입해야 한다는 정답이 있는 것이 아니라, '적절한 시간'에 진입하고 '적절한 시간'에 빠져나와야 합니다. 인내심을 가지고, 자신이 원하는 시점이 오기를 기다릴 줄 알아야 한다. 자신이 원하는 시간(Time)이 오면 시간은 내 편이 됩니다. 그 순간이 오지 않고 있을 때조차 멀리서 손 흔들며 빙그레 웃어주고 있는 시간이 자기에게 다가오길 기다릴 줄 알아야 합니다.

그러한 기다림과 더불어 가장 중요한 것은 몰방을 하지 않는 것입니다. 투자자금을 아끼는 것입니다. 당신이 총을 가지고 있고 10발을 장전할 수 있다면, 한발 한발 총알을 아껴서 쓰다가 정말 기회가 왔을 때 한방 쏠 총알을 반드시 비축해 놓고 있어야 합니다.

모든 '투기꾼'이 저지르는 가장 큰 실수 중 하나는 너무 짧은 시간에 큰돈을 벌려는 충동을 느끼는 것입니다. 이를테면 500%의 수익을 2~3년에 걸쳐서 얻고자 하는 것도 투기에 가까운데, 2~3개월 내에 벌려고 합니다. 어떤 날은 시장이 공치는 날도 있는데, 아무리 애써 봐야, 먹을 것이 없는 날도 있는데 매일 돈을 벌려고 달려듭니다. 금융시장에서 투자를 한다는 것은 노동판에서 노동을 하는 것과는 다릅니다. 노동은 많이 일할수록 시간에 비례하여 돈을 벌지만 투자는 10년에 한번 투자 의사결정 제대로 해도 큰돈을 벌 수 있습니다. 10년에 딱 한 시간 투자해서 떼돈을 벌 수도 있다는 얘깁니다.

　어떤 재테크 관련 사이트에 가면 500% 폭등주! 대박주! 놓치면 평생 후회할 주식공개 하면서 폭등주 전문가인 양 광고하는 걸 볼 수 있습니다. 그런 대박주를 알고 있으면 다른 투자자들 끌어들이지 말고 자기랑 친척들 동원해서 주택담보대출이라도 받아 왕창 투자하여 떼돈을 벌면 될 터인데, 개미들을 위해 자선사업을 하듯이 그런 고급정보를 알려줄 리 없습니다.

　그들이 추천했던 주식 나중에 한두 개 공개하는 걸 보면 온갖 '테마주들'입니다. 테마주로도 큰돈을 벌 수 있지만, 높은 위험(High risk) 주식에 잘못 발을 들여놓았다간 잘나가더라도, '한방에 아웃' 됩니다.

　예전에 어떤 스님이 시주 대신 주식정보를 받았다면서, 틀림없이 두 배가 될 거라면서 본인도 직접 주식을 사고 있다고, 누군가에게 정보를 주었다는 걸 어렵사리(?) 간접적으로 주워듣고 그 '잡주'를 관찰했더니, 중간에 상한가 하한가 왕복달리기 몇 번 하더니 2년 만에 상장 폐지되더군요. 세상에 믿을 것은 자기 자신밖에 없는 법입니다. 자기를 믿으려면 공부하여 내공을 쌓으면 되구요.

　서여사님이 제게 묻습니다.

　"어떻게 위험이 있는 투자자산에 투자해서 절대 잃지 않을 수 있는

가요? 통상적으로 개미 투자자들 중에서 70%가 거의 실패해서 떨어져 나가고, 25%가 살아남고, 5%만이 수익을 지속적으로 거둔다고들 합니다. 절대 잃지 않는 사람 비율이 5%밖에 안된다고요. 주식해서 돈 버는 게 가능합니까?"

절대 잃지 않을 수 있습니다.

적어도 절대로 잃지 않는 것을 90%의 확률로 가능하게 만들 수 있습니다.

다시 투자자금 관리의 중요성에 대해서 이야기 하자면, 투자에서 매일 혹은 매주 성공적으로 할 수는 없고, 일년에 성공적으로 거래할 시기는 네다섯 차례에 불과할지도 모릅니다. 따라서 그 기회가 왔을 때 반드시 거래를 해야 하는데, 손실 나는 포지션에 돈이 몽땅 잠겨 있어서 기회를 잡지 못한다면 돈 벌 기회를 몽땅 날리는 셈입니다. 또한 10개의 종목에 분산투자를 하더라도 투자자금을 몽땅 10개 종목에 투자해 놓으면, 정말 너무나 수익날 게 뻔한 종목을 발견해도 기회를 놓쳐버립니다. 결론, 몰빵은 장기적으로 손실을 발생시키는 투자방법임이 분명합니다.

몰빵하는 유혹을 견디기 어렵다면 사전에 100을 투자할 자금이 있다면 계좌에는 60만 넣어놓고 거래를 시작하시고 정말 인생에 다시 안 올 기회라고 판단되면 40을 추가로 투자하십시오. 그런 기회는 1년에 한번 정도임을 꼭 생각해야 함은 물론입니다. '자신의 집행 가능 총투자자금의 60%'를 넘지 말아야 한다는 등의 '개인적인 자금

관리' 원칙을 수립해야 놓아야 합니다. 집행 안 한 투자자금은 낭비가 아니라, 기회를 포착하는 투자방법입니다.

자금은 투자에 있어서 '생명줄'입니다. 그렇게 생명줄을 소중히 간직하지 않아서야, 투자에서 평정심을 유지하긴 어렵습니다. '외국인투자자 따라잡기'를 아무리 외쳐봐야 공부해 봐야 소용없습니다. 외국인투자자들이 몰방하는 걸 본 적이 없습니다. 그런데 많은 개미들은 매일 몰방을 합니다. 여유자금 3천만원이 있으면, 누가 좋은 펀드 추천하면 3천만원으로 그 펀드에 가입합니다. 이것도 몰방입니다.

시장에서 늘 수익률 1등을 하는 평균적인 외국인투자자들 머리에 들어가 그들이 어떤 투자 마인드를 가지고 있고 어떻게 시장에 대응할 것인지, 어떤 식으로 투자를 하는지, 공부하고 깨닫기 전에는 외국인 투자자들의 수익률을 넘긴 어렵습니다. 외국인투자자들의 수익률을 능가하는 개미들도 꽤 있긴 합니다.

다시 한번, 투자자금 관리에 있어서 총알을 아껴야 함을 역설하고 싶습니다. 역사적으로 외국인들은 몰방한 적이 없습니다! 아이쿠, 이런 제가 오늘은 좀 목소리가 커서 조는 분이 한 분도 없네요. 이런 벌써 강의시간이 끝나가네요.

지난 시간에 헤지거래를 이야기하면서, 참 재미있는 헤지거래의 수단인 파생상품 옵션에 대해 설명을 드리고 싶었는데 아쉽게 시간이 없군요. 이 옵션에 대해서는 여러분 스스로 공부해 보시기 바랍니다. 다만 현실적으로 국내 금융시장에서 옵션거래는 주가지수 관련 옵션거래가 활성화되어 있고 기타 옵션거래는 일반인들이 수월하게 거래할 수 있을 만큼 시장이 성숙해있지 않다는 점만 참고로 말씀드립니다.

그럼 돌아가시는 길 걸음걸음마다 빨간 카펫이 깔려있기를 바라며, 다음 강의시간에 뵙겠습니다.

레버리지거래를 하려면 제대로 해야 한다

지난번 강의 중에 헤지거래에 대하여 말씀드린 적이 있습니다.

헤지거래는 대부분의 경우 파생상품을 이용합니다. 파생상품은 어떤 기초금융상품에서 파생되어 나온 상품을 말합니다. 주가지수에서 파생되어 나온 게 주가지수선물이고요. 지난 강의에서 주가지수선물을 예로 들면서 계좌에 3천만원을 입금하면 2억원 상당의 주식을 매매하는 효과가 있다고 이야기했습니다. 투자자들은 끊임없이 이 레버리지거래의 유혹에 직면합니다. 돈이 필요하면 대출의 유혹을 받듯이, 투자를 하고 싶은데 투자금이 부족하면 레버리지거래의 유혹에 빠지게 되는 것이지요.

일단 결론부터 말씀드리고 자세한 이야기를 이어나가겠습니다.

물론 제 말이 정답은 아니고 개인적인 견해임을 전제로 말씀드립니다. 어릴 때 객관식 시험에 익숙해져서 정답을 찾고 싶어 하는 사람들이 많은데, 재테크에 정답은 없습니다.

백이면 백, 의견도 다 조금씩 다릅니다. 이 레버리지거래에 대한 견해도 전문가마다 천차만별이겠지만, 저는 분명하게 말씀드릴 수 있습니다.

첫째, 레버리지거래 함부로 하지 마라!

둘째, 레버리지거래를 하려거든 뱁새에서 '황새'가 되기 전에는 하지 마라!

셋째, 레버리지거래시에는 꾸준히 연수익 30% 수준을 목표로 철저하게 리스크 관리를 하라!

달리 말하면, 첫째는 철저하게 공부하라는 의미입니다.

둘째, 적은 금액으로 레버리지거래 하려거든 아예 하지 마라, 일정 규모 이상의 투자금이 마련되기 전에는 참아라, 그 일정규모는 거래 상품에 따라 다르고 최소한 2천만원~1억원이다, 정말 여유자금이 그 정도 있는 황새가 되기 전에는 거래하지 말라는 뜻입니다. 참고로 자신의 총재산의 5% 전후가 적절합니다.

셋째, 욕심부리지 마라는 것입니다. 철저하게 수익관리를 해야 하고 리스크 관리를 해야 합니다. 레버리지거래로 망하는 사람들의 공통점은 투자 초기 200%, 400% 수익을 내고 자신의 실력을 과신하여 투자금도 늘리고, 투자방식도 투기적으로 변하는 사람들입니다. 연간 30% 수준 이상으로 무리하게 욕심내지 않으면 레버리지거래는 크게 위험하지 않습니다. 파생상품은 오히려 정말 탁월한 금융 박사들이 만든 경제적 자유를 쟁취할 수 있는 기회를 제공해주는 상품입니다. 다만, 철저한 위험관리가 선결되어야 합니다. 그것이 결론입니다.

기본적으로 선물거래에 관해서는 공부가 필요합니다. 최초 계좌개설 시 기본적으로 예탁해야 하는 개시증거금과 한 계약당 위탁증거금, 유지증거금 등등에 대해서는 국내선물과 해외선물 상품마다 차이가 있고, 증권회사나 선물회사별로 약간 다른 부분도 있기 때문에 홈페이지를 찾아다니며 확인해봐야 하는데, 여러 군데 찾아다니며 공부하다 보면 정말 고객들이 알기 쉽게 설명하기 위해 무척 애를 썼다는 걸 알게 될 겁니다. 웬만한 책보다 훨씬 친절하게 설명해줍니다.

위험이 적은 편에 속하는 원달러 선물을 예로 든다면, 한 계약의 가치는 10,000$입니다. 1만달러면 1천만원이 좀 넘는 수준이죠? 1달러에 1100원 수준이니까 1만불 곱하기 1100원 하면 11,000,000원이니까요.

한 계약당 증거금은 5% 수준입니다. 만달러 짜리 한 계약을 거래하기 위해서 그 5%인 550,000원만 위탁하면, 1만 달러를 거래하게 해줍니다. 최초 선물거래 할 땐 15,000,000원 정도의 개시증거금을 요구합니다. 그러니까, 계좌개설 하자마자 15,000,000/550,000=27.27, 즉 최대 27개까지 주문이 가능합니다. 1만불짜리 계약을 27개까지 사거나 팔 수가 있습니다.

환율이 떨어질 것만 같아서 몰방한다고 칩시다. 1만불 짜리 27개니까 27만 달러를 매도하는 셈입니다. 환율이 1150이라고 가정하면 270,000×1150=310,500,000원에 해당하는 달러를 파는 겁니다. 27만불을 1150원에 매수하면 310,500,000원에 해당하는 달러를 사는 셈입니다. 3억이란 돈이 없는데도 1천5백만원만으로 3억원어치 달러를 매수하거나 매도할 수 있지요. 그런데, 27개를 몰방할 이유가 있기 전에는 몰방하지 않겠죠?

　　　　　　　　　　　김여사 외환시장의 꽃이 되다

원달러 선물이 위험이 비교적 작다는 의미는 가격변동에 따른 손익변동 폭이 작다는 이야기입니다. 1계약 1만불을 샀다 팔았다 한다고 가정하면, 대개 원달러 환율이 하루 5원 전후에서 움직이니까, 아주 재수 없어서 최저점에 매도하고 최고점에 매수한다고 해도 최대 손실은 5원이니까 10,000불×5원=5만원 손실입니다. 선물거래로 하루 중에 최저점에 매도하고 최고점에 매수하였는데 하루 손실이 5만원이라면 감내할 만하겠지요? 선물거래 하면 금방 패가망신할 것처럼 안 좋은 인식을 가진 사람도 많지만 아주 재수가 없는 사람이 있어서 매일 바닥에 매도하고 천정에 매수해서 20일 연속 손실을 본 사람이 있다면 평균 5만원 손실×20일=100만원입니다. 6개월 내내 120일 연속 손실을 보아도 6백만원 손실로, 아직 패가망신할 수준은 아닙니다. 120일 연속 손실, 그것은 기적입니다. 50% 확률이고 고릴라가 거래를 한다 해도 60일은 이익 납니다.

같은 통화선물이라도 해외통화선물로 달러엔이나 유로달러를 거래하거나, FX마진거래로 달러엔이나 유로달러를 거래하면 변동 방향도 예측하기 어려울뿐더러 변동성도 커서 원달러 거래보다 손실위험이 큽니다. 원달러 거래보다 세 배 정도 위험하고, 돈도 세 배 이상 더 벌거나 손실을 볼 수 있습니다.

우리나라 FX투자자들의 상당수가 해외통화를 가지고 FX마진거래를 한다고 보면 됩니다. 원달러 환율보다 해외통화 환율은 변동성이 커서 투자자들이 더 선호하기 때문이지요.

공부하라는 의미는 과연 어떤 상품이 얼마만큼의 위험을 가지고 있는지, 투자금액 대비 최대 손실은 얼마나 발생할 위험이 있는지부터 철저하게 조사하라는 의미입니다. FX마진거래에서 대략 70% 가까운 투자자들이 돈을 잃습니다. 돈을 잃는 것이 일반적일 정도로 흔한 일입니다. 1천만원을 가지고 밤마다 1천만원 베팅을 한다면, 왕창 돈을 벌거나 쪽박을 차거나 둘 중 하나일 확률이 높습니다. 그리고 황새가 되기 전에는 거래하지 말라는 이야기는 다음과 같이 풀어서 이야기할 수 있습니다.

당신에게 병사를 주고 전쟁에 참여하게 한다면 과연 어떻게 싸울 것인가? 병사는 몇 명 정도 있어야 당신이 전략을 세우고 잘 지휘하여 산에 올라가면서도 적을 쳐부수고, 산에서 내려가면서도 적을 쳐부술 수 있겠는가?

부대원 10명~30명 정도는 있어야 싸워볼 만하지 않을까요?

특출한 저격수 한 명을 가지고 싸우다간 적의 총알 한방이면 게임 오버입니다. 10명 이상 있어야 척후병도 한번 보내보고, 경계병도 한 명 세우고, 세 명 정도 특공대 조직해서 적진 깊숙이 침투도 시켜보고, 적들이 몰려오면 10명 정도는 돼야 방어선이라도 구축할 수 있겠지요. 30명이라도, 그냥 어떤 다리를 건너는 작전에 한방에 투입한다면, 성공할 경우 수월하게 작전에 성공하겠지만, 실패할 경우 다리가 폭파되어 30명의 부대원을 한꺼번에 다 잃게 되고 전쟁에 지게 될 것입니다.

원달러 선물거래는 2천만원만 있어도 30개(계약) 이상 거래가 가능하므로, 부대원으로 치자면 30명 정도를 자유롭게 전략에 투입할 수 있고, 병사 한두 명 잃어도 게임에 지지 않고 다시 싸울 수 있습니다.

국채선물은 5천만원 정도, 주가지수선물은 1억~1억5천만원, FX마진거래는 1억원 전후는 되어야 '안정적'으로 거래해서 안정적인 수익을 올리기 수월합니다. 참고로 FX마진거래는 10만달러 거래하는데 1만달러 증거금을 요구합니다.

1계약 10만달러(약 1억1천만원)짜리를 10개 정도 자유롭게 거래하려면, 1계약 증거금 1만달러의 10배, 즉 1억원 이상은 최소한 계좌에 넣어놓아야 합니다. 말씀드렸듯이, 최소 자기 병사가 열 명은 되어야 전쟁터에 나가서 한번 싸워볼 수 있지 않겠습니까? 찾아보면 1억원으로 10계약보다 훨씬 많은 계약을 거래할 수 있는 방법이 또 있긴 합니다만 자세한 이야기는 패스하겠습니다.

계좌에 만불 넣고도 FX거래 잘하는 투자자 많습니다. 하지만 투자금액이 적으면 처음 몇 번의 거래에서 운 좋게 큰돈을 벌거나 아니면 지속적으로 투자에서 성공해야 생존이 가능합니다. 거의 외줄타기 하는 것처럼 외롭게 싸워야 합니다. 그 지속적인 성공확률은 30% 이하입니다. 물론 금액을 크게 시작한다는 의미는 성공을 보장한다는 의미가 아니라, 6개월, 1년 이상 지속적으로 큰 손실을 내지 않을 경우 점점 큰 수익을 낼 확률이 높아진다는 의미입니다.

경력 2년 이상이면 5천만원 전후로 월간 1천만원도 수익을 올릴 수 있으며, 경력 5년이고 단계적으로 제대로 성장했을 경우, 1억원 투자금으로 연간 2억원 이상 수익을 올릴 수 있으며, 경력 10년 이상 전업이라면 투자규모에 따라 다르겠지만 월 5천만원 수익도 불가능하지 않을 것입니다. 단, 상위 10%만 그렇습니다. 저도 도전해 봤습니다만, 실력과 체력이 안 받쳐주더군요. 타고난 강의실력을 가진 사람도 있고, 타고난 매매실력을 가진 사람도 있는 겁니다. 전 강의로 만족합니다.

어떻게 매매하는지 세세하게 가르쳐드릴 수 있을 정도로 아는 것은 많은데, 막상 제가 직접 트레이딩을 하게 되면 마치 늪에 빠져버린 것처럼 반복적으로 어리석은 투자결정을 해서 돈을 날리는데 선수가 되는 통에 전 1년 만에 그만뒀습니다.

6개월을 해도 수익이 안 나면 접어야 합니다. 손실이 크지 않다면 다시 6개월을 도전해서 또 수익이 안 나면 기본적인 성격이 주식이든, 선물이든 투자에 맞지 않는 것일 수 있습니다. 투자는 심리적인 능력도 필요하고 이건 타고나는 측면이 있어서, 안되면 될 때까지 하라, 노력하면 배반하지 않는다는 격언이 투자에는 들어맞지 않을 수 있습니다. 자신의 성격적인 부분이 결함이 있는데도 계속 거래를 하면 결과는 자멸뿐입니다. 거래를 하지 말아야지요.

단, 성격이 잘 맞고 수익을 잘 내서 전업투자를 하더라도, 하루 4시간 이내로 거래하고, 여유롭게 나머지 시간을 보낼 정도로 하는 것이 좋습니다. 물론 여러분의 인생은 여러분의 것, 남의 인생에 대해 왈가왈부할 자격이 저에겐 없습니다만, 늘 여유로운 마음으로 평정심을 유지할 때, 성과가 좋을 수 있다는 것입니다.

아니면 밤을 새우더라도 주요지표나 실적 발표되는 날, 정책결정이나 회의 결과 발표하는 날들을 골라, 발표 후 환율 움직이는 방향으로 들어가 아주 조금씩 먹고 나오는 스타일로 거래하고, 특별한 이벤트 없는 날은 쉬는 방식으로 거래하면 좋습니다. 트레이딩이 삶의 전부가 되면 몸과 마음이 피곤해집니다. 10억을 번 사람은 10억만 더 벌고, 20억을 번 사람은 20억만 더 벌고… 하다가 그 세계에 빠져서 그 세계 속에 살면서 다른 삶의 즐거움을 놓치는 우를 범하는 경우도 있습니다.

물론 그런 고민은 돈을 번 후에 할 일이고, 저는 그런 능력을 가지지 못하였지만, 우리나라에도 조지 소로스만큼 위대한 투자자가 꽤 있다고 믿습니다. 굳이 자신의 신분을 드러낼 필요성을 못 느끼기에, 책도 안 쓰고 정체를 드러내지 않을 뿐이지요. 이러한 고수들 실력은 책을 몇 권을 써도 모자랄 만큼 대단합니다. 그런 고수들도 다 오랜 초보투자자 시절을 거쳤습니다. 지금 이 강의를 듣고 있는 여러분처럼 아무것도 몰랐던 시절이 있었습니다.

우리나라에 레버리지거래하는 사람들, 주가지수 선물시장에만 해도 아주 많다고 말씀드렸습니다. 외환시장의 대표적인 레버리지거래, FX마진거래 투자자도 꽤 많습니다. 확실한 것은, 일본의 와타나베 부인처럼 우리나라에도 FX거래를 하는 사모님들이 이미 꽤 있다는 것입니다. 하루에 20만원~50만원 정도를 목표로 열심히 거래를 하고 있고, 꽤 많은 투자자들이 수익을 보고 있겠지요. 여러 사람이 함께 모여서 트레이딩을 하는 개인투자자 FX딜링룸도 있습니다. 온갖 사기를 치거나 대출이자를 받아먹으려고 접근하는 불순한 세력도 꽤 있고요.

이러한 FX투자자, 원달러 선물 FX거래자 저변이 앞으로 확대될 가능성이 높다고 봅니다. 원달러가 글로벌 FX시장에서 거래되기 시작한다면 폭발적으로 늘어날 테지만 그 시기는 10년 후가 될지 언제가 될지 알 수 없을 뿐입니다. 저의 재테크 강의를 듣는 여사님들도 점점 늘어날 것이고 저도 밥 먹고 사는데 지장 없을 것으로 예상됩니다. 저의 희망 사항일까요?

아무튼 작게 시작해서 거래하든, 충분히 작게 연습해서 어느 정도 규모로 나름의 전략을 수립해서 운용하든, 중요한 것은 매년 수익을 내는 것입니다. 단 한번 거래해서 수익 내는 사람은 50% 이상입니다. 한 달 거래해서 수익 내는 사람은 30% 이상입니다. 일년 내내 거래해서 수익 내는 사람은? 30% 이하로 떨어질 확률이 높습니다. 일단 거래를 시작하면, 꾸준한 수익을 내는 것이 가장 중요합니다.

투자는 기관투자자나 외국인 투자자처럼 하면 성공률이 높습니다. 시장에 대해 올바른 이해, 분할매수 및 분할매도, 철저한 수익률 관리, 철저한 손절매매, 그리고 한 달 내내 하루 1/20씩 20번에 걸쳐 분할 매수하고 하루 이틀 움직임에 일희일비하지 않을 수 있는 여유 등 기관투자자의 매매방식대로 하면 시장에서 살아남는 것은 어렵지 않습니다. 또한 충분한 자금여력이 열쇠입니다. 실력과 돈이 결국 이

김여사 외환시장의 꽃이 되다

깁니다. 수익률 목표가 달성될 때까지 이익 나는 포지션은 안 팔고 유지하며, 내부지침이 수립되어 있어서 손실이 일정 금액 나면 기계적으로 손절매도 해서 큰 손실을 사전에 예방하니 이익이 조금씩 쌓여갑니다.

기관투자가처럼 거래하면 성공확률이 높아집니다. 기관투자가들은 총알을 창고 한가득 쌓아놓고 거래하잖아요.

최소 총알 20발 이상 쏠 여력이 안 되면, 레버리지 시장에는 가급적 접근하지 말아야 한다고 다시 한번 말씀드립니다.

물론 30%의 투자자는 총알 1발이든 열 발이든 상관없이 계속 이익을 볼 수도 있습니다. 아무도 말릴 수 없습니다. 뛰어난 사람들은. 그런 사람은 아무도 안 말립니다.

그렇지만 통상적으로 보건대, 본인이 타고난 딜러이고 매매의 천재가 아닌 다음에는 20발 이상의 총알을 마련할 여유가 없다면 대출에 손을 대지 마시고, 여유자금이 생길 때까지 레버리지거래는 멀리하고 다른 투자를 생각해봐야 합니다. 정히 하고 싶다면 본인 총재산의 5% 전후의 금액만 투자하여 위험을 충분히 예방하고 위험을 이겨낼 능력이 있는지를 스스로에게 열 번 자문해 보고 투자에 나서야 합니다.

사실 말이 좋아서 투자이지, 파생상품거래는 투기거래입니다. 합법적인 것이기에 투자라고 좋게 말하는 것이지, 투기거래가 맞는 표현입니다. 투기에 자신이 가진 돈을 전부 걸면 안 되겠지요? 레버리지거래는 즐길 수 있는 여유가 있을 때 시작하십시오.

오늘 강의는 이것으로 마치겠습니다. 제 강의는 이런 투자자들도 있다는 이야기와 레버리지거래에 관한 강의지 투자권유가 아님을 분명히 밝힙니다. 자신이 스스로 결정한 것은 본인 책임, 투자는 본인이 결정할 일입니다.

김여사 외환시장의 꽃이 되다

위기는 없다

랜덤 워크(Random Walk) 이론이 설명하듯, 시장은 예측이 무의미하게 전혀 알 수 없이 움직이는 듯하지만, 분명히 단기적으로는 '60% 이상' 위든 아래든 방향을 예측하고 맞추는 것은 가능합니다. 왜냐하면, 시장을 움직이는 것은 결국, 기본적으로 시장이 변화해가는 원인이 있고 방향성이 있게 움직이는 경향이 있으며, 시장을 움직이는 투자자들의 마음은 한 방향으로 쏠리는 경향이 있기 때문입니다. 그리고 계속 한 방향으로만 움직이는 게 아니라 오르락내리락하며, 기회와 위기는 늘 오고 갑니다.

우리나라 금융시장에도 늘 위기와 기회가 찾아왔습니다. 그게 위기인지 기회인지 판단이 어렵지만, 확실한 위기가 또 올 수도 있습니다. 그런데 사실 금융시장에 위기가 찾아온다면, 이를 기회로 이용할 수 있는 방법이 얼마든지 있기 때문에, 위기는 없다는 것이 맞는지도 모릅니다. 여기서 위기를 기회로 이용하는 방법을 모른다면, 위기는 있다가 맞는 말이 됩니다. 위기가 없으면 좋겠지요? 위기가 오는지 안 오는지는 하루 10분 이상 우리나라 주식, 채권, 외환시장 동향을 살펴보고, 세계 주요 뉴스에 관심을 가지는 정도면 감지가 가능합니다.

2008년 금융위기가 터졌을 때 전 세계 경제가 휘청댔지만, 한편에서는 이익을 본 기관투자자들도 꽤 있었습니다. 33배의 레버리지를 일으켰던 리먼 브라더스의 파산은 리먼 브라더스뿐만 아니라 월스트리트와 전 세계 금융시장에 위기를 몰고 왔습니다. 하지만 이러한 레버리지 상품의 실패를 예측하여 거꾸로 베팅해서 어마어마한 수익을 거둔 기관투자가도 있었다는 것은 참 아이러니합니다.

미국 최고 명문대 출신들이 즐비한 리먼 브라더스, 그 꿈같았던 투자회사가 그런 일의 중심에 있었다는 게 믿기 어렵습니다. 세계적인 신용평가사가 한 달 후에 휴짓조각이 된 채권에 AAA 등급을 주었다는 것도 믿어지지 않습니다. 주택저당증권을 담보로 자산담보부채권 같은 구조화채권을 만들어 팔았는데, 그 구조화채권을 멋도 모르고 매수하여 피해를 입은 우리나라 일반인도 꽤 있었습니다.

아주 유망한 환헤지 상품인 줄 알고 가입했다가 환율 폭등으로 수출업체들이 줄줄이 파산까지 이른 KIKO사태 발생 사례에서 배울 수 있는 것은, 모든 거래에 유의해야 하고 유혹적인 상품일수록 위험할 수도 있다는 것입니다.

만일 10년 뒤 우리나라도 일본처럼 초저금리 국가가 된다면 그땐 어떻게 해야 할까요? 그나마 은행에 예금해놓고 이자 받아서 생활하던 사람들에겐 큰 위기가 아닐 수 없겠지요. 어찌해야 할까요? 위험

김여사 외환시장의 꽃이 되다

이 큰 파생상품에 투자하지 않고, 주식이나 펀드로 재테크하여 돈을 벌 수 있을까요?

현대 금융시스템 하에서 시스템적인 위기가 나타나면 돈을 벌 수 있는 지식이 있다면, 오히려 위기가 기회가 될 수도 있음을 늘 기억하고 위기를 기회로 만드는 방법을 배우고 준비해 놓을 가치는 충분히 있습니다.

위기에 어떻게 대응하느냐가 중요합니다. 어떻게 자신의 부대원들을 지휘하여 대처하느냐가 중요합니다. 요즘 공무원 시험 열풍이고 50대에도 공무원 시험에 합격하는 분도 있는데요, 좋은 책 몇 권 골라 열심히 공부해 놓으면 삶이 더 편안해집니다. 위기가 와도 대처할 방법을 마련할 수 있을 테니까요. 딱히 책 몇 권이 뭔지 저도 서점에서 골라내기가 쉽지 않은 게 문제라면 문제입니다만.

아무튼 위기는 보유자산 가치의 큰 하락을 가져오는 법이므로 주가 폭락, 부동산 폭락, 금리 급등에 따른 채권가격 급락, 물가 폭등 등을 일으킵니다. 그런 일이 발생하여 회복이 안 되면 정부가 발 벗고 나섭니다. 양적완화로 저금리 유지하듯이 말이지요. 양적완화는 정부에서 돈을 푸는 것입니다. 그러기 위해 금리를 낮춥니다.

지금은 그 양적완화로 풀었던 돈을 각국 정부들이 회수하기 위해 금리를 올리고 있습니다. 완화에서 긴축으로 넘어가고 있습니다. 위기가 발생하고 주요 국가들이 양적완화를 시작했을 당시를 돌이켜 보면 부동산 매입, 주식매입의 적기였습니다. 참으로 쉬운 게 돈 버는 일입니다. 시장이 흘러가는 대로 여유자금을 묻어 놓기만 했으면 되니까요.

공부를 깊이 해보시면 '아이고야, 다시 위기가 발생하면 부동산도 사고 주식도 살 텐데'라며 오히려 위기가 발생하길 은근히 바라는 마음이 생기기도 할 것입니다. 돈 벌 기회니까 말이지요. 아이러니하게도 그 기회는 많은 사람들이 고통받는 위기상황에서 있었음을 기억해야 합니다.

자, 신흥국 중 어느 나라에서 채무불능 사태가 발생한다거나, 미국이 쌍둥이 적자를 견디다 못해 부채한도 연장에 실패하여 만기가 돌아오는 거액 채권상환을 못 하는 사태가 발생한다거나, 우리나라 외국인들이 20일 연속 국내 주식을 대규모로 매도하고 있다거나, 유럽의 어느 국가에서 재정이 극도로 악화되어 만기가 돌아오는 국채상환을 못 하는 사태가 발생한다거나 하면 여러분은 어떻게 하시겠습니까?

마침 집을 사는데 여유자금을 다 넣고 대출도 많이 받아서 투자할 여력이 전혀 없다면 어떻게 하시겠습니까?

여유자금 2천만원이 있다면 어떻게 하시겠습니까?

다 합해봐야 투자할 수 있는 여유자금이 1천만원 밖에 없다면 어떻게 하시겠습니까?

그리고 잘났다고 주장하는 저마저도 어찌할 바를 모르겠다고 답변 드리면 어떻게 하시겠습니까?

김여사 외환시장의 꽃이 되다

답답하니까 얼른 답을 가르쳐 달라고요? 그 답은 순전히 여러분 스스로 찾아내야 합니다. 누구도 대신 찾아주지 않습니다. 재테크 공부는 어찌 보면, 자신의 재산을 지키는 방법을 공부하는 것입니다. 저의 무료 재테크 강의는 결국 그 필요성을 역설하여 여러분이 스스로 공부하게끔 가이드를 하는 것이 제가 할 수 있는 최선이고, 딱 거기까지입니다. 스스로 공부하시고, 스스로 답을 찾아내셔야 합니다.

예를 한번 들어봅시다. 딱 5백만원을 1년 정도 주식에 투자하고 싶은 사람이 있다고 가정합시다. 그런데 한 달 내내 외국인투자자들이 순매도를 하고 있는 겁니다. 주가가 조정을 받아서 주가가 외국인들 매도에도 불구하고 더 이상 안 빠지고 살금살금 오르고 있는 상황입니다. 이런 상황에서 10명 중 6명은 '5백만원 정도라 큰 위험도 없을 테고, 잃어봤자 대수겠어'라고 생각하며, 평소에 관심 있던 주식을 5백만원 어치 원샷에 사버립니다. 그리고 기다립니다. 주가가 최근 빠졌던 것의 절반 정도만 회복하면 팔겠다고 마음먹었는데 주가가 살금살금 더 오릅니다. 기분이 좋습니다. 그런데 일주일 후 지속적인 외국인 매도에 못 견디고 주가가 하락세로 돌아서더니 다시 급락하기 시작합니다. 계속 내려갑니다.

이 예는 가상입니다만, 충분히 가능한 시나리오입니다. 제가 말씀드릴 수 있는 것은, 이 투자자는 두 가지 실수를 했다는 것입니다. 첫째는 자신의 투자금 100%를 원샷에 투자했다는 점, 둘째는 주식이 하락할 위험의 크기가 주식이 상승할 가능성의 크기보다 큰데,

작은 이익을 탐하여 막연한 기대로 위험한 선택을 했다는 점입니다.

물론 이 투자자가 애초에 마음먹은 것보다 큰 이익이 났을 수도 있었을 테지만, 외국인투자자라면 그렇게 안 했을 거라는 겁니다. 외국인투자자들은 우리나라 주식시장에서 최고의 수익률을 자랑하고 있습니다. 최소한 흉내라도 내야 합니다. 하루 이틀 장사하고 말 것이 아니라면 외국인 무시하면 됩니다. 하루 이틀은 외국인투자자들이 마치 바보처럼 거래하는 모습을 쉽게 목격할 수 있습니다. 낮은 곳에서 엄청 팔았다가 높은 곳에서 다시 사는 모습 말이지요. 주가지수 선물 관련 시장 흔들기를 하여 개미들 털어먹고 있는 중이라고 보면 됩니다. 아니면 보유주식의 평균단가 관리 혹은 윈도우 드레싱[16]일 수 있습니다.

다시 예로 돌아와, 이 5백만원을 가진 투자자가 선택할 수 있는 카드는 무엇이었을까요? 이미 말씀드렸습니다. 재테크나 투자에서 정답을 논하지 말자고요. 내일 일은 귀신도 잘 모릅니다. 그저 합리적이고 확률이 높은 선택을 할 뿐입니다.

저라면 1백만원을 주가가 떨어지면 수익이 나는 주가지수 리버스펀드에 가입하여 추세를 더 관찰하겠습니다. 주가지수가 2,400에서 하락하여 2,000이라고 가정하면 2,000에 1/5을 투자하는 것입니다. 하락 쪽에 베팅하는 리버스펀드를 가입해서요.

---

16) 분기 말이나 결산기에 기관투자가들이 투자수익을 높게 보이도록 하기 위해 결산기가 가까워져 오면 의도적으로 주식을 활발하게 매매하는 것을 말한다.

그런데 2,100으로 반등하면 할 수 없지요. 2,400이 오면 그 1백만원 투자했던 것 환매해버릴 것입니다. 그러면서 2,100에 1백만원 추가로 가입하고 버팁니다. 그리고 만일 1,900으로 하락하면 1백만원을 추가로 가입하겠습니다. 딱 거기까지입니다. 딱 거기까지라는 말 제가 참 많이 하지요? 2백만원은 정기예금 넣어놓고 시장을 지켜볼 것입니다.

주가상승으로 리버스펀드 가입자들이 18%의 손실을 기록하고 있다 해도, 주가가 2,500이 되지 않는 한, 1백만원으로 −20%의 손실을 기록하는 바보스러운 투자를 했다 해도 손실금액은 20만원/투자원금 500만원=−4%입니다. 이런 식으로 관리하면 −18% 기록하기 어렵습니다.

이런 식으로 투자해서 언제 돈 벌겠어? 라는 생각이 드는 순간 보통사람이 되는 것입니다. 부자들은 늘 어떻게 하면 자신이 투자한 투자금에서 손실을 최소화할까부터 생각합니다. 최대 손실가능 금액이 얼마야? 그것부터 따져봅니다. 위험의 크기와 수익의 크기를 따져서 수익으로 위험을 커버할 수 있을 만큼만 위험자산에 투자합니다. 그러니 부자는 더 부자가 될 수밖에 없습니다. 마인드가 일단 여유로운 것입니다. 부자가 아닌 사람은 마인드가 일단 돈을 벌어야겠다는 욕심이 앞서서 자꾸 수익률만 먼저 생각합니다. 실패할 확률이 높은 마인드입니다.

우리나라에 위기가 앞으로 절대 없기를 간절히 소망하지만, 위기가 닥쳤는데 위기를 기회로 활용하는 게 아니라 오히려 위기상황에서 손실의 기회로 활용하지 않도록 공부를 해놓으시길 바라마지 않으며, 오늘 강의는 여기서 마칠까 합니다. 아름다운 날 되시기 바랍니다.

지금 전 세계는 전쟁 중

지난번 강의 끝나고, 감사하게도 모 여사님께서 제게 진심 어린 말씀을 해주셨습니다. 재테크 강의라고 해서 돈 되는 상가투자나 부동산시장 예측, 아니면 주식투자 비법 정도를 기대했는데, 내용도 너무 어렵고, 결론도 여러분이 다 알아서 하는 것이라고 하면 어떻게 하냐는 말씀이셨습니다. 맞는 말씀입니다. 재테크 강의라면 최소한 연령대별 종잣돈 마련, 기본적인 투자 포트폴리오부터 시작해서 주요 시장별 전망이나 유망한 투자상품에 대해 강의를 해주어야 하는데, 제 강의는 대부분 공부를 해야 한다는 결론으로 향하고 있습니다.

이미 공부는 강의 들으러 온 것으로 충분하니 어서 빨리 알맹이를 보여달라고요? 맞는 말씀입니다. 강의가 후반으로 치닫고 있는데, 알맹이 있는 내용은 별로 없었던 것 같네요. 그럼에도 불구하고 오늘 강의에도 오히려 더 많은 분들이 나잘나 선생이 도대체 언제 강의다운 강의를 하나 궁금해서 찾아오신 것 같습니다. 감사할 따름입니다. 죄송스럽게도, 오늘은 가볍게 이런저런 세상 돌아가는 이야기로 강의를 대신 할까 합니다.

고대에는 사실 다른 나라 크게 신경 쓸 일 없었고, 만일에 적이 쳐들어오면 무찌르면 그만이었습니다. 그런데 글로벌 시대에는 무력충돌도 충돌이지만 사실상 누가 물건을 더 많이 파느냐의 경쟁시대라고 해도 과언이 아닙니다. 자국의 물건을 더 많이 다른 나라에 팔아야 돈을 벌고 더 잘살 테니까요.

개인의 재테크에서 한 발자국 나아가 국가 측면에서 재테크를 한다면 어떻게 하면 될까요? 자기 나라 물건 많이 팔고, 자기 나라 서비스 많이 이용하게 만들고, 자기 나라로 관광 와서 돈을 많이 쓰도록 만들면 되지 않을까요? 문제는 가격입니다. 가격이 경쟁력이 있어야 합니다. 그 가격은 무엇일까요? 바로 환율입니다.

오늘날 각국 정부에서 환율에 민감하고 환율을 통해 나라를 위기에서 탈출시켜 보려고 안간힘을 씁니다. 대표적인 예가 이웃 나라 일본입니다. 1달러에 70엔 하던 환율을 1달러에 125엔까지 만들어 놓기도 했었습니다. 환율을 무려 70% 이상 올라가게, 자기네 나라 환율이 저평가되게 만들어서 무역적자국에서 탈출하여 무역흑자국으로 만들었지요.

미국은 딜레마에 빠졌습니다. 달러를 약세로 만들어서 무역적자를 줄여보려고, 흑자가 나지 않더라도 최소한 줄어들게 만들어보려고, 인근 국가들을 환율조작국으로 지정하겠다고 위협하고 있지만, 달러를 약세로 만들면 미국에 유입되었던 자본들의 탈출 러쉬가 발생하지 않을까 우려하여 대놓고 달러 약세 정책을 펴지 못하고 있습니다.

다만, 개인적인 견해임을 전제로 핵심만 이야기하면, 첫째 미국 달러화는 미국의 재정수지, 무역수지 적자를 감내하지 못하고 언젠가 폭락할 위험이 있다. 달러화가 폭락하면 안전자산인 금의 가치가 폭등할 가능성이 있다고 요약됩니다.

여기서 금의 가치가 폭등할 위험이 있다고 해서 우리나라 금시세가 동반하여 폭등한다는 의미는 아닙니다. 금의 가치는 국제금융시장에서 달러로 거래되는 것을 기준으로 합니다. 우리나라 시세는 국제금융시장의 달러 기준 금가격을 원화로 환산하여 표시하는 것입니다.

예를 들면 국제 금시세가 1트로이온스(31g)당 1,300달러라고 가정합시다. 그럼 우리나라 원달러 환율이 900원이면 온스당 1,300×900=1,170,000원입니다. 우리나라 금 1돈은 3.75g이니까, 1,170,000×3.75/31=141,532원이 됩니다.

원달러 환율이 1130원이면 어떻게 될까요?

1,300×1130=1,469,000원입니다. 1돈은 1,469,000×3.75/31=177,701원이 됩니다. 국제 금시세는 그대로인데 우리나라에선 환율에 따라서 141,500원이 되기도 하고 177,700원이 되기도 한다니, 그 차이가 25%(환율변동 폭)나 됩니다.

자, 그러면 금값이 폭등할 것 같습니다. 금은방으로 달려가서 금을 무조건 사야 할까요? 우리나라 환율이 1,200원 할 당시에 금을 왕창 샀는데, 환율이 900원이 되어버렸다고 칩시다. 환율하락 폭은 1200-900=300, 300/1200×100=25%입니다.

국제 금시세가 온스당 1,200달러 하다가 과연 25% 폭등하여 1,512달러로 올랐습니다. 실로 폭등한 것이지요. 우리나라 금은방의 금을 싹쓸이했던 왕서방이 금은방으로 달려갑니다. "금가격이 25% 올랐대, 내 금 모두 팔아줘." 하지만 팔고 보니 본전치기입니다. 왕서방은 화가 납니다.

"아니 이거 왜 이런다 해? 금 가격이 25% 올랐다는데 왜 원금 밖에 안 된다 해? 나 열받는다 해"

그래 봐야 소용없지요. 만일 왕서방이 금을 10억원어치 사는 대신 원달러 선물로 5천만원 증거금 넣고 1200원에 매도했다면, 900원에 매수해서 포지션을 정리하여 10억원의 25%=2억5천만원 가량의 수익을 달성했을 것입니다.

참 재미있는 세상입니다. 결과만 놓고 본다면 말이죠.

국제 유가 있죠? 이것도 재미있습니다. 유가만 가지고도 1시간 강의를 재밌게 할 수 있습니다. 경제가 안 좋아지면 유가가 올라갈까요, 떨어질까요? 경제도 안 좋은데 유가도 올라 미치는 줄 알았던 경험이 있는 분은 손을 들고 말씀하실 겁니다. '유가가 올라갑니다'라구요. 반만 맞고 반은 틀립니다.

일반적으로, 글로벌 경제가 안 좋으면 유가는 떨어집니다. IMF 외환위기 당시 유가가 배럴당 10.15$, 걸프전 당시 31.51$, 9·11테러 당시 17.69$, 이라크전 발발시 30.03$이었습니다. 경제가 좋으면 공장 가동률도 높아지고 유류품 생산도 늘어나서 유류 수요가 증가해 가격이 더 올라갈 텐데, 경제가 안 좋으면 거꾸로 자동차 수요도 줄고, 기름 수요도 줄고, 공장도 안 돌아가서 수요가 줄어들고, 석유

재고량도 동반 증가해 유가가 떨어집니다. 결국 경제가 안 좋아지면 유가는 떨어집니다.

그런데 여기에 환율이 개입됩니다. 국제유가는 달러로 거래가 되니까요. 기축통화의 중요성에 관해서만도 장황하게 설명해야겠지만, 아무튼 달러의 힘입니다.

다시 유가 이야기로 돌아와, 유가가 상승하면 기름에 대한 투자가 증가합니다. 원유상품선물 매매를 누가 하냐고요? 전 세계 헤지펀드들이 합니다. 투자자들 부기지수입니다. 달러 사는 대신 기름 삽니다. 달러는 안전자산입니다. 안전자산 팔고 투기자산인 기름을 산다는 이야기입니다. 그럼 안전자산인 달러 가치는 하락합니다. 유가가 하락하면 안전자산인 달러에 대한 수요가 몰립니다. 달러가치가 상승합니다. 기본적으로 그런 논리인데, 하루하루 시장가격의 움직임을 살펴보면 같은 방향으로 움직이는 날도 많습니다. 가격을 움직이는 요소는 한두 가지가 아닙니다. 그중 가장 큰 비중을 차지하는 요소가 가격을 많이 움직일 뿐입니다.

자, 본론으로 돌아와, 여러분이 보시기에 기름값이 배럴당 50달러 수준이었는데, 배럴당 100달러가 되었다고 칩시다. 달러화 지수는 많이 낮아진 상태였을 것입니다. 그런데 여러분이 생각하기에 경제가 더 이상 활황이 되기는 곤란하다, 유가도 더 이상 올라가지 않을 것 같다면 여러분의 선택은? 유가 관련 파생상품 매도, 혹은 달러 매수겠지요.

많이 따라오셨군요. 그냥 재밌으니까 이렇게 이야기를 나눌 뿐이지, 여러분에게 당장 달려가 달러를 매수하란 이야긴 아닙니다. 유가 관련 상품선물을 어떻게 거래하는 줄도 모르는데 갑자기 매도할 리도 없을 테지만요.

반대로 경제위기가 찾아와서, 유가가 25달러가 되었습니다. 산유국들은 난리가 났습니다. 사우디아라비아는 생산원가가 15달러라서, 유가가 더 내려도 자기네는 이익 볼 수 있다며, 내가 기름왕이라고 외치고 있습니다. 다른 산유국에게 25달러는 생산원가에 훨씬 못미치기 때문에, 만일 25달러가 6개월 이상 유지된다면 그들은 석유 생산시설을 모두 닫아야 할 지경이라며 사우디아라비아를 성토합니다. 여러분이라면 이 상황에서 어떻게 하겠습니까?

산유국들이 싸우든 말든 무슨 상관이랴. 우리나라 기름값만 싸면 내가 자동차 굴리는데 도움 되면 그만이지. 대부분이 그렇게 생각할 테지만, 국제유가가 하락했는데도 우리나라 유가는 오히려 올라있을 수 있습니다. 환장할 노릇입니다.

글로벌 경제가 전반적으로 안 좋다 보니 우리나라 경제도 완전 바닥을 기고 있고, 외국인 투자자들은 최근 1년 새 50조원 어치 주식을 팔아서 본국으로 연일 달러를 빼가서 우리나라 환율이 900원 하다가 1200원하고 있는 것입니다. 국제유가가 25% 하락했는데 우리나라 환율이 25% 상승해서 주유소 유가는 하나도 하락을 하지 않고 있는 겁니다. 좀 많이 나간 가정이지만, 실제로 유사한 상황이 벌어졌습니다.

국제 유가가 더 하락할 것이라고 베팅하느냐, 국제 유가가 반등할

김여사 외환시장의 꽃이 되다

것이라고 베팅하느냐를 선택하는 문제로 돌아와 봅시다. 전 세계 산유국들이 사우디아라비아를 제외하고 모두 백기를 들까요? 사우디아라비아를 압박할까요? 후자의 가능성이 큽니다. 전 세계가 기름을 버리고 대체에너지를 개발하여 쓴다고 하지만, 여전히 기름으로 옷을 만드는 데부터 시작해서 쓰이는 곳이 많습니다. 기름값 바닥에서 더 밑으로 파고 내려가기 힘듭니다. 그렇다면, 기름값 상승, 달러 하락에 베팅하는 것이 확률상 맞출 확률이 더 높지 않겠습니까? 저라면 기름을 사겠습니다. 어떻게 사냐고요? 유가관련 파생상품 매수하면 되지요.

옛날 자료들을 잘 들춰보고 과거 위기상황 시에 어떻게 하면 돈을 벌었을지를 노트에 스스로 정리하다 보면, 재테크의 답이 나옵니다. 관건은 '여유자금'이 생길 때까지 열심히 일하면서 평범하게 살아가는 것입니다. 때를 기다리는 것입니다. 종잣돈 5백만원이 생겼다고 주식투자 하겠다고 덤볐다가 큰코다치지 않으면 됩니다. 능력자가 되면 언젠가 한번쯤 돈 벌 기회를 잡을 수 있습니다. 5백만원으로도 1%의 투자자는 50억을 만들기도 합니다. 그런 것에 현혹되지 말아야 합니다. 99%가 잃는다는 그 평범한 사실도 인정할 줄도 알아야 합니다.

부자 마인드는 우선 위험의 크기가 얼마만큼인지를 따져보는 것이라고 했습니다. 내가 5백만원 여유자금을 가지고 있는데 이것을 투기적으로 운용하다가 250만원을 잃으면 손실률 50%입니다. 손실률이 얼마인지를 감안하여 투자하는 습관을 들여야 합니다. 5억원의 여유자금이라면 250만원을 잃으면 손실률 0.5%에 불과합니다. 다시

5백만원 투자자와 5억원 투자자가 기회를 잡아서 20% 수익을 올린다면 5백만원 투자자는 1백만원을 버는 것이고, 5억원 투자자는 1억원을 버는 것입니다. 손실률과 이익률 그 사이에서 버티면서 기회를 기다리고, 기회가 오면 잡는다는 원칙을 반드시 명심해야 합니다.

안타깝게도 흙수저를 탈출할 수 있는 유일한 길은 여전히 공부밖에 없습니다. 로또 확률 800만분의 1 가능성은 이야기하지 맙시다. 그것은 재테크의 영역이 아니니까요.

닛케이 평균지수는 중간에 곤두박질쳤다가 28년이 지난 2017에 이르러서야 겨우 반 토막 수준인 20000포인트대를 회복했습니다. 이것은 시사하는 바가 큽니다. 가만히 음미해 볼 필요가 있습니다. 2017년 사상 최고치를 연일 갈아 치웠던 미국 주식시장도 가만히 음미해 볼 필요가 있습니다.

일본만 생각하면, 디플레이션의 공포가 떠오릅니다.

미국이 기침하면, 우리나라는 감기를 앓을지도 모릅니다. 달러 약세, 디플레이션에 대해서도 공부해 볼 필요가 있습니다.

우리나라에 향후 어떤 일이 벌어질 것인지에 대해서도요.

사적연금과 공적연금이 취약한 우리나라에서 베이비붐 세대들이 은퇴하고 일자리가 줄어드는 현실에서, 나의 노후가 안전한지, 나의 국민연금은 충분할지 어떨지에 대해, 디플레이션이 와서 경제가 장기 침체되고 자산가격 하락은 오지 않을지, 불확실한 미래에 대해 미리 스트레스받을 필요는 없지만, 어떤 방법으로든 '투자' 할 기회를 노려야 합니다.

투자가 결국 미래에 우리들 삶의 한 축이 될지도 모릅니다. 일찍 일어나는 새처럼 조기에 새로운 세상에 적응하기 위해 남보다 한발 앞서서 자신만의 투자 비밀을 축적해 나가야 할지도 모릅니다.

장기적으로 인구 통계적인 도전에 직면하여 부동산 수요감소, 성장동력 약화를 감안하여 우리나라에 투자하면 '성장률 게임'에서 밀릴 수 있으므로, 아직 성장률이 높은 나라에 투자하는 것을 고려해 볼 필요도 있습니다.

예전에 이러한 대안이 나타났다고, 브릭스(Brics: 브라질, 러시아, 인도, 중국, 남아프리카)펀드에 너도나도 뛰어들었다가 아직 원금도 못찾고 있는 국민들 많습니다. 뭐가 잘못됐던 것일까요? 투자금의 크기와 투자기간도 중요하지만, 투자는 '타이밍'이 중요한데 활활 타오르는 시장에 덤빈 게 화근이었지요. 결과적이긴 하지만요.

그리고 그 꾸준히 성장하는 나라의 환율까지 공부하면 금상첨화일 것입니다. 우리나라가 그랬듯이 충분히 성장잠재력이 있는 나라의 환율이 위기로 급등한다면, 향후 급락할 기회를 노려볼 수 있고, 펀더멘탈이 튼튼하여 경제가 지속적으로 성장할 것으로 예상된다면, 그 나라의 좋은 주식이나 부동산에 투자하면 장기적으로 큰 수익을 볼 수도 있습니다. 이것도 결국 공부입니다. 제가 현재 여러분이 어렵게 공부하는 수고를 덜어드리기 위해 책 한 권을 쓰는 중이니까 책 나올 때까지 좀 더 기다려주시고요.

이제 강의가 두 번 밖에 남지 않았네요. 혹시 압니까? 제가 남은 두 번의 강의에서 신뢰할 만한 투자비법과 투자전략을 이야기해 드릴지. 꼭 다음 강의시간에도 만나기로 합시다.

　아, 제가 많이 한가한 관계로 그동안 사적인 만남은 안 하겠다고 누차 말씀드렸고 커피 한잔도 마다해 왔지만, 단둘이 아니라 여러 명이 제게 차 한잔 하자고 말씀하시면 언제든지 오케이 하겠습니다. 여덟 번이나 뵈었더니 앞으로 못 만날지도 모른다고 생각하니까 왠지 섭섭한 마음이 들어서요. 아무런 섭섭함과 아쉬움도 없이 서로 즐겁게 자기 갈 길로 가는데 가벼운 차 한잔과 이야기 나눔이 도움이 될 것도 같네요. 다음 시간에 뵙겠습니다.

행복한 노후설계를 위하여

우리나라는 세계에서 가장 빠른 노령화 속도를 보이고 있지만, 대부분의 국민들은 학교에서 노후설계에 대해 배운 적이 없습니다. 국어, 영어, 수학에 대해서는 열심히 배웠지만, 진정한 재무설계의 개념조차 교육받지 못했고, 행복론도 교육받지 못했습니다. 문외한인 제가 교육제도에 대해서 이야기하려는 것은 아닙니다. 재테크 강의 종강을 목전에 두고 우리들이 재테크를 하고자 하는 목적이 무엇인지 다시 한번 돌아보기 위해서입니다.

재테크해서 평생 월 100만원을 벌 수 있는 노하우를 배우는 것이 재테크 강의를 듣고자 했던 목적이었습니까? 노후를 대비한 재무설계 방법을 배워서 평생 노후를 행복하게 살 수 있는 노하우를 배우고자 재테크 강의를 듣고자 했던 것이었습니까?

제 이야기를 먼저 하자면, 제 꿈은 재테크 강의 분야에서 잘난 강사로 이름이 나서 밥 먹고 사는 데 지장이 없는 것, 그리고 좀 더 공부해서 재테크 관련 바이블이라고 할 수 있는 책을 한 권 써서 이게 베스트셀러가 되어서 평생 행복하게 사는 것입니다. 한때는 재테크 분야 중 환율 관련 트레이딩을 해서 큰돈을 버는 게 목표였으나, 한번 거래해 보니, 고도의 집중력도 필요하고 순간적인 판단력과 긴장감을 이겨낼 체력과 정신력이 필요하더군요. 제 성격은 그저 느긋하게 스트레스 안 받고 둥글게 둥글게 사는 게 맞는데, 성격에 안 맞는 거래를 하다 보니 돈은 조금 벌었지만, 이게 제 갈 길이 아니라고 판단해서, 이렇게 작은 지식이나마 활용해서 강의로 먹고살고 있습니다. 앞으로 정말 재테크에 대한 수요가 증가하는 상황이 도래할 것이기에 제 꿈이 언젠가 이루어질 것이라고 믿고 있습니다.

세상은 변하기 마련입니다. 전문 재테크 컨설턴트가 되는 것이 현재는 유망해 보이지 않지만, 나중에 언젠가는 사무실에 유료로 상담받는 고객이 줄을 설 수도 있습니다. 50대 은퇴자들, 주부들이 일본의 와타나베 부인처럼 환율에 투자하는 시대가 도래하지 말라는 법도 없습니다.

다시 말씀드리지만, 남보다 미리 준비해서 은퇴 후에도 평생 월 100만원 이상 벌 수 있는 능력을 갖춘다면 얼마나 좋겠습니까? 노후 재무설계에 크나큰 도움이 될 것입니다. 지금도 어느 고시원을 빌려 합숙하며 함께 24시간 교대로 FX투자를 하고 있는 전업투자자들도 있을 테지만, 그렇게 치열하게 투자를 하여 큰돈을 벌지 않아도, 월 100만원을 안정적으로 벌 수만 있다면 얼마나 마음이 풍요로워지겠습니까.

여러분은 어떤 꿈을 꾸고 계십니까? 너무도 뻔한 이야기지만, 스

김여사 외환시장의 꽃이 되다

스로 자신의 미래를 설계하는 자세가 필요합니다. 물론 현재를 즐기고 현재에 살아야겠지만, 그렇다고 결국은 다가올 미래를 준비 없이 맞이하는 것은 우산 없이 빗속을 걷는 것이나 마찬가지이니까요. 공부하고 준비해야 할 것들이 많습니다. 노후까지 편안하게 살아가려면요.

여유자금 투자계획, 연금수령 계획, 퇴직계획, 부동산 투자/이사 계획, 보험가입 및 유지 계획, 자산 포트폴리오 구성 계획, 세금관련 계획, 공부/취미생활 계획, 노후 간호계획, 가정 관리 계획, 이혼(?) 계획 등등 참으로 신경 쓸 게 많습니다. 아무튼 교과서적으로 말씀드리면, 재무설계 분야에는 재무설계, 보험설계, 상속설계, 투자설계, 부동산설계, 은퇴설계, 세금설계가 있는데요, 투자설계를 하려면 앞으로 제가 펴낸 책에 관심을 가지시고 꼭 사보시기 바랍니다. 베스트셀러가 되도록 열심히 써보렵니다.

제 개인적인 의견으로는 환테크 시대가 오고 있으니, 환테크를 준비하는 것이 노후를 재미있게 보내는 한 가지 방법이 될 수도 있겠다는 생각을 해봅니다. 제 말씀은, 노후에 도박에 빠질 수도 없는 노릇이고, 적당히 베팅의 긴장감과 스릴을 즐기면서 안정적 리스크 관리로 다년간 노하우를 축적하여 돈도 벌어서 어려운 사람들도 도와주고 자신의 삶을 더 풍요롭게 만든다면 참으로 좋은 방법일 수 있다는 생각이 듭니다.

조지 베일런트가 쓴 책에 의하면, 똑똑하고 성공한 하버드 출신들의 노후를 관찰했더니 절반 이상이 65세 이후까지도 현업에 종사하고 있었다고 합니다. 그들은 대개 변호사, 의사, 중소기업 사장들이 었지요. 열 명 중 한 명은 75세까지도 퇴직하지 않고 계속 일하고 있 었다고 합니다. 그들에게 왜 은퇴하지 않고 계속 일하냐고 물었답니 다. 그랬더니, 일하는 것이 즐겁다, 일을 사랑한다, 새로운 사람들을 만나는 게 즐겁다, 젊은 동료들에게 내가 필요하다는 등의 다양한 답변을 했답니다.

자신이 좋아하는 무언가를 평생 계속한다는 것은 행복이고 보람입 니다. 은퇴 후의 삶을 성공적으로 보낸 나이 80이 다 된 노인의 이 야기는 감동적입니다. 그는 이런 취지로 이야기를 했지요.

"나이 70부터 80이 된 지금까지 10년간이 내 인생에서 가장 행복 한 시기였다. 또 다른 하루를 맞이한다는 진정한 기쁨을 느끼며 살 았기 때문이다. 또 다른 하루를 맞이한다는 것은, 세상을 먼저 떠난 이들이 더 이상 맞이할 수 없는 멋진 선물이 아니겠는가."

오늘 이런저런 이야기를 했는데, 재테크 관점에서 개인적인 견해를 몇 가지 말씀드리고 강의를 마무리 지을까 합니다.

유가와 금에 관심을 가지시기 바랍니다. 유가 상품 선물로 투자 가 능합니다. 최소 계약일지라도.

주가가 올랐는데 주식이 없어서 배가 아프다면, 기름을 사세요. 만 일 주가가 오른다면 기름값도 올라있을 것입니다.

환율이 올랐는데, 달러를 낮은 가격에 살 기회를 놓쳐서 아쉽다고

김여사 외환시장의 꽃이 되다

요? 아쉬울 거 없습니다. 달러 매도하세요. 단, 잘 모르면 저에게 전화하세요. 시점이 중요합니다. 1300원에 사야 할 때도 있습니다. 환율도 뚝 떨어지고, 주가도 너무 많이 오르고, 살 게 하나도 없을 것 같은 기분이 들 땐 금을 사십시오.

금가격에 관심을 가지고 여차하면 자식에게 물려준다고 생각하시고 가격 하락시 금을 사 모으십시오. 은행 가면 금통장 있습니다. 환율이 1000원 밑으로 가면 금을 사고 환율이 1300원을 넘으면 국제 금시세가 1100불대인지 확인하고 사시고요.

이도 저도 다 귀찮다면 요즘 스마트폰 중독인 자녀들에게 주식에 대해 가르쳐주시고, 주식계좌에 주식을 한 달에 몇 주씩 저축하는 습관을 길러주세요. 재테크 방법은 많습니다. 다만 행동하지 않을 뿐입니다. 5년 동안 칼을 갈아 단 한 달 만에 적을 쳐부수겠다는 자세로 철저하게 재테크 노하우를 갈고 닦았다가 기회가 오면 행동에 나서기 바랍니다.

다음 강의에서 여러분을 다시 만나는 것은 제겐 큰 선물을 받는 것처럼 즐겁습니다. 제 즐거움을 빼앗지 말아 주세요. 모두 다 다음 강의에도 참석하실 거죠?

끝까지 투자하자

제 강의가 서점에 무수히 쌓여있는 무작위로 선택한 재테크 책 한 권에 견주어도 너무 보잘것없는 내용이었을지도 모르는데 이렇게 마지막 강의까지 찾아주신 여러분께 머리 숙여 감사의 마음을 전합니다. 틈틈이 비타민 음료도 챙겨주시고 커피도 챙겨주신 그 따스한 마음들 잊지 않겠습니다. 1년 후에 제가 집필 중인 재테크 책이 서점에 나오면 많이 홍보해주시길 바라마지 않으면서 첫 강의 때 내렸던 결론을 다시 한번 반복하면서 강의를 마칠까 합니다.

오늘 강의는 일찍 끝내고 여러분들과 질의응답 시간을 가질까 합니다. 제게 천생배필이 될만한 주변의 여인을 소개해주고 싶은데 언제 시간 되냐는 질문도 좋고요, 주가지수가 얼마 정도일 때 어떤 종목을 사면 좋으냐고 물어보셔도 좋고요. 재테크 공부를 본격적으로 해보려는데 추천할 만한 책이 뭐냐고 물어보셔도 좋습니다. 무엇이든 물어보십시오. 강의 끝나면요.

인생은 의외로 깁니다. 행복의 크기는 돈으로만 결정되는 것은 아닙니다. 투자는 우리 삶의 일부분이지 전부는 아닙니다.

자신의 삶을 어디에 포커스를 맞춰서 꾸려가느냐가 한 번뿐인 각자의 인생이 어떻게 전개될지를 좌우할 것입니다. 그러므로 재테크에 앞서 인생을 어떻게 꾸려갈 것인가를 먼저 고민하는 것이 더 중요할지도 모릅니다.

나이 70부터도 최고로 행복해질 수 있습니다. 인생은 짧다고 하지만, 인생을 길게 사는 방법이 있습니다. 인생을 '여러 번' 살면 되지 않겠습니까? 제2의 인생을 내일부터 시작하십시오. 내년에는 제3의 인생을 시작하십시오. 제4의 인생도 여러분을 기다리고 있습니다.

위기가 오면 기회가 함께 오는 것이기에 그 기회를 놓치지 마시고 잡으십시오. 기회를 잡기 위해 늘 준비하십시오. 그 준비는 오늘부터 천 원짜리 한 장도 소중히 아껴 쓰고, 투자할 때는 위험의 크기가 얼마인지를 항상 염두에 두고 안정적으로 투자하십시오. 재테크에 성공하기 위해서는 좋은 투자습관을 가져야 하고, 좋은 투자습관을 가지기 위해서는 투자에 관해 느긋하고 여유 있는 마인드를 가져야 합니다.

하루에 10분이라도 좋습니다. 관심 있는 시장의 움직임과 그 시장을 움직이는 요소들을 객관적으로 잘 살펴보시기 바랍니다. 그 시장의 움직임 속에 위기를 감지해 내면 더욱 좋습니다. 가장 손실이 적은 투자방식이 뭔지를 고민하십시오. 가장 이익이 큰 투자방식이 뭔지를 먼저 보지 마십시오. 항상 확률적으로 발생 가능성이 큰 방향이 어디인지를 보십시오. 막연한 기대감에 의존하여 대박을 바라지 마십시오. 그 투자방식이 옳은지, 맞는지 A~Z까지 철저히 공부하십시오.

 자신이 예상치 못했던 큰 사건이 시장에 발생하면, 시장을 받아들이십시오. 예외적인 상황이 발생했을 때는 신속하게 과거 유사한 사례가 발생했을 때 시장이 어떤 반응을 보였고 어떻게 변화했는지를 살펴보고, 예외적인 경우가 발생했을 때는 시장이 움직이는 방향으로 따라가며 절대로 무모하게 시장을 거슬러서 거래하지 마십시오. 레버리지거래를 현명하게 이용하십시오. 제대로 알고 이용하면 레버리지거래도 돈이 됩니다.

 하루아침에 최고의 수술전문의가 탄생하지는 않습니다. 하루아침에 생활의 달인이 만들어지는데 아닙니다. 아주 작게 시작하여 열심히 거래를 해보십시오. 실제로 작은 거래를 하면서 매매기술을 연마하고 경험한 후에 비로소 큰 거래를 시작하십시오.

 열심히 무공을 연마하십시오. 무공연마란 첫째는 무림비급을 끼고 살면서 열심히 공부하는 것이고, 둘째는 실제 검을 휘두르면서 검술을 연마하는 것입니다.

 무공을 시전할 때는 단칼에 적을 제압하겠다는 생각을 버리십시오. 20번, 30번 검으로 상대방을 조금씩 맞추는데 집중하십시오. 거목은 도끼질 한번으로 쓰러지지 않습니다.

 절대 몰방하지 마십시오. 1/100밖에 못 버는 한이 있어도 분할매수 분할매도입니다. 분할매수 할 돈이 없을 정도로 투자금이 없다면, 투자금을 벌 때까지 투자에 관해서 공부만 하시고 준비만 하십시오.

과거를 공부하십시오. 기록하시고 실수는 반복하지 마십시오. 오늘 일어났던 패턴은 과거에도 일어났던 패턴이고, 미래에 일어날 패턴이기도 합니다. 시장은 사람들의 마음이 움직이기에 습관적으로 반복되는 경향이 있습니다.

6개월을 투자했는데도 길이 보이지 않는다고 좌절하지 마십시오. 계속 잃기만 반복했다면 투자를 포기하는 편이 나을지도 모릅니다. 하지만 계속 잃기만 하는 일은 절대 없을 것입니다. 잃는 이유는 손절매도 방식이나 투자방식이 잘못된 것입니다. 바꾸셔야 합니다. 작은 성공을 지속하는 습관을 들이십시오.

알리바바의 마윈이 강연한 말 중에 멋진 말이 있습니다. "돈을 쫓지 마십시오. 꿈을 향해 나아가십시오. 그럼 돈이 사람을 쫓아오게 되어있습니다." 마윈은 알리바바 창업 후 3년간 단돈 1원도 벌지 못했습니다. 하지만 그는 밤낮없이 일했고 확신에 차서 일했습니다. 그리고 성공했습니다. 여러분이 확신하고 있는 꿈이 있다면 그 꿈을 향해 나아가십시오.

감히 말씀드리지만, 전업투자자 중에 우리나라에도 뛰어난 무림고수들이 즐비합니다. 1년 만에 고수가 된 사람도 있고 10년 이상 투자하여 고수가 된 사람도 있습니다. 공통점은 무엇이었을까요? 잃지 않았던 사람들입니다. 무리하게 투자해서, 1년에 일확천금을 하겠다고 자신의 능력 범위를 넘어서는 투자를 절대 하지 않았고, 작은 성공을 쌓아 올려 점점 더 많은 돈을 벌게 되었던 사람들입니다.

제 꿈은 보통 60~70%의 투자자들이 투자에서 돈을 잃고 나머지가 돈을 따는데, 거꾸로 60~70%의 투자자들이 투자에서 돈을 따도록 좋은 강의도 하고 책도 쓰고, 아예 전문 재테크 컨설팅 회사를 하나 창업하는 것입니다. 수백억을 벌고 싶은 마음은 없습니다. 일년에 서너 번 멋진 곳으로 여행을 다녀올 여유만 생겨도 만족할 것입니다. 더 많은 사람들을 행복하게 만드는 데 도움이 된다면 저마저 행복해질 것 같기 때문에 그런 꿈을 품고 삽니다.

재테크의 궁극적인 목적은 평생 행복할 수 있는 길을 찾는 것입니다. 위험을 최소로 하여 작은 수익을 쌓다 보면 월 100만원 이상 평생 벌 수 있는 방법을 발견할 겁니다.

하지만 그 투자 자체에 자신의 전부를 걸지는 마십시오. 투자는 우리의 인생의 일부이며, 더 소중한 것들을 다 포기하고 오로지 수익만을 목표로 하진 마십시오.

설사 그렇게 하여 수익을 얻었다면, 노블레스 오블리주, 베푸십시오. 나누십시오. 그래서 더 행복해지시기 바랍니다.

이 무료 재테크 강의에서 못다 드린 말씀은 1년 후에 제가 펴낼 책에서 마저 드리겠습니다. 오랜 시간 제 강의를 열심히 경청해 주셔서 감사합니다. 질의응답 시간을 약속대로 시작하겠습니다. 질의응답이 끝난 후에 8층 백화점 커피숍에서 제가 커피 한 잔 쏘겠습니

김여사 외환시장의 꽃이 되다

다. 이 강의 들으신 분 전부 오셔도 커피 한잔 쏠 능력은 되니까 걱정하지 마시고 시간 되시는 분은 커피 한잔 나누면서 헤어졌으면 좋겠습니다.

김여사의
FX 다이어리

그렇게 나잘나 선생의 강의는 끝이 났고, 김여사는 커피숍에서 나 잘나 선생의 전화번호를 물어보고 폰에 저장해 놓았다. 김여사는 나 선생의 강의를 들으며 노트에 필기도 하고 스마트폰 녹음기 기능을 활용해 강의 한두 개는 녹음하기도 했는데, 왠지 원달러 선물거래를 해보고 싶다는 생각이 들었다. 하지만 뭔가 불안했다. 아직 뭐가 뭔 지 잘 몰랐기에 막연한 불안감이 들었다.

김여사는 강의실에서 좌우에 앉았던 네 명과 안면을 트고 조금 친 해졌는데, 짝꿍이었던 류여사가 목요일 아침 카톡을 보내왔다. 봄이 다 끝나가기 전에 이번 주말 같이 여행이라도 가자는 것이었다. 이미 자기를 포함한 네 명은 같이 가기로 했다며 김여사에게 같이 갈 의 향이 있냐고 물었다. 함께 차도 마시고 밥도 여러 번 먹은 사이라 함 께하면 재미있을 것 같아 가겠다고 답장을 보냈다.

이틀 후 토요일 오전, 류여사가 운전하는 차에 네 명이 타고 다섯 명은 함께 서울숲으로 향했다. 원래는 남이섬을 가자고 했었는데 같 이 서울숲 산책하고 주변 맛집 탐방으로 계획을 변경했다.

꽃사슴에게 먹이도 사서 주고, 한강이 내려다보이는 다리까지 산책

김여사 외환시장의 꽃이 되다

을 하면서 김여사 일행은 함께 사진도 찍고 재테크에 관한 이런저런 이야기를 나누었다. 그러다가 점심을 먹고 카페에서 나여사가 진지한 표정으로 제안을 하나 했다. 자기가 그림 그리는 걸 좋아해서 작업실로 쓰려고 사무실 한 칸을 얻어놓은 게 있는데, 다섯 명이 함께 정기적으로 모여서 친목도 도모하고 같이 재테크도 같이 하면 어떻겠냐는 거였다.

다섯 명의 공통점은 직장을 다니지 않아서 시간 내기가 수월하다는 것, 여유자금은 있지만 그동안 투자에 관심이 없었다는 것, 몇 년간 저금리로 재테크를 하고 싶다고 생각하여 이번 재테크 강의를 끝까지 들었다는 것 등이었다. 그들은 즉시 의기투합했다.

나여사는 남편이 성공한 모 중소기업 사장으로 돈을 벌어야 한다는 절실함은 없었지만, 뭔가 자기 힘으로 돈을 벌어서 그 돈을 의미 있게 쓴다면 자신의 후반부 인생이 더 아름다워질 것 같다고 했다. 가끔 소리소문없이 찾아오는 가슴 깊은 우울증 때문에 힘들었고, 그 우울증을 완전히 날려버릴 뭔가가 있으면 좋겠다고 생각하고 있었다. 그림을 그리는 것만으론 부족했다.

김여사는 부족함 없는 집안에서 곱게 자랐고 남편과 10년 전 이혼한 후에도 경제적 불편함은 없이 살았지만, 늘 앞으로도 50년을 더 살아야 하고, 현재의 자산으로 살 수 있을 것 같지만 병으로 큰돈이 들어갈까 두려웠고, 매년 조금씩 자신의 총자산이 줄어들고 있는데 불안함을 느끼고 있었다. 한번이라도 넉넉하게 돈을 벌어 부담 없이 돈을 써보고 싶었다.

박여사는 골프광이었는데, 얼마 전 다리를 한번 접질러서 고생한 이후로 한동안 골프를 멀리하다가 흥미가 반감되어 있었다. 남편이 일 중독이어서 밤늦게 들어오고 주말에도 골프 약속으로 자신은 혼자인 경우가 많아서 새로운 모임에 참가하는 것은 어떤 모임이든 좋아했다.

정여사는 직장을 다니다가 점점 스트레스 강도가 높아져서 3년 전에 직장을 그만두고 여유자금으로 창업을 구상 중이었으나 자영업의 절반 이상이 실패한다는 주변 이야기를 하도 많이 들어 아직 실행은 못 하고 있었다.

류여사는 회계사로 꽤 잘나갔었지만 이렇게 살다간 평생 일만 할 것 같다는 생각에 지난해 아들이 대학교에 입학한 후에 일을 그만두고 지인들과 각종 모임에 다니면서 더 행복한 노후를 보내기 위해 뭔가를 새로 시작할 만한 것은 없는지 찾아보는 중이었다. 다만 새로운 일이라도 하루 서너 시간 이상은 몰입할 생각은 없었다. 이제 여유로움을 즐길 자격이 될 만큼 열심히 일했다고 스스로 자부하기 때문이다.

류여사가 말했다.

"그러고 보니 우리 다섯 명 중에 김여사만 싱글이네. 우리 같이 모여서 재테크도 하고 김여사 짝도 찾아주면 좋겠어."

박여사가 맞장구를 쳤다.

"맞아, 맞아. 우리 김여사 운전 잘 못 하는 것만 **빼면** 못 하는 것도 없고 외모도 탤런트 감인데 말야."

김여사가 손사레를 치며 말했다.

"왜들 이래, 나 혼자 살 거야. 혼자 사는 게 얼마나 편하고 좋은데. 난 황혼이혼 고민할 필요도 없어. 이미 했으니까. 맘이 편해야 인생은 편한 거야."

나여사가 웃으며 말했다.

"대학교 친구들 보면 시집 안 가고 자긴 평생 혼자 살겠다고 하던 친구들이 제일 먼저 시집가고, 자긴 남자 안 좋아한다고 하던 친구들이 수시로 남자친구가 바뀌곤 하더라고. 혼자 살겠다는 김여사 말 난 안 믿어. 호호호."

정여사가 말했다.

"아 참, 저번 그 재테크 강사 나선생 총각이라고 하지 않았던가? 호호호. 좋은 생각이 떠올랐어. 그 나선생을 우리 재테크 모임에 정식 초청을 하는 건 어떨까? 컨설턴트로 말야. 어차피 프리랜서니까 시간내는 게 어려운 것도 아닐 테고 말이야."

그렇게 대화를 나누다가 헤어진 다음 주말 다섯 명은 바로 나여사의 사무실에서 첫 모임을 가졌다. 나여사의 사무실 겸 화방인 그 오피스텔 사무실은 나여사가 이미 다섯 명을 위한 책상과 컴퓨터를 설치해 놓았고, 응접실과 작은 미니 주방을 예쁘게 꾸며놓은 상태였다. 다섯 명은 사무실을 둘러보며 연신 나여사를 칭찬했다.

"어머, 너무 예쁘다. 정말 미술 전공한 사람은 뭐가 달라도 다르다니깐."

"와, 새로운 직장에 출근하는 기분이야. 너무 멋지다."

"뭐야 이 멋진 사무실은? 이건 마치 내가 창업이라도 한 것 같은 기분이 드는데?"

다섯 명은 류여사가 싸 가지고 온 맛있는 떡과 차를 마시면서 담소를 나누었다. 이미 카톡을 통해서 모임의 이름은 '베팅하는 여사들'로 정했고, 나선생이 위험이 제일 작은 편이라고 강의했던 원달러 FX거래를 하기로 결정했다. 원달러 선물거래를 위하여 다섯 명은 각자 2천만으로 선물회사에서 이미 계좌를 개설한 상태였다.

박여사가 약간은 들뜬 어조로 말했다.

"선물회사 직원이 너무도 적극적으로 한 시간 가까이 설명하는 바람에 뭐 당장 시작해도 될 것 같다는 생각이 들 정도였다니까. 지난 주에 폰에 프로그램 깔고 모의거래도 한번 해봤는데 세 번 거래해서 세 번 모두 이익 보고 나왔다니까. 나 타고난 외환딜러인 것 같아."

"지수가 나선생 전화번호 저장해 놨다던데, 일단 카톡 보내서 의향을 물어보면 어때?"

정여사가 김여사를 바라보며 말했다.

그렇게 다섯 사람은 원달러 거래를 시작하게 되었고, 바로 다음 날 나선생은 양재동 사무실로 찾아왔다. 나선생은 다섯 명과의 오랜만의 재회에 감동하고 즐거워했다. 이렇게 자신을 불러준 데 감동했고, 다섯 명이 마치 제사엔 관심 없고 잿밥에 관심 있는 것처럼 진지하게 원달러 거래에 대한 질문보다 개인적인 질문을 퍼부어 대는 것도 왠지 싫지 않았다.

김여사 외환시장의 꽃이 되다

나선생은 2주일간 매일 하루 두 시간씩 사무실로 나와서 차트 보는 법과 현재 시장상황, 환율이 움직이고 있는 요인 등을 설명해 주었고, 역외 NDF참가자들의 동향과 수출입업체들이 어느 레벨에서 등장할 것인지도 이야기해 주었으며, 1계약~3계약을 가지고 처음 실전 거래를 하는 다섯 명에게 일일이 코칭을 해주었다.

2주일 후에 최대 3계약을 가지고 매매한 결과 류여사의 성과가 놀라웠다. 45만원의 수익을 거두었기 때문이다.

나여사도 25만원 수익을 거뒀고, 김여사는 22만원의 수익을, 박여사는 13만원 손실, 정여사는 8만원 손실이었다.

다섯 명은 서로를 번갈아 보며 놀라워했다. 류여사, 나여사, 김여사 세 명이나 수익을 냈기 때문이다. 모두 처음이라서 손실을 보거나, 이익을 봐도 하루 두세 개 매매하면 푼돈 정도일 거로 생각하며 그냥 한번 해보자는 분위기였는데, 세 명의 수익을 보고 다섯 명은 가능성을 보았다.

2천만원이면 최대 33계약까지도 거래할 수 있었는데, 3개 이하, 한도의 10%만을 사용한 거래로 류여사가 거둔 45만원의 수익은 굉장하다는데 모두 동의했다. 증거금 180만원으로 2주일에 45만원/180만원×100=25%의 운용수익이었고, 45만원/2천만원×100=2.25%로 1년 치 2천만원 정기예금 이자를 이미 번 셈이었다.

나선생은 6개월 단위로 수익이 일정 금액 이상 발생했을 경우에만 수고비를 받겠다고 했다. 자신은 법대로 사는 사람이라 행여 법에 걸

릴까 무서워서 사실상 6개월간 무료 컨설팅이나 다름없이 해주겠다고 했다. 다만 2주 후부터는 일주일에 2차례, 2시간만 방문했다.

그렇게 봄이 가고 여름이 오고 있었다. 네 명은 이미 눈치채고 있었지만, 나선생은 김여사와 종종 저녁과 주말에 따로 만나 친분을 쌓고 있었다. 김여사에겐 혼인을 앞둔 아들이 하나 있었고, 김여사는 재혼은 생각해본 적이 없었다. 다만, 두 사람은 이야기가 잘 통하고 만나서 이야기를 나누는 것이 즐거워 더 자주 만나고 싶어 했다.

명동에서 저녁을 먹고 헤어져 김여사가 버스를 타고 사라질 때까지 바라보던 나선생은 복잡한 마음이 가슴속에서 뒤엉켜 자신의 마음을 뒤흔드는 것을 느꼈다. 그리고 카톡으로 자신의 심정을 담아 시 형식으로 쪽지를 보냈다. 하지만 나선생은 보내고 나서 바로 후회했다.

'보내지 말 걸…'

그대를 보낸 후
그대를 보낸 후 누군가를 마음속으로
받아들인다는 것에 대해 생각했습니다
그대를 보낸 후
마치 같이 있는 것처럼 여전히
그대는 제 마음속으로 들어왔고
그것이 우정인지 사랑인지는

김여사 외환시장의 꽃이 되다

제겐 그렇게 중요하지 않았습니다

그대의 말처럼 진정한 아름다움은
아름다움을 제대로 볼 줄 아는
사람에게만 보이는 것이며
아름다움을 있는 그대로 받아들이면 그뿐
그 의미를 분명하게 판단하기 위해
애쓸 필요까진 없기 때문입니다

카페라테 한잔을 함께 마시는 것이
어떤 한 사람에게는
영화 열 편의 감동, 그 이상일 수 있기에
마음속으로 받아들인다는 것보다는
마음속에서 어떤 아름다움을 보았느냐,
얼마나 마음이 흔들렸느냐,
그런 게 더 중요하다는 생각이 들었습니다
그대를 보낸 후
그대를 보내지 않았음에 놀랐습니다.

메시지를 받고 김여사는 나선생에게 답문을 보내지 않았다. 그러나 오히려 며칠 뒤 나선생을 만났을 때 더 반갑게 인사를 했다. 잠시 서먹한 기류가 흘렀지만 나선생은 김여사의 눈빛을 읽을 수 있었다. 느

낄 수 있었다. 그 눈빛은 '그대의 여인이 되고 싶진 않아요. 그냥 이
대로 있게 해주세요'라고 말하는 듯했다.

나선생은 더 열심히 김여사와 나여사의 매매에 대해 구체적인 조언
을 해주었다.

나여사는 거래에 빠져들면 들수록 가슴속에 뭔가 환희 같은 것이
문득문득 느껴졌다. 영혼 안에 불꽃이 피어나는 느낌이 들었다. 그
림을 그리면서 느끼는 편안함과는 또 다른 강한 삶에 대한 의지가
불길처럼 불쑥불쑥 올라오는 것이 느껴졌다. '즐겁다. 재밌다.' 딱 두
마디로 요약됐다. 나여사는 앞으로 평생 FX거래를 하리라 마음먹었
다. 우울할 겨를이 없었다. 돈을 벌어서 모두 우울한 사람들을 밝게
만드는 데 쓰고 싶었다. 그들의 자그만 불빛이 되어주고 싶었다. 성
냥팔이 소녀에게 따스한 호롱불을 건네주듯, 뭔가를 건네주고 싶었
다. 고독하게 노년을 보낼 필요가 없어진 것 같았다. 자신이 평생 해
야 할 무엇이 생겼다는 확신이 들었다. 그녀가 좋아했던 미국의 팝가
수 H의 자살 뉴스는 적잖은 충격이었는데, 뜬금없이 만일 H가 마약
에 손을 대지 않고 FX거래에 재미를 붙였더라면 어땠을까 하는 생
각마저 들었다.

고등학교 작문시간에 시를 한 편 써본 이후, 실로 오랜만에 나여사
는 주말 아침 거실로 비추는 따스한 햇볕을 바라보았다. 그녀는 커피
한잔을 내려 마시며 글을 한 편 썼다. 써놓고 글 같지 않다고 스스로
를 타박했지만 즐거움이 마음을 적셨다.

김여사 외환시장의 꽃이 되다

우울증 극복법

수천억의 재산, 아름다움, 미래를 가진 어떤 젊은 여자의 자살!

빼어난 재능, 미모, 인기, 돈을 가진 어느 여가수의 죽음을 부른 마약중독.

명성, 대중의 사랑, 부, 모든 걸 가졌지만 우울함에 몸부림치다 끝난 사랑의 상실.

돈이면 다 될 것 같은데 왜 돈이 우울증 하나 극복하는데 소용이 없을까?

결국, 돈이 인간의 마음을 치유할 순 없으며, 자신만의 우울증 극복법이 없거나 행복하게 사는 능력을 갖추고자 노력하지 않는 사람은 우울증에 빠지면 헤어나올 수 없다.

나의 우울증 극복법을 이야기해봐야 공중의 미세먼지 하나의 가치도 없지만 대략 이렇게 요약된다.

왜 우울한가? 잘 모르겠다. 그럼 우울해하지 말자! 천억을 가지지 못해 우울한가? 양귀비처럼 아름답지 못해 우울한가? 못생겨서 우울한가? 살아있다면 일단 백년을 살아보고 나서 우울해하자. 사는 게 재미가 없어서 우울한가? 일단 세계 곳곳을 한 바퀴 돌아보고 우울해하자. 사랑받지 못해, 너무 외로워서 우울한가? 내가 받았던 사랑만큼 일단 주변에 돌려주고 나서 외로워하자. 지금 이 순간 굶주림에 병에 죽어가는 아

아이들이 얼마나 많은지 생각하자.

이런저런 골치 아픈 방법이 싫다면 어떤 일을 좋아해 보자.

그 일에 미쳐버려서 우울증이 뭔지 모를 정도가 되어보자.

난 미친 듯이 내가 하는 일을 사랑하면서 살아갈 것이다.

나여사는 글을 다 쓴 후 혼자 미소를 지었다. '난 작가는 절대 못
될 것 같아. 작가들은 참 신기해. 가슴 속에 있는 마음을 어떻게 글
로 표현할 수가 있는 건지…?'

6개월이 순식간에 지나갔다. 지속적인 거래 결과는 나여사와 김여
사의 약진이었다. 그리고 큰 변화가 있었다. 류여사, 정여사, 박여사
는 주식투자로 전향했다. 원달러 거래를 하면서 주식시장 동향을 지
켜보다가 관심종목 몇 개를 등록해 놓았다가 주식을 조금씩 샀는데
세 사람 모두 주식시장에서 돈을 벌었다. 나선생은 그들의 결정에
절대적인 지지를 보냈다. 다섯 명의 우정이 변치 않는다면, 그리고
누가 어떤 투자를 하든지 그것은 아무런 문제가 되지 않는다고 말
했다.

6개월이 지나, 나여사와 김여사는 거래규모를 두 배로 늘렸고 줄
곧 높은 승률을 보여주었다. 류여사, 정여사, 박여사는 최근 주식시
장에 상장된 지 5년이 안 된 기업 중에서 외국인 지분율이 5% 이상
인 기업만을 투자대상으로 좁혔다. 그리고 외국인의 매매를 그대로

흉내 냈다. 외국인이 사면 따라서 사고, 외국인이 안 사면 그냥 지켜보고, 외국인이 팔면 일부 팔았다.

세 사람은 당분간 주식시장이 상승세를 보일 것이고, 주식시장이 한번 큰 조정을 받을 가능성이 있지만, 그 조정은 오히려 주식을 싸게 매수할 기회라는 나선생의 견해에 동의했다. 투자자들이 모두 같은 생각을 할 때, 다른 생각을 가지면 돈을 크게 벌 확률은 있지만, 투자자들 대부분의 생각이 옳다면 그에 반해서 거래할 필요가 없기 때문에 일단 따라가는 게 맞다고 봤다.

세 사람은 유가에 관심을 가지고 향후 만일 기업실적이 향상되고 인도 등 신흥국 경제가 발전하여 세계경제가 안정적인 성장세를 지속한다면 유가가 다시 70달러를 돌파할 가능성도 배제할 수 없다고 의견을 모았다. 그리고 유가 50달러대에 일부 투자자금을 분할해서 투입하기로 했다. 물론 글로벌 경기가 침체되는 기미가 보이면 원유 상품선물을 매도하자고 의견을 모았다. 100불이면 매도하는 게 좋다는데 견해가 일치했다.

세 사람이 발굴한 종목 중 2개를 외국인 투자자들이 확연히 관심을 가지고 있고, 실제로 주식을 사 모으고 있는 것이 확실했다. 주가가 하락했는데 물타기 하듯이 주식을 산다는 것은 가치투자일 가능성이 높고, 향후 지분율을 일정규모까지 확대할 것이기 때문에 세 사람은 소신껏 자신들의 여유자금을 주식에 본격적으로 투자하기 시작했다.

다섯 명은 어느 날 오후 회의를 하고, 블로그를 개설하기로 결정했다. 블로그를 개설하여 자신들의 매매내역을 공개하면서 거래한다면, 남들에게 보여주기 위해서라도 절대 뇌동매매나 무리한 거래를 하지 않을 것이고, 모든 거래에 대해 그 이유를 설명할 만큼 신중하게 포지션을 취하는 효과가 있을 것이기 때문에, 이러한 블로그 운영이 큰 도움이 될 것이라고 확신했다.

　　다만 절대 실명은 사용하지 않기로 했다. 김여사, 나여사, 류여사, 박여사, 정여사, 호칭은 이렇게 통일해서 쓰기로 했다.

　　블로그 제목은 '김여사의 FX 다이어리'로 정했다. 그리고 나여사는 직원 한 명을 뽑아 블로그 운영 보조를 맡겼다. 블로그를 본격 운영하기까지는 한 달간의 준비가 필요했다. 블로그 개설할 때 담아 놓을 내용을 미리 준비하기 위해서였고, 그 사이 나여사와 김여사의 FX 거래 일기, 류여사, 박여사, 정여사의 주식거래 일지가 올라갔고, 무엇보다 나선생의 재테크 강의자료 중 좋은 내용들을 엄선하여 실었다. 그동안 다섯 사람이 금융시장에 대해 공부한 자료들, 책을 읽으며 메모한 자료들, 해외 기사들을 번역한 자료들도 일목요연하게 정리하여 게재하였다.

　　자료 중 하나만 잠시 살펴보자. 나선생의 재테크 강의내용 중에는 나선생이 실제로 가볍게 재테크했던 사례가 실렸다.

차례	거래일자 DATE	적요 CODE	통화 CURRENCY	찾으신금액 WITHDRAWAL	예금하신금액 DEPOSIT	남은금액 BALANCE	거래지정 BRANCH CODE
	ACCOUNT NO:					첫거래감사합니다	
01	20170724	POS	USD		*50,000.00 (거래환율: 1,118.26)		
						******50,000.00	0235

이 예금은 예금자보호법에 따라 예금보험공사가 보호하되, 보호
한도는 본 은행에 있는 귀하의 모든 예금보호 대상 금융상품의
원금과 소정의 이자를 합하여 1인당 "최고 5천만원"이며,
5천만원을 초과하는 나머지 금액은 보호하지 않습니다.
외화 보통예금 이자결산 기준일은 5,11월의 둘째 금요일로
이자원가일은 이자결산일의 다음날 입니다.
이 예금을 원화로 해지하거나 인출할 경우 환율 변동에 의한
손실이 발생할 수 있습니다.

차례	거래일자 DATE	적요 CODE	통화 CURRENCY	찾으신금액 WITHDRAWAL	예금하신금액 DEPOSIT	남은금액 BALANCE	거래지정 BRANCH CODE
	20170727	POS	USD		*1,000.00 (거래환율: 1,121.85)		
						******51,000.00	0235
	20170828	POS	USD	*1,000.00		(거래환율: 1,113.58)	
						******50,000.00	0235
	20170918	POS	USD	*2,000.00		(거래환율: 1,119.51)	
						******48,000.00	0235
	20170918	POS	USD	*3,000.00		(거래환율: 1,119.51)	
						******45,000.00	0235
	20170919	POS	USD	*5,000.00		(거래환율: 1,121.31)	
						******40,000.00	0235
	20170928	POS	USD	*3,000.00		(거래환율: 1,140.47)	
						******37,000.00	0235
	20170928	POS	USD	*37,000.00		(거래환율: 1,140.18)	

수수료 안내 : 외화예금에(서) 외화현찰 또는 여행자수표를 입금(출금)할 경우에는 은행에서 정한 외화현금수수료 또는 여행자수표 수수료가 부과될 수 있습니다
Bank Fees : When you are depositing or withdrawing funds from currency A/C in foreign currency bank notes(and/or traveler's cheque)
you can be charged fees on foreign currency bank notes(and or traveler's cheques)

적요(Code) – TRN – Transfer (대체) POS – Position (원화) CAN – Cancel (취소) INT – Interest (이자) TAX – Tax (세금) COR – Correction (정정)
CUR – Currency (외화현금) PBK – PASSBOOK (통장정리) COC – Correction Cancel (정정취소) CCC – Center Cut (자동이체)

위 사진은 나선생이 외화종합통장을 통한 FX매매에 대해 설명을
하면서 올린 인증사진이다. 2017년 중에 5만달러를 매입했다가 분할
매도하여 90만원 가까운 수익을 올린 내용인데, 나선생은 이렇게 설
명했다.

"당시 환율이 지나치게 일방적으로 급락하자 외환당국이 구두개입

을 한 적이 있습니다. 제가 여러모로 분석해본 결과 조만간 반등 가능성이 크고, 추가하락 가능성이 낮아 보여서 투자를 했었습니다. 우리나라 통화는 국제통화가 아님을 유의해야 합니다. 글로벌하게 거래되는 국제통화는 당국자의 말 한마디가 환율추세를 바꾸어 놓기 어렵습니다. 하지만 우리나라 통화의 경우 여전히 외환당국은 무시하지 못할 중요한 참가자 중의 하나이고, 환율의 추세를 바꾸지는 못 하지만 단기적으로 시장을 안정시킬 능력은 가지고 있습니다."

김여사의 다이어리라는 블로그가 오픈된 지 일주일 후, 다섯 사람은 너무나도 놀랐다. 일주일 만에 누적 접속자 수가 백만 명을 넘어갔으며, 구독자 수가 십만 명을 넘긴 것이다. 나선생의 책은 초판 인쇄가 몇백 권 판매에 그치고 있었는데, 블로그 접속자 수가 증가하면서 갑자기 나선생의 재테크 책까지 불티나게 팔려나갔다.

일년이라는 시간이 흘러갔다. 블로그 '김여사의 FX 다이어리'는 금융 기자들이 매일 들어와서 확인할 정도로 금융시장의 핵심정보들이 차곡차곡 정리되고 있었으며, 나선생은 책 판매 수익의 일부를 지출하여 블로그 내용을 더 충실하게 하도록 아르바이트생을 상시 채용하였고, 늘어나는 재테크 강의 요청에 즐거운 비명을 지를 지경이 되었다.

나여사는 자금운용규모를 늘려 월 1천만원 이상 안정적인 수익을 창출했는데 나여사의 스타일은 철저한 단기매매 스타일이었으며, 오직 원달러 FX거래만 했다. 김여사도 월 1천만원 이상 안정적인 수익을 기록했다. 김여사는 단기매매와 스윙매매를 병행하는 스타일로 거래했는데, 기회가 오면 포지션을 잡아 며칠 혹은 몇 주 후에 이익 실현 하는 스윙매매를 좋아했다.

김여사는 FX 수익금으로 주식 중에서 가치주를 골라 보유물량을 지속적으로 늘려가는 전략을 병행했는데 그녀가 투자하는 종목 중 한 종목의 누적 수익률은 6개월 만에 45%를 넘어서고 있었다. 외국인 지분율이 7%에서 14%로 늘어나면서 주가가 급상승한 영향이었다.

김여사의 FX 다이어리에는 김여사가 대표 글을 올리고 나여사와 류여사, 박여사, 정여사가 번갈아 자신들의 매매일지뿐만 아니라 다양한 연구자료들을 올렸다. 이젠 취재요청까지 왔다.

블로그 방명록에 종종 장문의 글을 올리는 블로거가 있었는데, 김여사는 '산신령'이라는 닉네임을 쓰는 이 블로거의 글에 놀란 적이 한두 번이 아니었다. 자신의 블로그는 텅 빈 페이지로 남겨둔 채 방명록에 종종 원달러 전망과 향후 유의해야 할 포인트를 적어놓곤 했는데, 십중팔구는 그 산신령이라는 블로거의 예측이 맞아떨어지곤 했다.

예를 들면, '2~3일 내로 유가선물 매도 세력들의 손절매수로 유가가 일시적으로 급등할 것이고, 국내 정유사들과 공기업에 대규모로 달러를 매수해서 환율이 급등할 수 있으니 유의해야 할 필요가 있다'던가, '조만간 미국 재무부 관계자가 환율조작국에 대한 제재를 강화할 수 있다는 발표로 원달러 환율이 일시적으로 급락할 수 있으니 롱포지션은 가볍게 가져가면서 상황을 지켜보아야 한다'는 등의 내용을 올렸고, 다섯 명에게 장문의 응원 메시지를 남기곤 했다.

김여사는 여유가 생길 때마다 엑셀에 환율의 상승과 하락을 일일이 숫자로 기록하고 시스템적으로 매수하거나 매도하여 단기적인 수익을 올릴 수 있는 방법, 그 상승 폭과 하락 폭에 따라 매입시점과 매도시점을 결정하는 방법 등 다양한 매매방법을 시도하고 그 결과를 공개했다.

환율상승 추세시에는 시가와 종가에 1개씩 2개 매수를 20일간 지속하여 포지션 이월을 한 결과, 환율하락시 시간대별로 2계약씩 매도를 하고 종가에 매수했을 때의 결과 등 연구정신을 발휘하기도 했다.

김여사는 돈을 버는 방법은 여러 가지가 가능한데, 실패하는 사람의 매매스타일은 이익은 빨리 취하고 손실은 늦게 취해 이익은 적게 보고, 손실은 크게 보는 것이기 때문이라고 생각했다. 김여사는 이러한 인간 감정의 약점을 엑셀에서 수치화한 유사한 과거 패턴을 찾아서 매매시에 참고하여 이익은 더 견디고, 손실은 빨리 취하도록 도움을 주는 프로그램을 만들면 시스템적으로 누구나 돈을 벌 수 있다고 개인적인 의견을 개진하였다.

김여사는 종종 그날의 실적에 대해 코멘트를 했지만 인증사진을 남긴 적은 없었는데, 한 블로거가 시장 상황과 김여사의 시장대응 코멘트에 비추어 볼 때 9월 4일 김여사의 손익이 말도 안 된다며 신빙성이 없다는 악의적인 댓글을 올려 문제가 발생했던 적이 있다. 이에 대해 딱 한번 김여사는 이례적으로 그날의 계좌 매매손익 인증사진

김여사 외환시장의 꽃이 되다

을 올린 적이 있다. 아래 사진은 김여사가 올렸던 그 인증사진이다.
그것은 2017년 9월 4일 매매손익 사진이었다.

거래일자	평균단가 정산가	정산차금 수수료	순손익
	1,131.80	9,500	
2017/09/04	1,122.600	4,600,000	4,600,000
	1,131.80	0	
2017/09/04	1,126.044	518,000	513,500
	1,131.80	4,500	
2017/09/04	1,131.000	0	-5,500
	1,131.00	5,500	
2017/09/04	1,031.756	-692,000	-701,000
	1,035.60	9,000	
2017/09/04	1,020.000	2,496,000	2,496,000
	1,035.60	0	
2017/09/04	1,030.167	163,000	161,500
	1,035.60	1,500	
	료 117,500	순손익 7,064,500	

원달러 거래에서 안정적인 수익을 얻고, 수익금으로 재투자한 주식에서 놀라운 성과를 거두게 되자, 김여사에게 여러 군데 소규모 투자자문사나 자산운용사에서 함께 일해볼 의향이 없냐는 제안이 이메일로 심심치 않게 들어왔다. 김여사는 정중히 거절했다. 아직도 배울 게 많다는 이유였다. 하지만, 김여사는 나선생의 재테크 강의에 찬조강의를 종종 나가기도 했다.

나여사는 어느 날 그녀가 후원하는 국제구호단체 중 하나로부터 초청장을 받았다. 그녀는 아프리카에 위치한 스와질랜드의 아이 30명을 후원하고 있었는데, 스와질랜드 국왕이 어떤 행사에 꼭 초청하고 싶다고 그 단체를 통해 연락을 해왔다는 것이다.

김여사의 실력은 나날이 향상되어 갔다. 환율이 급등락한 2020년대 초반 2년간 그녀의 누적 수익금은 28억원에 달했다. 김여사는 더이상 운전을 하지 않았다. 그녀에게 운전기사가 생겼기 때문이다.

어느 해 봄이던가. 김여사는 나여사와 제주도로 놀러갔다. 끝없이 펼쳐진 유채꽃밭에서 김여사는 말없이 하늘을 올려다보았다. 노란 유채꽃밭 속에서 김여사는 자신도 마치 꽃이 된 것만 같은 착각이 들었다. 김여사는 두 눈을 감았다. 그리고 하늘을 향해 두 팔을 활짝 펼쳤다. 김여사는 순간 꽃이 되었다.

김여사 외환시장의 꽃이 되다

유여사
무림비급을 얻어
외환무림의
고수가 되다

어디선가 날아온 편지
그리고 무림비급

벚꽃이 흐드러지게 핀 어느 조용한 봄날 아침, 참새들이 벚나무 사이를 자유롭게 날아다니며 벚꽃놀이를 하고 있었다. 참새들은 신나서 노래를 하고 친구들 이름을 부르며 술래잡기를 하거나 짝을 찾아 날고 있었다.

호수공원 벤치에 앉아 호수를 바라보고 선 벚나무를 바라보며 유선희, 그녀는 생각했다.

> 바람이 부는구나. 참새들이 날고 있구나
>
> 벚꽃이 피고 지는구나
>
> 수명이 오륙 년에 불과함을 저 참새들은 알까?
>
> 고작 한 계절을 피었다 지는 저 벚꽃은 왜 아름답게 필까?
>
> 호수 물결 위로 하늘이 쏟아져 내린다
>
> 벚나무 아래 풀밭 위로 벚꽃이 떨어져 내린다
>
> 꽃은 나를 위해 아름답게 피는 게 아니었구나
>
> 참새들은 나를 위해 숨바꼭질을 하는 게 아니었구나
>
> 바람을 나 혼자만 느끼는 것은 아니었구나

　　　　　　　　　　　김여사 외환시장의 꽃이 되다

세상은 나 없이도 너무나 아름답구나

점점 넋을 잃고 세상의 아름다움에 취할수록

나 자신을 잃어버리고 무아지경이 될수록

미풍조차, 꽃잎조차 더 아름다워지는구나

그냥, 내가 사라지는 것이 세상을 더욱

완벽하게 만드는 것은 아닐까?

불완전한 내가 사라짐으로 해서…

그냥, 외롭다. 더 외롭다

참새들이 날며 느끼는 즐거움

그런 즐거움을 느껴본 게 언제던가. 그냥, 우울하다

괴롭다. 지나간 세월이 악몽이 되어 끊임없이

나의 육체와 정신을 침범하여 괴롭힌다.

내가 이 세상에서 사라진다 해도

아무도 내가 사라진 사실조차 모를 것이다

꽃잎이 지듯 그냥 떨어지고 싶다

　바람에 날리어 호수 위에 떨어져 흘러가는 꽃잎처럼

　그저 어디론가 사라져버리고 싶다

유선희, 55세, 이혼하고 혼자 살아온 지 15년. 특히 최근 3년은 세상과 담을 쌓고 살아가고 있었는데 점점 지쳐가고 있었다. 지독한 시집살이, 남편의 학대, 그러다 폭력적이고 부정한 남편은 아들을 데리고 그녀를 내쫓다시피 이혼을 강행했다. 친정 부모님이 남겨준 유산으로 다행히 경제적인 어려움은 없었지만, 정신적으로는 회복하기 어려운 지경에 도달해 있었다. 불면증과 갖가지 스트레스성 질병에 시달리며 점점 삶의 의지와 의미를 잃어가고 있었다. 유일한 정신적 지주였던 친구 이슬이 3년 전 갑자기 세상을 뜬 후 그녀는 자주 극단적 선택을 고민하며 살아가는 중이었다.

호수공원에서 집으로 돌아와 삼 주 만에 집안을 정리하다가 경비 아저씨가 택배가 왔다는 전화를 하는 바람에 꽤 의아하고 놀랐다. 주문한 택배가 없었기 때문이다. 택배상자를 뜯자 상자 안에는 편지 한 통과 노트 한 권이 들어 있었다. 노트를 집어 들고 살펴보니 누군가가 친필로 금융시장 관련 이야기를 적어놓은 것 같았다.

그녀는 천천히 편지봉투를 뜯고 친필로 쓴 편지를 읽어 내려가기 시작했다.

선희에게 쓴다.

나에겐 20년 동안 간직한 비밀이 있었다. 네가 이 편지를 읽는 순간 그 비밀은 사라질 것이지만….

유선희, 수도 없이 내 가슴 속에서 되뇌어졌던 이름, 너를 상상 속에서 가슴에 품었던 것이 몇 번이었던가.

네가 어떻게 사는지 전혀 모른 채 살아오다가 5년 전 우연히 너의 소식을 듣고 얼마나 갈등을 했던지… 네게 설명하기는 쉽지 않다.

김여사 외환시장의 꽃이 되다

대학 교정에서 본 너에게 겨우 호감을 가진 정도였는데, 20년 전 어느 날 우연히 널 보고 내 영혼을 잠시 빼앗겼고, 네 옆에 있던 너의 남자가 한없이 부러웠었던 일을, 그 후로 널 지독하게 짝사랑했음을 이성적으로, 논리적으로 설명하기는 쉽지 않다.

분명한 것은 난 20년 동안 널 지독히 그리워했다는 것… 너를 생각하며 무수히 많은 시를 썼었다.

말할 수 없는 비밀

너의 형상 없는 마음이

나의 영혼을 훔쳐간 후

나의 마음속엔

웅덩이에 빗물 고이듯

초록빛 그리움이 찰랑였고

한가득 진홍색 꽃이 피었다

아직 나를 똑바로 바라보며

너의 입술이 다가온 적이 없기에

말할 수 없었을 뿐이다

오직 너에게 말하기 위해

비밀로 간직하고 있을 뿐이다

널 만나기도 전에

너의 어깨를 수없이 감싸 안음을

말할 수 없는 비밀,

만약 널 만난다면

난 너의 마음에만 반했다고

거짓말을 할 것이다.

선희야, 친구야, 반갑다!

날 기억할는지…? 늘 말 없고 조용했던 아이, 대학 교정을 늘 외톨이처럼 혼자

걷던 과 친구 김찬란. 맞아, 나 찬란이다.

5년 전 너랑 친했던 친구 빛나를 우연히 서점에서 만나 너에 관해 이야기를

들을 수 있었다. 그리고 5년 동안 동문밴드에서 오랜만에 만나게 된 친구들을

통해 너의 소식을 더 들을 수 있었다.

난 첫 결혼을 3년 만에 실패하고 줄곧 혼자 살아왔다.

2007년 직장을 그만두고 전문 자격증을 준비하다가, 2008년 우연히 원달러

선물거래를 시작하면서 운 좋게 잘 풀려서 전업투자자로 지금껏 살아왔다.

너에게 이 편지를 보낸 후 나는 유럽 런던을 시작으로 해서 10년 동안 세계 각

지를 돌아다니며 여행을 할 예정이다. 기나긴 여행이 될 것 같다.

너무도 다행히 인터넷 세상이 열려서 여전히 틈틈이 모바일로 투자를 하면서

일부 여행경비를 보충할 계획이고, 그동안 저축해 놓았던 3억원을 기본 경비로

충당할 예정이다.

김여사 외환시장의 꽃이 되다

문득, 너의 상황을 알기에 함께 여행을 한다면 너무 좋겠다는 생각도 해보았지만, 사랑이라는 감정은 우리 마음대로 조종할 수 없음을 알기에, 너에게 갑자기 나를 향한 사랑의 감정을 강요하긴 싫었다.

오로지, 네가 앞으로 10년간 내가 나의 행복을 찾아 세계를 향해 떠나듯이, 너만의 행복을 찾아 새롭게 출발하길 바라는 마음으로 이 편지를 보낸다. 10년 후 어느 날, 네 앞에 나타날 나를 반갑게 웃음으로 반겨주었으면 하는 소망을 담아….

또한 지난 9년 동안 내가 깨달은 원달러 투자에 관한 비밀을 너에게 이야기해주는 이유는, 원달러 투자에서 즐겁고 행복한 삶의 가치를 발견하고 작은 성공을 거두어 내가 자유롭게 되었듯이, 너도 외환(FX)투자를 시작하고 꼭 성공해서 경제적으로 큰 도움이 되고, 투자의 그 과정 자체가 새로운 세계로의 도전이자 모험이며, 그 과정을 통해 삶의 의미를 새롭게 깨달아 가길 바라기 때문이다. 네가 행복하길 바라기 때문이다.

하고픈 말은 많지만 줄이고 이 편지와 함께 보내는 노트에 많은 이야기를 담았다. 비록 노트의 두께가 얇고, 이야기들이 짧게 정리되어 있지만, 내 마음은 두껍게 배여 있고 행간의 의미들을 읽을 수 있다면, 범상치 않은 가치가 있음을 알게 될 것이다. 물론 네가 외환매매라는 세계 속으로 들어간다는 전제하에. 무림으로 치자면, 이 노트는 무림비급이나 다름없다.

강호에 무림비급이 있어 따천신공에 대해 설명한다면 이렇게 설명하겠지.

하늘을 쪼갤 듯 번개가 치듯 날카롭고 강력하게 검을 써서 상대방을 제압한다, 단전에 기를 극강으로 모으고 검의 강기와 검을 쥔 손의 기가 통하게 하고 단전의 기를 일시에 손에 전달하여 번개가 하늘을 가르듯 검을 갈지자로 휘두른다.

이런 식으로 설명할 수 있을 뿐, 책 자체에 모든 걸 전달할 방법은 없다. 무림비급을 둘러싼 강호의 피바람은 그저 무협소설일 뿐이다. 무림비급을 보고 아무리 그 몸의 자세와 검의 놀림을 가르쳐주는 대로 연마한다 해도 그 무공을 제대로 체득할 자는 많지 않을 것이다. 마찬가지로 나의 무림비급이 무슨 대단한 결과를 가져다줄 것이라 생각하지는 않아. 누구나 알 수 있는 정도의 내용일 뿐이기에 이것이 외환무공 연마서의 결정판이라고는 생각하지는 않는다거지. 다만 길잡이가 되고 방향을 알려줄 수는 있을 것이다.

비가 내리면 비를 맞으며 걸으면 된다. 그렇게 사는 것이다.

투자도 마찬가지다. 비가 내리면 비가 내리는 대로 자연스럽게 비를 맞이하면 된다. 다만 빗속으로 걸어 들어갈 용기만 있으면 된다. 빗속으로 들어가 비를 맞아보지 않은 사람이 비를 맞는 즐거움을 알 수 없을 터, 누가 더 많은 즐거움을 누리다 가느냐와 끝까지 포기하지 않느냐가 중요하지. 단순히 더 많이 소유하는 것이 인생의 목적이 되어서는 안 될 터, 한번쯤은 비를 흠뻑 맞고 물에 빠진 생쥐 꼴이 되어 한바탕 웃어봐도 좋겠지.

　　해 후

　　산꼭대기에 올라

　　돌탑에 돌 하나 올려놓고

　　한 컷의 기억이라도

　　더 담아보려 애쓴다

뒤돌아 원점으로 돌아오는 것처럼

헤어질 땐 원점에 서서

홀가분하게 헤어지기로 해요

만약 언젠가 그 산에서 해후한다면

만났을 때 원점에 서서

만났을 때의 끌림을 기억해내어

만나기로 해요

아무런 약속도 없이 헤어지지만

우연히 다시 만날 수 있다는 희망은

우리의 심장이 두근두근 뛰듯

서로 각자의 길을

힘차게 걸어가게 하는 동력

사랑을 다 한 후 헤어지더라도

해후할 수 있다는 희망이 남아있으면

그 사랑은 슬픈 사랑이 아님을

우리 서로에게 주었던 그 마음으로

홀가분하게 산을 내려가기로 해요

홀로 뒤척이다 꾸는 꿈속에서라도

무지개 다리를 건너서라도

오작교를 건너서라도

우연히 그 산이 아닌 거리에서라도

해후한다면

그때야 실컷 눈물 흘리기로 해요.

어쩌면 너와 만나지도 않았는데 10년간 이별하는 느낌이 드는 것은 왜일까? 그 이유를 나도 잘 모르겠지만, 왠지 너와 헤어진다는 슬픔에 눈물을 펑펑 흘리고 싶다. 찬 바람이 거리를 맴돌고 하늘에서 펑펑 눈이 내리듯 눈물을 흘리고 싶다. 하지만 괜찮다. 이 세상에 내가 가질 수 없는 것이 한둘이랴. 아니, 이 세상에 내 것은 애초에 아무것도 없었다. 바람처럼 왔다가 스쳐 가는 것이 인생이다. 결국 내가 떠날 때 내가 손에 쥔 것은 한 줌의 바람밖에 뭐가 더 있겠나. 그러니, 내 마음속에서 너를 품은 것으로도 족하다.

이별을 슬퍼할 일은 없다. 이별은 다시 만날 약속이다. 난 너를 10년 후에 만날 것이다. 그 희망을 품은 것으로 족하다. 너를 만나는 날, 너에게 다가가 마치 10년간 사귄 연인처럼 널 살며시 안아봐도 될까? 아니 살며시 나의 가슴 속에 다가와 서양 사람들이 만나서 포옹 인사를 하듯, 그렇게 가볍게 안겨주지 않을래?

편지는 이렇게 끝나고 있었다. 편지를 읽는 내내 선희는 찬란에 대한 기억을 찾아 분주히 머릿속을 헤매었지만, 떠오르는 것은 없었다. 희미한 기억의 조각들뿐이었다. 하지만 왠지 김찬란이 자신에 대해 진지한 마음을 가진 데 대해 감사하고 싶었다. 마치 그녀의 가슴 속에 작은 씨앗 하나를 던져놓은 듯했다. 그 씨앗은 살며시 싹을 틔우고 푸른 잎을 쑥쑥 자라게 하고 찬란한 생명의 빛으로 따뜻하게 그녀의 가슴을 채우는 느낌이었다.

선희는 뭔지 모르게 10년 후에 만날 것을 기약하는 찬란의 글에서 10년 동안 그를 기다려야만 할 것 같았다.

무겁게 가슴을 짓누르던 우울한 구름이 걷히고, 잠시 햇살이 비추는 듯했다. 원달러 거래? 그게 뭘까? 호기심도 생겼다.

선희는 다음날부터 찬찬히 그 노트를 읽어 내려가기 시작했다. 그 노트에 적혀있는 내용 일부를 옮겨와 본다.

공부가 절반이다

좋아하지 않는 과목의 공부를 하는 것은 힘겹다. 하지만 공부를 하지 않고 시험을 볼 순 없다. 이미 학창시절 경험했다. 공부가 투자의 절반이다. 공부하지 않고 투자하는 것은 투기다. 우선 외환투자에 관해 공부하는 방법을 제대로 아는 것이 중요하다.

또 그 공부하는 자체가 재밌어야 한다. 재미있고 즐겁지 않은데 열정이 살아날 리 없고, 싫증이 나서 언제 포기할지 모른다. 재미있는 이유를 스스로 발견해야 한다. 재미있는 이유는 우리가 몰랐던 비밀을 파헤쳐서 알아가는 즐거움이다. 금융시장에는 많은 비밀이 숨겨져 있다. 그 비밀을 파헤쳐 알아가는 것을 재미로 삼으면 된다.

원달러 환율은 최초에 얼마로 시작했을까? 왜 외환위기가 온 걸까? 과연 과거 정권 중에 국민소득을 대외에 과시하기 위해 원화가치를 높게 유지하려고 했던 대통령은 누구였을까? (원화환율을 낮게, 이를테면 1달러에 700원으로 유지한다면, 국민소득이 300조원일 경우 달러환산 300조/700원= 4,285억불이고, 만일 1달러에 1200원으로 유지한다면 300조/1200원=2,500억달러에 불과하기 때문에 달러 표시 국민소득을 높이려면 환율을 낮게 유지하면 된다.)

과연 원화 약세(1달러에 1200원)가 한국경제에 도움이 될까 아니면 원화 강세(1달러에 900원)가 한국경제에 도움이 될까? 정권이 바뀔 때마다 환율정책은 어떻게 변해 왔을까? 향후 정권이 바뀌면 환율정책은 어떻게 바뀔까? 유가가 50불에서 30불이 되면, 원달러 환율은 어떻게 될까? 기타 등등, 기타 등등….

재미있다고 생각하면 한없이 재미있는 것이 금융시장을 공부하는 것이다. 공부가 나중에 돈을 벌어줄 수 있다면 공부를 안 할 이유도 없다. 원시시대에는 돌망치 들고 동물 사냥하고 나무에서 과일 따먹는 게 보편적이었지만, 현대 자본주의 사회에서는 돈으로 돈을 벌고 돈으로 먹을 것을 사 먹어야 한다. 돈을 벌어줄 공부를 하는 것은 원시시대에 돌망치를 사용하는 방법, 불을 피우는 방법을 익혀야 생존에 유리했던 것처럼 중요하다. 그렇게 생각하면, 공부가 부담스럽기만 한 것은 아니다. 귀찮음을 재미로 승화시키면 되고, 그 재미는 점점 외환시장이라는 또 다른 세계로 너를 인도할 것이다. 그 세계를 활보하며 여행하는 것은 이 지구 곳곳을 여행하는 것처럼 즐거운 일이다. 스스로를 세뇌해서라도 즐거워야 한다. 사실 즐겁다.

원달러 통화선물 거래, 그냥 싸게 사서 비싸게 팔면 된다. 하지만 공부할 것은 정말 많다. 물론 공부를 많이 할수록 좋지만 실전 경험이 절반이다. 당장 모의 거래든 작은 규모로 실전투자를 하면서 하나둘 공부해도 된다. 1주일 공부 후 충분히 시작할 수 있다. 선물회사를 찾아가서 계좌개설을 하거나 은행 가서 계좌개설하고 선물회사 직원과 상담받아도 충분하다. 하지만 3개월은 아무 생각 없이 공부에 빠져보자. 3개월이면 웬만한 외환딜러 뺨칠 수준이 될 수 있다.

네이버의 증권 메뉴를 클릭하면 방대한 금융정보가 쏟아진다. 시장정보 정도는 계좌개설 후 선물회사의 스마트폰앱에서 제공하는 정보가 더 빠르고, 외환 관련 뉴스를 빠르게 볼 수 있지만, 네이버만 봐도 무엇을 공부해야 하는지 답이 나온다.

국내, 해외 증시 동향, 외환시세, 원자재가격 등등 방대한 정보가 있는데, 그 가격 변동의 주요 이유와 의미를 이해하기 위해서는 경제지표도 읽을 줄 알아야 하고 경제용어들도 이해해야 하고 시세에 관한 해설서는 읽어봐야 한다는 생각이 들 것이다.

경제가 어떻게 돌아가는지 알려면 한국은행 홈페이지를 사랑하면 된다. 정말 사랑스러운 통계나 지수, 실적, 지표 등으로 가득 차 있으며, 환율의 기본 개념부터 월간 경제동향까지 자세하게 설명해주고, 정기적으로 보도자료를 배포해주고 있다.

국제금융센터, 한국자금중개, 한국거래소 등등 굳이 책을 사서 공부할 필요가 없을 정도로 정보들이 넘쳐난다.

공부를 시작할 때, 바로 선물계좌를 개설하고 트레이딩 시스템을 다운받으면, 실시간으로 각종 뉴스들과 시세정보를 볼 수 있다.

원달러 선물거래를 바로 해도 좋다. 오늘이 3월 5일이라면 3월 셋째 주 월요일에 만기가 돌아오는 3월물을 10개 매입하고 4월 셋째 주 월요일에 만기가 돌아오는 4월물을 10개 매도한 다음 환율의 움직임에 따라 손익이 움직이는 것을 관찰한다.

김여사 외환시장의 꽃이 되다

두려워할 것은 없다. 한쪽이 이익이면 한쪽이 손실이라 수수료 손해 외엔 전체 손익은 변동이 없다. 약간의 베이시스 손익이 변동하는 것은 수업료 낸다고 생각하고 무시하면 된다. 3개월 정도 관찰하면 아, 여기선 매수인데, 혹은 이 정도면 매도해야 할 것 같은데 그런 생각들이 스칠 것이다. 그것도 공부다.

3월 둘째주 금요일에는 3월물 매수 4월물 매도포지션을 3월물 매수 청산(매도) 5월물 매수로 바꿔주고 계속 관찰하며 공부한다.

〈환율의 움직임을 관찰만 하며 공부하기〉

일자	매수	매도	비고
2018. 3. 5	3월물 @1105.20	4월물 @1104.70	각각 10개씩
2018. 3. 16	5월물 @1140.60	3월물 @1141.50 매수계약 청산	4월물 매도포지션 보유@1141.00
2018. 4. 13	4월물@1125.40 매도계약청산	6월물@1124.30	5월물 매수 10개, 6월물 매도 10개 보유

FX 트레이딩은 매매기법이 중요하다

누차 공부에 대해 강조했지만, 미리 겁낼 필요는 없다. 환율의 환자도 모르는 사람도 외환 거래로 돈 벌 수 있다. 주식의 주자도 모르는 김씨 아저씨가 삼성전자 주식을 5만원에 1천만원 어치인 200주 사서 최장기 보유 후 최근 주가 280만원에 그 200주를 팔아서 5억5천만원 번 것과 마찬가지 이치다.

경제공부 하지 말고 가치 있는 주식 사놓고 잊으라는 충고하는 주식 고수들 많다. 1년에 경제공부는 몇 시간이면 족하다는 말, 크게 틀린 말 아니다. 다만, 주식투자와 외환투자는 다르다. 투자대상별로 투자방법은 달라야 한다. 주식과 달리 외화는 그 자체로 가치가 증식하지 않기 때문에 적절한 시점에 지속적으로 사고팔아야만 수익을 낼 수 있다. 조지 소로스도 그렇게 했다.

매매기술만 뛰어나도 FX거래에서 돈버는 것은 가능하다. 환율이 올라가고 있을 때 달리는 말에 올라타듯 매수해서 환율이 더 올라갈 듯 상승 중일 때 적당히 팔아 수익실현 할 수 있고, 환율이 떨어질 때도 덩달아 팔았다가 더 안 떨어지고, 횡보하면 매수해서 차익실현 하는 게 가능하다. 이것에 착안해서 환율변동을 그래프로 나타내는 차트를 연구하여 매매시점을 포착하는 차티스트들이 등장하였고, 20일이나 60일 이동평균선에 해당하는 환율대에서는 치열한 매수세력과 매도세력 간의 접전이 벌어지는 경우가 많다.

나는 가급적 차트 매매법에 대해서는 언급을 자제하고자 한다.

차트 매매법은 기술적 요소로서 50%의 성공률밖에 보장하지 않기 때문이다. 50%의 확률이란 현시점에 매수해서 1시간 후에 매도하는 거래조건에서 원숭이나 강아지에게 시켜도 달성할 수 있는 확률이기에 난 차트를 맹신하지 않는다. 다만 20일 이동평균선이나 60일 이동평균선에 근접하면 시장참가자들이 어떠한 전략으로 접근할지, 이런저런 추정을 해보고 가능성이 더 큰 시나리오에 따라 베팅할 뿐이다. 여전히 나머지 50%는 공부다.

베트남 통화인 동화에 대해 사람들은 잘 모르고 나도 모른다. 공부란 무엇이냐? 예를 들면, 베트남 물가가 3% 수준으로 안정적으로 움직이다가 5% 이상 급등하면 환율에 미치는 영향은 상승 쪽이냐 하락 쪽이냐를 더 정확히 예측하게 하는 것이다.

베트남 금리가 하락하면 베트남 동화는 평가절하되어 달러 대비 환율이 상승할 가능성이 더 크다는 걸 아는 것이다.

인도 5년 만기 국채가 있다고 하자. 만일 국채금리가 6%에서 5%로 하락하면, 상대적으로 미국 달러 국채금리가 오르는 셈이라 인도 국채 매력이 떨어지고 인도 루피화를 매입할 유인이 줄어들어 인도 루피화 가치가 떨어지고(평가절하) 환율은 상승하게 된다. 이것이 일반적인 이론이다.

과연 우리나라 원화는 금리가 5%에서 1.7%로 하락하는 동안 줄곧 가치가 평가절하되고 대미 환산 환율은 상승했을까? 오히려 외국인투자자들은 지속적으로 원화 국채투자를 늘려왔으며 원화는 일시적으로 급격히 평가절상(환율하락)되기도 하였다. 공부는 금융시장의 메커니즘을 다양한 사례를 찾아보고 분석하여 이해도를 높이는 것이다.

공부를 통해 배워야 할 가장 중요한 사실은 '시장은 항상 옳다'는 것이다. The market is always right. 교과서에서 배운 것이 무조건 맞다는 믿음이 상황에 따라서는 틀릴 수도 있음을 배우는 것이다. 또한 내가 틀릴 수 있음을 겸손하게 받아들이는 것이다. 누구나 틀릴 수 있다. 이를 인정할 줄 알아야 한다. 이것을 인정하지 않고 나의 뷰(view)를 고집하다가 손실 냈던 금액을 다 합치면 집 한 채다. 물론 나의 뷰가 맞아서 이익을 더 많이 냈고, 100% 승리만 하는 투자자는 없지만, 조금 더 겸손했다면 더 많은 돈을 벌었을 것이다.

국내 외환시장 참가자들에 대해
이해하는 것이 중요하다

지피지기면 백전백승, 맞다. 대한민국 외환시장에서 환율을 움직이는 참가자들에 대해 많이 이해하면 할수록, 또 환율의 결정요인과 변동요인에 대해 많이 알수록 실수를 줄일 수 있다. 사실상 나의 무림비급의 절반은 외환시장 참가자들에 대한 수다성 기술이라고 볼 수 있다. 그만큼 원달러 시장참가자들에 대한 이해는 중요하며, 이제부터 내가 기술해 나갈 이야기는 그 어떤 책에서도 발견할 수 없다.

이 말은 곧 나의 이야기가 교과서에서 배울 수 있는 내용이 아니며, 교과서적으로 보아 맞고 틀리는 이론이 아니라는 의미다. 그냥 개인적인 감상에 불과할 수도 있지만, 시장의 심리 곧 참가자들의 심리를 읽는 것은 매우 중요하다. 북한의 도발에 대응하는 참가자별 방식이나 생각이 다르고 이는 시장가격 변동 형태로 나타난다. 어떤 이벤트 발생시 시장참가자들의 대응심리는 결코, 획일적일 수 없고 분석이 어렵다. 이러한 전반적인 시장 분위기, Market sentiment를 누가 잘 읽느냐가 승부의 중요한 관건이다.

/ 수출입업체

수입업체와 수출업체는 은행을 통해 달러를 매수하거나 매도한다. 수입업체는 해외 수출기업에 결제대금을 주기 위해 달러를 매수하고, 수출업체는 수출대금으로 받은 달러를 매도한다. 2017년 9월 수출 551억불, 수입 413억불이었는데, 영업일수 20일로 나누면 달러매도 수요 550/20=27.55억불, 달러매수 수요는 413/20=20.65억불이다.

하지만 매일 시장에 업체들이 20억불을 사고, 27억불을 팔지는 않는다. 매입과 매도를 Netting 하면 약 7억불 수출업체의 매도 우위 관심이 있는 정도인데, 수출업체가 입금되는 달러를 시장에 다 팔지는 않는다. 일부는 환율이 더 올라가면 팔려고 기업외화예금에 넣어 놓기도 하고, 해외공장을 짓는 등 해외투자를 하기도 하고 외화 차입한 것을 상환하는 데도 쓴다.

대개 하루에 3억불 정도 시장에 들어오면 시장에 영향을 약간 주는 정도이고, 하루에 10억불 가까이 한 방향으로 유입되는 날은 드물다. 수출입업체의 달러매수나 매도가 언제 하루에 5억불 이상 제법 큰 규모가 유입되는지는 결과만 알 수 있을 뿐, 은행 외환딜러이면서 그 물량처리를 주문받은 딜러 아니면 알기 어렵다. 다만 환율이 좀 높다 싶으면 수출업체가 움직일 수 있고, 환율이 좀 낮다 싶으면 수입업체가 움직일 수 있음을 매매할 때 대충 고려하면 된다.

업체들의 실수요 물량은 매입이든 매도든 필요에 따라 처리하는 것이기 때문에 심적 부담은 적다. 물론 대기업 A의 외환담당자는 달러를 매도했는데 환율이 급등하면 상사에게 불려가 혼나기 때문에

김여사 외환시장의 꽃이 되다

언제 팔아야 할지 고민을 하며, 대기업 B 외환담당자는 달러를 매수해야 하는데, 환율이 고점일 때 매수했다가 환율이 급락하면 마찬가지로 회사에 더 싸게 살수 있는 기회손실을 끼치기 때문에 외환시장을 줄곧 모니터링한다. 매매 타이밍을 잡기 위해서.

대기업체 외환담당자들 샤프하다. 베테랑은 외환딜러보다 감각이 뛰어나다. 기업외화예금 통장에 수억불 이상 들고 매매 타이밍 보는 업체, 원화 통장에 수억불 어치 원화 입금해 놓고 달러 살 타이밍을 저울질하는 기업 많다. 단기적으로 보면, 업체들이 매매를 잘하는 경우가 많다. 심적 부담을 내려놓고 비싸다고 생각하면 팔고, 싸다고 여기면 사기 때문에 '더 올라갈 것 같은 상승세'인데 과감히 매도하고, '더 내려갈 것 같은 하락세'인데 과감히 매수하는 배짱이 있기 때문이다.

외환딜러들은 더 올라갈 것 같으면 매도했을 경우 손실이 두려워 매도시점을 미루고, 더 내려갈 것 같으면 매수했을 경우 손실을 두려워해서 매수시점을 '본능적으로' 미루기 때문에 좋은 매수매도 기회를 놓치지만, 시장환율은 더 올라갈 것처럼 펄펄 끓다가 언제 그랬냐는 듯이 하락하거나, 더 내려갈 것처럼 싸늘하다가 언제 그랬냐는 듯이 올라가는 경우가 많다.

이는 캔들 차트[17]를 가만 들여다보거나, 매일 환율 움직임을 관찰

---

17) 기술적 분석에서 제일 많이 사용되는 차트로 하루하루의 변동을 시가, 종가, 고가, 저가를 양초(캔들) 모양으로 표시하고 이를 연결하여 분석하며 봉처럼 생겼다 하여 봉차트라고도 부른다.

해보면 쉽게 알 수 있다. 키포인트는 환율이 갈지자걸음을 하면서 횡보하다가 5일 이동평균선, 20일이동평균선을 뚫고 올라갈락 말락하면 일단 수출업체들의 물량이 나올 가능성이 크다던가, 60일 이동평균선을 뚫고 내려가려고 시도하면, 수입업체들이 근처에서 매수 주문을 내놓고 매수하려고 시도하는 경우가 왕왕 있다.

특별히 효과 있는 뉴스와 이유가 없을 경우, 그래서 이동평균선을 뚫고 올라가거나 내려갈 때 본능적으로 외환딜러들이 사거나 파는데, 업체 물량에 얻어맞아 원점으로 되돌아오고 외환딜러들이 패하는 경우가 왕왕 있다. 외환딜러들은 샀던 물량을 되팔거나, 매도했던 물량을 되감아 사야 하는 부담감을 가지고 매매에 임하는데, 물량을 뺏긴 업체들이 내놓지 않으면 환율은 원점으로 되돌아오곤 한다.

큰 물량을 매수하거나 매도하는 업체는 또 일정한 레벨, 그러니까 1150원에 2천만불 매도, 1151원에 3천만불 매도 이렇게 주문을 내는 것이 아니라, 은행 딜링룸에 5천만불 시장평균환율로 팔아달라는 주문을 하기도 한다. 당일 환율이 1148원에서 1156원 사이에서 움직이고 평균환율이 1153원이라면, 더 낮은 환율에 매도할 위험을 제거할 수 있기 때문이다. 시장평균환율 MAR(Market Average Rate) 주문을 비롯하여 장 마감 후 역외외환시장(NDF 시장)에 주문을 내기도 한다.

기업외화예금 변동추이를 읽어보고, 기업외화예금이 증가한 달의 평균환율을 추정해보면 당해연도나 최근 6개월 수출업체의 대기매도 물량, 대략적인 평균환율을 추정해 볼 수 있다. 만약 최근 3개월

김여사 외환시장의 꽃이 되다

동안 40억불이 대략 1134원 정도에 기업외화예금 증가로 이어졌고, 현재 환율이 1120원 정도라면 향후 환율이 1134원 이상으로 급등하는 경우에는, 10억불이든 20억불이든 시장에 쏟아져나와서 차트상 분명 추가로 상승해야 하는 추세인데, 이상하게 못 올라가는 원인을 제공할 수 있다.

개인들의 외화예금은 시장에 임팩트를 줄 만큼 하루에 나오긴 어렵고, 만약 환율이 아주 매력적인 레벨, 이를테면 1200대를 돌파한다던가 하면, 분할해서 20억불이 매도방향으로 시장에 유입될 수는 있겠지만 이를 의식해서 외환거래를 할 외환딜러는 없을 듯하다.

자, 이제 수출입업체 외환담당자의 마음속으로 들어가 보자.

향후 환율이 큰 숫자(Big figure)가 바뀌는 사태가 발생하면 어떻게 대응할지 예측해보자. 환율이 1050원에서 장기간 지지되다가 1002원으로 급락하는 지경에 이르렀다. 수입업체가 움직일까, 수출업체가 움직일까? 확률만 놓고 보면 수입업체가 먼저 움직일 확률이 높다. 싸게 살 수 있는 기회가 왔다, 1000원은 외환당국에서 스무딩 오퍼레이션으로 막아줄 것이고, 제반 상황을 고려했을 때 저가가 맞다고 판단한 수입업체는 과감히 매수에 나선다.

과연 환율은 1002.80원에서 밀려 내려가 잠시 1000.40원을 찍고는 반등하기 시작하여 1006원까지 급등한다. 중간에 매도에 나섰던 외환딜러들은 손절매수에 나서서 1008원까지 급등한다. 수출업체는 1002원대로 급락하자, 상황을 지켜보는 게 최선이라고 판단한다.

1050원이 장기적으로 매력적인 레벨이라고 생각하여 수출대금을 시장에 다 안 팔고 조금씩 쌓아 놓기 시작하여 1020원에서도 추가로 입금된 달러를 일부 안 팔고 통장에 넣어놨는데, 지금 팔면 1불당 약 35원 손해, 1백만불당 35백만원씩 손실이기에 망설일 가능성이 크다.

반면 수입업체는 손실이 아니라 1020원에 살 수도 있던 것을 1002원에 사게 되었으니 이익 보는 기분이다. 따라서 확률상, 수입업체가 움직일 확률이 높다. 그렇게 하루 이틀 지나자 환율은 1009원을 노크하며 1010원을 회복하는가 싶더니 다시 하락하자 일부 수출업체는 급락할 가능성이 두려워 보유물량을 1005원에 일부 처분했는데 1001원까지 하락한다. 수입업체는 망설이며 지켜보는데 1004원까지 반등하자, 1000원대가 이중바닥을 형성하며 다시 반등할 수도 있겠다 싶어, 서둘러 1004원대에 추가로 달러를 매수한다. 1011원으로 반등하였다가 1008원으로 반락하자 추가 상승을 기대하던 수출업체는 1008원에 일부 추가 매도한다.

그런데 일주일 후 조정을 받던 주식시장이 반등하고 외국인투자자들이 연일 3천억원씩 주식을 매수하고, 역외투자자들이 NDF시장에서 달러를 매도하기 시작하자, 환율은 988원까지 급격히 하락한다. 이에 놀란 수출업체들은 손절성으로 보유물량을 987원에 매도하기 시작한다. 수입업체들은 더 빠질 것이 확실해 보여서 추가 매수를 하지 않는다. 986원으로 하락하자 저가 메리트가 있다고 판단하여 일정 부분 달러를 매수한다. 988원에서 985원으로 하락하던 환율은 달

김여사 외환시장의 꽃이 되다

러 인덱스가 연준회의에서 견조한 물가지표를 토대로 추가 금리인상을 시사하자 밤사이 뉴욕시장에서 급등한다. 그러자 역외 NDF시장에서 환율은 전일 종가 985원에서 10원 급등한 995.40원으로 마감하였고, 다음 날 장이 개장하자마자 994원에 개장가를 기록하고는 역외 NDF투자자들의 급격한 숏커버로 1002원까지 상승 마감한다.

이 상황은 소설인데, 이렇게 소설을 써본 이유는, 어떤 일이 벌어졌는지를 살펴보고자 하는 것이다.

수입업체는 1002원과 1004원에 샀고 986원에 샀다.

1/3씩 샀다면 (1002+1004+986)/3=평균 997.33원이다.

수출업체는 세 번에 나눠 팔았는데 (1005+1008+987)/3=평균 1000원이다.

일주일 후 환율이 1002원이라면 수출업체는 그냥 가만히 있는 경우보다 낮은 환율에 매도했고, 수입업체는 매수하기로 결정하여 잘했다고 할 수 있다. 하지만, 수출업체는 1050원에 일부 보유하고, 1020원에 추가로 일부 보유한 것을 후회할 것이며, 수입업체는 더 기다리다가 990원 밑에서 한꺼번에 달러를 매수했더라면 좋았을 걸 하고 후회할 것이다.

외환딜러라면 어떻게 한 것이 가장 베스트 시나리오였을까?

1002원과 1004원에 결제업체 매수물량이 들어올 때 같이 매수하였다가 1006원에 빠르게 매도하고, 1005원과 1008원에 수출업체 물량이 유입될 때, 덩달아 매도하였다가 1000원에 매수하고, 987원에 수출업체 물량이 일부 나올 때 매수하여 홀딩하고 있다면 큰 이익을 보고 있을 것이다. 근데 쉬워 보이지만 이렇게 하는 외환딜러는 아주 드물다.

정리해보자. 첫째 업체 물량이 들어오면 이것을 역으로 이용할 줄 알아야 후회하지 않는다. 둘째, 환율은 아무도 모른다. 다만, 몇 시간 혹은 하루 이틀은 업체가 매수나 매도로 이익을 보는 것처럼 보이지만 시간이 흐르면 결과는 평균에 수렴한다. 따라서 수출업체가 매도하는 레벨에 소신 있게 매수할 수 있어야 하고, 수입업체가 매수하는 레벨에 소신 있게 매도할 줄도 알아야 한다.

시장참가자들은 월말에 집중적으로 수출업체들이 달러를 매도할 것을 예상하여 월 중반이 넘어가면, 미리 달러를 매도하여 환율을 끌어내리고자 하며, 주로 월 초중반에 집중되는 수입업체의 결제용 달러매수를 겨냥하여 미리 달러를 매수해 놓고자 한다. 그런데 이를 눈치챈 업체들은 리드앤래그(Lead&Lag) 전략을 구사한다. 미리 달러를 매수하거나 달러매도 시점을 늦추는 것이다. 수입업체들이 월말에 달러를 오히려 매수하거나, 월 초중반에 수출업체들이 달러를 매도하는 것이다.

중요한 힌트는, 외환딜러들이 환율을 한 방향으로 매수하거나 매도하면 환율은 2원 전후가 올라가거나 내려간다. 2원 이상 환율이 한 방향으로 움직이고 있으면, 분명 수입업체나 수출업체가 움직이고 있는 것이며, 혹은 다른 참가자들의 매수나 매도물량이 실리고

김여사 외환시장의 꽃이 되다

있다는 것을 쉽게 눈치챌 수 있다.

우리나라는 자원이 부족하여 수출로 먹고사는 나라라고 해도 과언이 아니다. 늘 업체 쪽에서는 수출업체의 공급물량이 많다. 그리고 업체 외환담당자들도 무림고수이기 때문에 1:1로 붙으면 단기적으로 피 난다. 한 발짝 떨어져서 이용할 줄 알아야 한다. 결제수요가 유입되어 환율이 5원 상승하면 매도, 공급물량이 유입되어 환율이 3원 하락하고 있으면 덩달아 매도했다가 2원 추가하락시 매수하여 이익실현 하는 식으로 이용하면 된다. 수출입업체가 환율을 5원 이상 한 방향으로 움직이는 경우는 드물다고 보면 된다. 5원 이상 움직이는 경우는 그 방향에 추가적으로 투기적 매매가 붙었을 경우다.

/ 외환당국

외환시장의 속담에 "당국에 맞서지 마라"는 것이 있다. 외환시장의 안정성을 확보하고 환율의 안정적인 관리를 통해 경제의 안정적인 운영을 담당하는 한국은행 외환시장 관련 부서는 그 책임도 막중하거니와 가히 그 부서에서 근무하는 당국자들은 외환에 관한 한 최고의 고수임을 의심할 여지가 없다.

그런 외환당국이 잔잔한 물결에 일일이 입을 열리는 없다. 일년에 한두 번 등장할까 말까다. 하지만 일년에 한두 번은 시장을 읽고 돈을 버는 데 있어서 아주 중요하기 때문에, 외환 당국의 환율정책을 예측해보는 것은 늘 그 시간 이상의 가치가 있다. 그렇지만 이미 이야기했듯이 일년에 한두 번 등장할까 말까다. 환율이 700원~900원 하던 시절에는 자주 등장했었다. 예전에 수출업체 육성을 위하여 환율을 확 올린 적도 있지만, 환율이 800원 전후에서 움직이던 IMF 이전에는 정책적으로 원화를 900원대 이상으로 올라가려는 것을 막으려는 보이지 않는 손이 있었다.

오늘날에 이르러서는 보이지 않는 손은 없다. 다 보이거나, 아니면 시황자료에 당국의 스무딩오퍼레이션이 있었다는 기사가 공공연하게 뜬다. 환율의 급격한 움직임으로 금융시장에 충격을 주지 않는 이상 외환당국은 시장에 나타나지 않는다고 보면 된다. 가끔 환율이 한 방향으로만 지나치게 오르거나 내려서 정상적으로 오르락내리락하는 시장이 아니라고 판단되면 살짝 시장이 스무드하게, 부드럽게 움직이도록 윤활유를 제공하는 역할 정도만 하며, 환율을 일정한 방향으로 유도하는 일은 하지 않는다. 외환당국을 믿고 무조건 매도하거나 매수하였다가는 큰코다칠 수도 있으며, 그저 시장을 정확히 읽는 데 도움을 받는 정도로 활용하면 된다.

차트를 보니 환율이 1180원에서 4개월 내내 연속하여 하락 일변도로 움직여 1110원이 되었다고 가정하자. 국제금융시장의 달러지수도 크게 하락하지 않았고, 옆 나라 일본 엔화도 크게 강세를 가지지 않았는데도 불구하고 원화 강세를 예상하여 시장참가자들이 대부분 매도전략을 구사하고 있는 중이라고 가정하자. 수출업체들은 환율이 반등할 때마다 보유물량을 내놓았다가 환율이 떨어지면 다시 매수하여 평균 매수단가를 관리하고 있고, 역외 NDF투자자들은 3

개월 내내 매도 일변도의 전략을 취하여 환율이 1100원이 무너지고 1050원이 적정환율이라는 기사가 보도되고 있다고 가정하자.

외환당국이 바라는 것은 환율이 안정적으로 움직이는 것이다. 대략 국제금융시장 및 국내 경제상황을 종합적으로 고려할 때, 1100원에서 1150원 사이에서 움직이면 안정적이라고 볼 수 있는 상황에서, 4개월 만에 70원이 하락하여 원화가 5.9% 절상됨으로 인하여 중국이나 일본과의 무역에서 비교열위에 놓여있고, 시장에 매도물량만 넘쳐나서 아무도 적극적으로 매수하는 주체가 안 나타나 환율이 1050원까지 6개월 안에 120원 하락(10.17% 절상)할 수도 있다고 가정하자.

우리나라 통화 가치가 5% 이상 움직이는 것은 경제에 부담을 준다. 어떤 이유로든 부담을 준다. 환율하락으로 수입업체들이 혜택을 보고 수출업체들이 손해를 보는 단순한 문제가 아니라, 경제 전반에 걸쳐 영향을 미친다는 것은 문제이며, 시장참가자들의 일방적인 한 방향으로의 투기거래는 부작용을 유발한다.

환율이 급등하면, 우리나라 주식시장에서 막대한 자산을 보유한 외국인투자자들의 환차손이 증가하여 우리나라 주식시장을 급격히 이탈할 위험이 증가하며, 환율이 급락하면 물가하락을 유발하고 수출업체에 가격부담을 초래하여 수입이 증가하고 수출업체의 채산성 악화로 경기가 침체되며, 경기침체는 세수 감수로 이어지는 등 환율이 영향을 미치는 범위는 경제 전반이다. 손 놓고 있을 수는 없는 노릇이다.

외환당국은 그런 시나리오 하에서 면밀히 시장을 모니터링하다가 시장의 쏠림 현상이 지나치다는 코멘트를 살짝 비춘다. 이를 잘 해석해보면, 시장에 매도포지션이 깊다는 것을 방증한다. 시장에 매수포지션과 매도포지션이 균형을 맞춰나가야 하는데 지속적으로 매도포지션이 쌓이면, 환율이 균형을 상실하여 한 방향으로 일시에 무너질 수 있다. 또는 시장에 매도포지션이 많다는 이야기는 적절한 시점에 매수하면 반등으로 인한 차익을 노려볼 수도 있다는 해석도 가능하다.

NDF역외투자자들은 원화거래에서 다친 적이 많아서 점점 원화거래에 소극적으로 대응하고 있지만, 3개월 동안 200억불 이상 한 방향으로 포지션을 쌓은 적이 꽤 있고, 환율을 50원 이상 한 방향으로 보내버린다. 생각해보라, 그 200억불이 반대 방향으로 정리되면 환율은 급격하게 역방향으로 틀 수도 있다. 그런데 시장상황이 받쳐주면 추가로 200억불 포지션을 추가해서 외환당국을 곤혹스럽게 만들기도 한다.

따라서 외환당국이 주는 힌트는 환율이 정상을 벗어나서 추가로 움직이던 방향으로 움직이거나, 반대 방향으로 방향을 틀면 급격히 움직일 수 있음을 시사한다. 환율이 급락하고 있고, 외환당국이 시장에 경고 메시지를 보내면, 추가로 10원~20원 하락하면 매수해 볼만하다. 왜냐하면 매도포지션이 깊다는 이야기이고 추가로 하락할 수 있지만, 포지션이 청산될 경우, 환율이 외환당국이 경고 메시지를 보낸 환율수준에서 20~30원 반등하는 것은 시장추세를 감안하더라도 충분히 가능성이 있기 때문이다.

구체적인 전략은 시장상황을 보아가며 짜면 되나, 외환당국은 그저 환율을 안정적으로 움직이도록, 50원 빠졌으면 30원 반등하다가 다시 하락하고, 50원 올랐으면 20원 조정받다가 올라가는 식으로 정상적인 시장의 모습을 보기 원한다는 점을 감안하여 돈 벌 기회가 왔음을 직감하면 된다. 그 시점이 언제일지는 모르며, 환율이 980원이라 해서 반드시 외환당국이 등장한다는 보장이 없으며 환율이 1180원이라 해서 등장한다는 보장은 없다.

물가가 급등하고 있다고 가정하자. 환율이 1050원 전후를 오랫동안 횡보하며 안정적으로 움직이다가 아래쪽으로 방향을 틀어 급격히 하락하여 980원이 되었다고 하자. 위에서 설명한 바에 따르면, 외환당국이 등장하여 스무딩오퍼레이션을 통해 환율을 다시 1000원 수준에서 움직이도록 할 듯도 한데 외환 당국의 모습이 보이지 않는다. 이럴 경우에는 환율하락이 물가상승을 완화하는 측면이 있으므로 일정 부분 시장이 흘러가는 방향대로 놓아두고 있다고 판단할 수 있다.

외환당국은 시장이 일방적으로 '제반 경제상황을 감안한 적정 환율'을 벗어났다고 판단했을 때 등장하는 것이지, 그저 환율이 높다 낮다를 판단하여 등장하는 것은 아니다. 과거 환율을 살펴보면, 우리나라 환율은 최근 10여 년간 900원대~1300원대를 오갔다. 900원을 다시 갈 수도 있고 1300원을 다시 갈 수도 있다. 그것은 분명하다.

다만, 외환당국의 등장은 전략을 잘 수립하면 비정상적인 시장 상황이 정상화되는 과정에서 수익을 낼 기회가 될 수 있음은 명심해야 한다. '외환당국에 맞서지 말라'는 이야기는 '충분히 시장에 위험이 있음을 알려주었으니, 어떤 위험이 있는지를 파악하여 제대로 대비하라'는 의미이다. 미국은 한국이 지속적으로 미국에 무역수지 흑자를 기록하는 사실에 불편함을 토로하고 있고, 여차하면 환율조작국으로 지정하여 불이익을 줄 수 있다고 엄포를 놓고 있다. 그런 사유로 외환당국은 마음 놓고 시장에 개입하여 달러를 사거나 팔기도 어렵다. 옛날보다 지극히 시장친화적이 되어서 시장이 정상화되도록 돕는 역할을 하고 있다고 보면 틀림이 없다.

따라서 외환당국이 나섰다고 해서 평소와는 달리 외환당국을 믿고 포지션을 과감히 가져갔다가는 낭패를 볼 수 있다.

결론적으로 외환당국은 투자자들의 손익에는 관심이 전혀 없다. 오로지 외환시장의 안정을 원할 뿐이다. 그 안정이란 3개월 동안 환율이 20~30원 정도 사이의 밴드를 왔다 갔다 하는 정도로 판단된다. 그것은 외환당국의 마음이기 때문에, 그렇게 판단된다는 뜻이다.

외환당국은 특히 역외투자자들의 움직임까지도 읽고 있다. NDF 거래동향도 파악하고 있고 포지션 현황도 가급적 정확히 파악하고자 노력한다. 굵직한 국내업체나 기관들의 움직임도 부처님 손바닥 보듯 파악하고 있다.

그래서 외환당국의 스무딩오퍼레이션을 선제적으로 기대하고 포지션을 잡는다고 이익 볼 확률은 낮다. 오히려 그런 기대를 가지고 움직였던 참가자들마저 모두 손절매를 할 때 나서서 달러를 약간 사거나 팔아서 시장의 평정을 유지하고자 한다. 따라서 너무 과민하게 스무딩오퍼레이션에 반응할 필요는 없되, 여차하면 시장상황이 반대로 꺾일 수 있으니, 조심은 해야 한다. 외환당국이 지나치게 하락하고 있다고 말하면 매도포지션이 많은 것이고, 외환당국이 지나치게 상승하고 있다고 경고하면 매수포지션이 많을 확률이 높다.

/ 외국인투자자

우리나라 외환시장 참가자는 직접 외환중개사(한국자금중개, 서울외국환중개)에 계좌를 개설하고 원달러 거래중개 시스템을 통해서 거래를 할 수 있는 금융기관 참가자와, 시중은행이나 외국계은행, 증권사나 투신사 등을 통해서 간접적으로 거래주문을 내는 간접 참가자로 나눠볼 수 있다. 대표적인 간접 참가자는 국내 수출입업체와 국내 주식시장, 채권시장에 주로 투자하는 외국인투자자다. 외국인투자자들은 주로 외국계은행을 통해서 주식투자대금을 매도하거나, 원화로 받은 배당금을 달러로 환전하여 송금하는 거래를 하고 있다.

이들 외국인투자자 중에는 한국 관련 펀드를 운용하는 자산운용사들이 있다.

이러한 자금을 리얼머니(Real Money)라고 부르기도 하는데 특징은 '환헤지'를 적극 활용한다는 점이다. 아주 가끔 우리나라 채권에 투자하는 프랭클린 템플턴 펀드가 원달러 환율상승이 예상되면, 대규모 환헤지 매수에 나서서 환율을 끌어올리기도 하고, 거꾸로 환헤지 매수했던 부분을 언와인딩(Unwinding)해서 환율하락에 일조하기도 한다.

외국인투자자나 해외 헤지펀드 운용사가 딱 하나라면 우리나라 외환시장에 미치는 영향이나 외환매매전략에 대해서 살펴보는 게 의미가 있겠지만, 워낙 수십 개의 투자자가 있어서 정확한 분석은 어렵다.

다만 두 가지 측면은 염두에 두어야 한다. 첫째, 우리나라 기업들의 배당금 지급 시즌에는 배당금 본국 송금을 싸게 하기 위해서 송금 전후 머리를 쓴다. 둘째, 중요한 환율레벨에서는 헤지매수세가 강력하게 따라붙거나, 환헤지 언와인딩[18](헤지를 푸는 것) 물량이 쏟아질 수가 있기 때문에 이러한 물량이 감지되면 같은 방향으로 매매해야 한다.

우리나라 외국인투자자들의 투자대금은 주식시장과 채권시장만 놓고 보더라도 그 규모가 어마어마하다. 코스피, 코스닥, 채권시장 외국인 보유잔액(원화)을 원달러 환율로 나눠보면 달러기준 투자금액을 알 수 있다. 다만 이 투자금액이 원금만이 아니고 원금에 평가이익까지 포함되어 있기 때문에 계산을 잘해야 하고, 외국인투자자

---

18) 우리나라 원달러 시장에서의 환헤지는 주로 수출업체들이 많이 하며 달러 매도 방향이다. 장래에 들어올 수출대금이나 받아놓은 수출대금에 대해 향후 환율하락에 대비해 미래 일정시점 환율로 매도를 한다. 그런데 만일 예기치 못하게 환율이 급등하게 되면 매도해 놓은 선물환 계약에서 손실이 늘어나게 되어 손실을 줄이기 위해 선물환 계약을 해지하고 다시 달러를 매수하기도 한다. 이렇게 환헤지 계약을 청산하는 것을 언와인딩이라고 한다.

김여사 외환시장의 꽃이 되다

별로 우리나라에 달러자금을 들여와서 원화로 주식, 채권투자를 하는 비중은 모두 다를 것이다. 대략적인 추정만 가능할 뿐이다.

2017.10.24일 기준 코스피 투자잔액 609.2조원, 코스닥 29.9조원, 채권 101.2조원이고 환율이 1130원 수준이므로 코스피 5,391억불+코스닥 264억불+채권 895억불=6,550억불이다. 만일 코스피와 코스닥 주가가 −20%를 기록한다면 (5,391+264)×0.80=4,524억불이며, 4,524억불+895억불=5,419억불. 이 중에 환헤지를 이미 한 부분을 30%, 환율이 추가로 움직여도 30%는 환헤지를 하지 않을 예정이라고 본다면 5,419억불의 40%=2,167억불은 여차하면 환율 헷지에 나설 수도 있다고 소설을 쓸 수 있을 것이다.

또한 5,419억불의 30%인 1,625억불은 원달러 환율이 급락추세를 지속하고 원화 강세 요인이 너무도 명약관화하다면 환헤지 부분 중 일부가 언와인딩이 일어나 매도물량으로 쏟아질 수도 있다.

과연 그럴까? 2008년 금융위기 전후, 당시 외국인투자자들은 연간 300억불 이상의 원화자산을 매도하고 달러를 매수하여 환율이 폭등한 바 있으며, 역외 NDF투자자들은 3개월 내내 매수 일변도로 200억불~300억불을 매수포지션으로 쌓았던 사례를 발견할 수 있다.

여차하면 2,167억불은 헤지매수에 나설 수 있다고 위에 소설을 썼는데, 외국인투자자들의 특징은 매수해야 한다면, 분할해서 일정 부분까지는 무조건 매수하는 경향이 있다. 물론 특별한 이벤트가 발생하고 심대한 리스크가 발생한다면 말이다. 자기가 헤지해야 할 리스크의 30%는 거의 기계처럼 리스크를 회피하고자 할 것이다. 2,167

억불의 30%=650억불이다. 원화가 크게 약세가 갈 요인 중 가장 큰 요인은 사실상 이 외국인투자자+역외NDF참가자들의 달러매수(원화매도) 요인이다.

하지만 염두에 두어야 할 것은 우리나라 경상수지 흑자는 연간 1천억불이 넘는다. 달러가 넘쳐난다는 점이다. 잠재 매수수요보다 잠재 매도물량이 많은 것이 팩트다.

환율이 본격적인 상승국면에 접어들면, 3억불 매수가 1.5원의 상승효과가 있다고 할 때, 650억불/3억불×1.5원=325원 환율상승이 가능하다. 환율이 1000원에서 1325원까지, 1200원에서 1525원까지 상승 가능하다. 물론 매도물량이 자취를 감춘다는 가정하에 국내 여타 참가자들이 매수에 가담한다면 추가 상승도 가능하다.

현재 우리나라 주식 및 채권시장에서의 외국인 투자비중이 향후 어떻게 되느냐도 고려해 볼 사항이다. 외국인 투자비중이 줄어든다면 원화자산 축소, 달러매수로 인해 환율상승 요인이고 외국인 투자비중이 늘어난다면 원화자산 증가, 달러매도로 인해 환율하락 요인이다.

관건은 우리나라 경제여건도 여건이지만 글로벌 경제성장률이 얼마가 될 것인가의 문제다. 글로벌 경제성장률은 세계은행 홈페이지에 가면 찾아볼 수 있다. 물론 영어로 되어 있어서 시간이 좀 걸리긴 하지만, 연간 2.7% 성장이 예측된다면 해외 개인투자자들의 연금펀드 투자증가, 해외펀드 투자증가분 중에 일부분, 이를테면 25조원,

200억불이 유입될 것을 예측해 볼 수 있다. 200억불 유입은 200억불/3억불×1.5원=100원×40%=60원가량의 원화 강세를 유발할 수 있다.

하지만 우리나라 경제도 동반성장하여 우리 국민들이 납입하는 국민연금, 공적연금, 해외펀드 등에서 투자하는 해외투자자금이 연간 1,000억불 수준에서 1,080억불 수준으로 증가하고 60%는 환헤지를 하지 않는다고 본다면, 80억불/3억불×1.5원×0.6=24원가량의 원화 약세 요인이 유발되어 원화 강세 압력을 일부분 상쇄시킬 수 있다.

자, 외국인투자자 주식매매 동향, 채권매매 동향을 지켜보는데, 월요일 2,300억원 순매수, 화요일 1,200억원 순매수, 수요일 1,800억원 순매수, 목요일 2,300억원 순매수를 하고 있다.

7,600억원 순매수면 약 7억불이다. 7억불이 시장에 매도되면 환율은 3.5원가량 하락요인인데, 환율이 떨어지질 않고 있다. 왜일까? 외국인투자자들이 환전을 서두를 필요는 없다. 투자계좌에 이미 원화가 넘쳐난다. 지난해 받은 배당금도 아직 재투자를 위해 유지하고 있는 중이다. 오히려 역외 NDF 투자자들에게 달러를 좀 사달라고 주문한다. 향후 본국으로 송금할 달러를 미리 좀 사놓고자 한다.

환율은 시장참가자들의 기대와는 달리 오히려 올라간다. 미리 외국인투자자금 유입을 기대하여 달러를 매도해 놓았던 외환시장 참가자들이 환율이 오르자 손절매수를 단행하여 환율이 상승한다. 외국인투자자들은 외국계은행에 전화를 걸어 5억불을 팔아달라고 주문한다. 환율은 결국 떨어진다. 외환시장 참가자들은 먹은 것이 없고,

배가 더 고파진다.

　결론은, 외국인투자자들 매매동향에만 신경 쓰다 보면, 그들의 전략에 휘말려 2~3원 손실을 볼 가능성이 있다. 크게 시장에 영향을 미칠만한 규모가 아니라면 외국인 투자자들의 매매 동향에 일희일비할 필요는 없다. 다만 1조원 규모가 넘어가는 순매수가 발생했다면, 아무리 환율이 올라갈 것 같은 분위기가 조성되더라도 덩달아 매수할 필요는 없고, 단기간 1조원 규모가 넘어가는 순매도가 발생 중이라면 아무리 환율이 희한하게 떨어질 것 같은 분위기가 나타나도 환율이 하락 중일 때 덩달아 매도하지 말아야 한다.

/ 역외 NDF 참가자

　우리나라 원화는 로컬 통화(Local Currency)이다. 국제 외환시장에서 자유롭게 매매가 되지 않고 국내에서만 매매가 된다는 의미다. 우리나라에 5천억달러 이상을 투자하고 있는 외국인들 입장에서는 밤사이 런던시장이나 뉴욕시장에서 무슨 일이 벌어질지 모르는데 손 놓고 있는 게 영 찜찜할 것이다. 특히 원화도 국제 달러시세에 연동이 되다 보니, 밤사이 달러시세에 따라 헤지매수나 매도를 하고 싶은 욕구가 클 것이다.

　우리나라 이외의 국가에서 우리나라 원화를 매매하기 위해 외국 외환중개사들이 NDF 거래라는 것을 시작했다. 10년도 넘은 일이지만 그래서 밤사이 역외 외환딜러들의 NDF 원화거래는 다음날 우리나라 원달러 시장에 즉각적인 영향을 미쳐왔다. NDF는 원달러 외환 거래를 5백만달러와 같이 거액단위로 하고, 1개월 후 환율로 정산하는 선물환거래이고, 달러를 사고 팔지만 실제 상대방과 달러를 주고받지 않고 계약시점의 환율과 1개월 만기시점의 환율 차에 거래액수를 곱한 손익만 주고받는다는 특징이 있다.

이 NDF참가자들은 헤지펀드 매니저일 수도 있고, 해외 펀드운용사일 수도 있고, 해외 큰손일 수도 있고, 해외 기관투자자일 수도 있다. 이들은 고객의 주문을 받아 거래하기도 하지만, 주로 투기적인 거래를 한다. 그리고 초단기 거래도 하긴 하지만, 주로 1, 2개월 단위의 중장기 트레이딩 수익을 목표로 한다. 한때는 거의 매일 우리나라 외환시장을 떡 주무르듯 했지만, 크게 베팅을 하다가 외환당국의 시장안정 의지에 밀려서 손절매도를 하기도 했었고, 외환시장에 예기치 못한 이벤트가 발생해 손절매수를 당하기도 하면서 점차 한국 외환시장에 애정이 식어가는 듯한 모양새다.

2017년 들어서는 더욱 그렇다. 이들은 한 달 내내 조금씩 팔았다 샀다 하기도 하면서 100억불을 한 방향으로 매수하거나 매도하기도 해서, 환율 20원~30원도 곧잘 움직이곤 한다. 하지만 이들이 돌아서서 포지션을 청산하려고 할 때는 우리나라에 역외 NDF 세력들과 일대일로 맞불을 놓을 만한 참가자가 없기 때문에 우리나라 외환시장의 교란 요인으로 작용하기도 한다.

이들이 너무 달러를 많이 사서 환율을 올려놓으면 외환당국이 점잖게 환율이 한 방향으로 지나치게 움직이면 바람직하지 않다고 경고를 할 것이다. 이것은 이들의 포지션이 롱포지션으로 쏠려있다고 해석이 가능하기 때문에 슬슬 분할매도 타이밍이 다가오고 있다고 매매에 참조할 수 있다. 다만 추세를 거슬러 매매하는 것은 아주 위험하기 때문에, 역외 NDF세력이 손절매도나 손절매수를 하는 경우에 따라 하면 돈이 좀 된다.

이들의 전략은 변화무쌍하고 예측하기가 쉽지 않다. 하지만 분명 예측이 가능할 때가 있고 별로 따라가고 싶지 않은 친구지만, 또 친구 따라 강남 가면 놀림을 받을지도 모르지만, NDF 친구들을 따라가야 할 때가 있다.

어떤 상황에서 NDF 친구들을 따라가야 하는지는 차트로 예를 들어 보여주고, NDF 친구들의 마음속을 읽는 법도 알려주고 해야겠지만, 그렇게 하기엔 너무 시간도 많이 걸리고, 감으로 맞춰야 하는 부분도 있다. 그런 감 잡는 법을 글로 이야기한다는 게 불가능하기 때문에 몇 가지만 예를 들어 본다.

밤이 아닌 낮에 싱가포르 등 아시아 시장이 열려있을 때는 직접 우리나라 외환시장에 간접적으로 참가하는데 낮에 벌어지는 상황을 예로 든다.

(1) 분명 올라가는 게 맞는데, 역외 NDF딜러들이 잠시 매도에 나서는 적이 있다. 누르기다. 매수세력들이 못 따라오게 눌러놓고 본격적으로 매수에 나선다. 이럴 경우 매수규모는 엄청날 경우가 많다. 시가대비 −2원 하다가 시가로 돌아온 후 +3원이

넘어가면, 혹시 역외세력들이 움직이는 것은 아닌지 의심해 보아야 한다. 그리고 분명 미국 물가지표가 좋게 나와서 달러를 매수할 요인이 있다든가, 국내 주식시장이 크게 하락한다든가, 유로대비 달러화가 큰 폭 강세라든가, FRB 의장이 달러 강세 용인 발언을 했다든가 하면, +8원까지 상승할 수 있다. 그러면 +3원~8원까지 상승하는 사이에서 조금 먹고 나오면 된다.

(2) 분명 밤사이 NDF시장에서 달러하락 요인이 발생하여 NDF시세가 -4원은 가 있어야 정상인 것 같은데 NDF시세가 전일 종가대비 +1.0원으로 오히려 올라있는 경우가 있다. 그런데 다음날 국내 외환시장이 열리자 전일 종가수준에서 시작하여 바로 -2.0원으로 하락하고 횡보하는 경우가 있다. 그리고 최근 며칠 동안 환율이 상승세를 지속하여 하락세로 돌아서도 이상하지 않을 때가 있다. 이럴 땐 밤사이 NDF시세는 잊어야 한다. -2원 수준에서 활발하게 거래가 이루어지면 매매내역을 잘 살펴보아야 한다. 선물시장이 원래 호가마다 50~200개의 물량이 쌓여있는데, 왠지 매수물량이 400~500개가 깔려있고 매도물량도 400~ 500개로 다소 많이 깔려있는 경우, 상승전환을 시도하지만 번번이 막히는 경우, 이 경우엔 매도물량을 접수해 놓고 물량을 털어먹기 위해 애쓰고 있다는 신호다. 매도해야 한다.

환율은 당일 은행 딜러들 예상 밴드인 1025원~1032원을 벗어나서 1024원으로 하락하기 시작한다. 예상치 못한 하락세다.

분명 그 뒤엔 NDF세력이 숨어있을 가능성이 크다. 매수포지션이 있다면 손절매도를 해야 하고, 매도포지션을 취하고 있다면 이익실현 매수를 서두르지 말고 못 먹어도 고다. 장이 마감할 때까지 기다려야 한다. 4~5원 이상 추가하락 할 수 있다.

(3) 인정사정없는 방향성 거래 그리고 손절매(Stop-loss). 일년에 한번 있을까 말까 하지만, 역외에서 방향성을 잡고 매매하는 경우가 있다. 잔인할 정도로 시장의 포지션을 빨아들인다. 역외에서 달러를 매집 중이라고 가정하자. 기타 제반 요인으로 환율이 약간 빠진다. 그럼 살짝 파는 척한다. 그리고 환율이 빠지면 언제 그랬냐는 듯이 사서 환율을 밀어 올린다. 특히 은행권에서 오버나잇 롱포지션을 잡는 것을 눈치채면(매수해서 이월하는 것), 밤사이 NDF시장에서 환율이 조정받을 빌미를 제공하는 뉴스가 있으면, 환율을 5원가량 확 떨어뜨려 버린다. 다음 날 외환시장이 개장하면 은행권에서 손절매도가 나온다. 그럼 역외에서 결제업체가 먼저 달러를 저가 매수하기 전에 마구 달러를 매집한다. 환율은 제자리로 돌아온다. 이런 식으로 물량을 아주 많이 사들인다.

그렇지만 이 길이 아님이 분명해지면 돌아서서 손절매도에 나선다. 1100, 1110원, 1120원에서 횡보하던 환율이 역외에서 대량 물량을 매집하여 1150, 1160, 1170원까지 급등한다. 그런데 더 이상 환율이 상승할 이유가 없어 보이면 이익실현에

김여사 외환시장의 꽃이 되다

나선다. 평균 매집단가는 1145원이다. 1170원에서 1166원으로 하락하고 시장참가자들이 달러매도에 관심을 보인다. 밤사이 뉴욕 주가가 급등하여 달러매도 요인이 발생하면 다음 날 1163원에 개장한다. 이때 이익실현을 하기로 마음먹는다. 달러매도에 나선다. 달러환율은 1163원에서 1155원으로 급락한다. 그럼 1170원까지 상승하는 과정에서 결제를 미뤄왔던 수입업체에서 저가 매수에 나선다. 1155원에 막히고 1157원으로 살짝 반등하는 듯싶더니 역외에서 다시 매도하기 시작한다.

이틀 만에 환율은 1140원이 되어버린다. 1170원에서 1140원이 되면 환율이 반등할 만도 한데, 역외에서 손절매도에 나서기로 결심한다. −5원 손실이고 매수포지션은 170억불인데 1165원~1140원까지 40억불을 매도했고 여전히 130억불을 보유하고 있다. 130억불×5원=650억원 평가손이다. 1140원부터 시작된 손절매도가 1110원까지 지속되어 50억불을 매도한다. 여전히 80억불을 보유하고 있다.

그런데 환율 하락세가 멈춘다. 더 이상 환율이 하락할 요인이 별로 없어 보인다. 거기다가 외환당국에서 지나치게 단기간에 환율이 급락하자 살짝 스무딩오퍼레이션으로 속도 조절에 나선다. 환율은 1110원에서 1130원까지 반등하기도 하지만 장기간 환율은 갈지자걸음을 한다. 외환시장은 아주 지루하고 재미없는 국면으로 접어든다. 시장이 활기를 잃는다. 역외참가자들도 점점 다른 통화 매매에 관심을 가진다.

(4) 시장을 흔든다. 역외세력들은 시장의 방향성이 모호하다거나 외환당국이 특정 레벨을 지킨다는 의심이 들면 시장을 흔들어 본다. 만일 자신이 달러를 사고자 한다면, 1050원에 30억불을 사고 싶은데도 환율을 1055원에서 1045원까지 떨어뜨린다. 밤 사이 NDF시장에서 환율을 낮추기, 시장 오픈 초기 시장 호가 물량이 작을 때, 1억불을 급하게 매도하여 시장에 매도물량이 많음을 보여주기, 급하게 달러를 사서 환율이 올라갈 듯하게 만들다가, 다시 급하게 달러를 팔아서 매수세력 실망시키기 등 의 전략을 구사하여 시장을 흔든다.

외환당국이 1050원에서 스무딩오퍼레이션으로 1050원 레벨 을 지키고자 하는 인상을 주면 시장 판도를 읽기 위하여 흔든 다. 시장환율이 1040원이 되면, 이제 30억불 매수에 나선다. 전략을 구사하면서 10억불을 매도했기 때문에 매수해야 할 물 량은 40억불이다. 1040원부터 미친 듯이 매수한다. 그다지 크 게 올라야 할 이유가 없어 보이는 어느 날 환율은 작은 매수요 인에도 불구하고 이틀 동안 1058원까지 급등한다. 1055원에 고점매도했던 외환딜러들의 손절매수 물량으로 환율은 다음날 1063원까지 급등한다.

/ 연기금, 공공기관 등

눈에 확연히 들어오지 않지만, 시장에는 달러 수요가 꽤 있다. 이를 테면, 국민연금에서 자금운용을 해외투자에 배분한 부분에 대해서 일년에 100억불 가까이 분할해서 매수한다. 그 금액은 정해진 바는 없다. 많을 수도 있고 적을 수도 있다. 석유를 수입하는 공사가 있다면 석유값을 결제하기 위해 달러를 매수해야 한다. 투신사나 증권사는 고객들의 해외펀드 투자에 집행할 달러를 매수해야 한다. 결제수요와 수출대금 매도도 전략적으로 환율을 보고 들어오기 때문에 예측이 어렵지만, 이들은 더더욱 예측이 어렵다.

분기 말에 달러수요가 몰리는 경향이 있긴 하지만, 환율이 하락하여 매력적인 레벨이 된다면 연간 계획을 미리 집행할 수도 있어서 예측은 어렵다. 하지만 주로 역외세력들은 큰 결제물량이 들어오면 자기들의 매수포지션을 정리할 기회로 삼기 때문에 이러한 보이지 않는 수요가 환율을 단기에는 지지해 주지만 중기적으로 지탱해 주지는 못한다. 이들의 매수물량은 역외의 매도물량으로 상쇄되고 오히려 대량 결제수요가 있다는 것을 미리 눈치채면, 미리 롱플레이(매수전략)를 구사해서 환율을 약간 올려놓는다. 그리고 실제 매수물량이 유입되면 이 기회를 틈타 물량을 정리한다.

고려해볼 만한 점은, 향후 우리나라 경제성장과 국민연금 납입 규모의 확대, 그리고 해외투자 여력 확대 등에 따라 이러한 보이지 않는 매수물량이 얼마나 증가할지와 만일 그 반대로 글로벌 금융시장이 침체되어 해외로 빠져나갔던 투자자금이 다시 우리나라로 들어오면 환율에 어떤 영향을 미칠지에 대한 예측이다.

예측은 어렵긴 하다. 다만, 우리나라에 들어왔던 외국인투자자들의 돈이 일부 썰물처럼 빠져나가서 환율을 끌어올릴 때가 있듯이, 우리나라에서 해외로 나갔던 국내 투자자들의 돈이 일부 밀물처럼 유입되어서 환율을 하락시킬 가능성이 있다는 점은 기억해야 한다.

/ 외환딜러

자금중개를 통해 직접 원달러를 거래하는 외환딜러는 외환시장의 꽃이다. 다만, 우리나라에는 NDF세력들처럼 10억불 이상 오버나잇 포지션을 가져갈 수 있는 딜러는 단 한 명도 없다. 소속 은행에서 허용을 하지 않는다. 물론 스왑(SWAP)이라든가 선물환으로 거래를 해서, 한 방향으로 10억불 이상 유지하고 있기도 하지만, 대부분 반대 방향 거래가 있어서 10억불 이상 순수하게 투기적 목적으로 포지션을 보유하는 곳은 없다.

외환딜러들은 주니어냐 시니어냐에 따라 포지션 한도가 다르다. 주니어, 슈퍼주니어, 시니어, 슈퍼 시니어로 구별해볼 수도 있겠다. 대략 5백만불~3억불 사이의 포지션을 운용하고 있다고 보면 된다.

포지션한도, 손실한도가 엄격하게 정해져 있어서 사실 시장을 3원 이상 의미 있게 움직이기는 힘들다. 시장이 균형을 이루고 있는데 한 외환딜러가 총대 메고 환율을 떨어뜨리려고 애써도 3원 이상 쉽게 움직이기 힘들다는 얘기다.

그러나 외환딜러들이 힘을 합치면 환율을 5원 이상 움직이게 하기는 어렵지 않다. 수출업체나 수입업체 실수요 주문과 더불어 투기

김여사 외환시장의 꽃이 되다

적으로 참가자들의 거래 패턴에 쏠림 현상이 나타나면 환율은 많이 움직인다.

다만, 역으로 움직이면 가차 없이 손절매를 한다. 3원~5원 정도 환율이 베팅했던 방향과 거꾸로 가면 손절매를 단행한다.

추호의 망설임도 없다. 생존을 위해 손절매는 칼처럼 한다.

환율이 3원 하락한 경우, 은행권의 손절매도가 나와서 추가로 2원 하락하여 환율이 5원까지 하락할 수 있다.

/ 기타

기타 간접적으로 우리나라 외환시장에 참여하는 참여자는 많다. 우리나라의 해외관광객들은 미리 달러를 사서 외화예금 통장에 넣어놓을 수도 있고 남은 달러를 팔 수도 있다. 철이 어머님은 매달 해외서 유학하는 아들에게 달러를 사서 보내준다. 하지만 이러한 기타 간접적인 참여자는 당장 환율에 미치는 영향이 거의 없다. 참여자라고 분류하는 것이 무의미하다.

간단하다! 외환딜러가 거래하듯이 거래하라

대부분의 외환매매 관련 책을 보면 "당신도 외환딜러처럼 거래할
수 있다"는 취지로 이야기를 하고 있다.

외환딜러처럼 거래할 수도 있느냐 없느냐의 문제가 아니라, 외환딜
러가 거래하듯이 거래해야 한다.

첫째, 주니어-슈퍼주니어-시니어-슈퍼 시니어 단계별 포지션한도와
손실한도를 달리 설정하고 단계적으로 무공을 연마해 나가야 한다.

둘째, 오버나잇(Over-night) 포지션은 데일리(Daily, 일중) 거래
한도를 넘어설 수 없으며, 손실이 크게 발생하면 보고를 하여야 하
며, 거래가 중단될 수도 있으며, 거래를 할 때는 진지하게 최선의 선
택을 해야 하며, 시장을 존중해야 하며, 겸손해야 하며, 상황이 변화
하면 겸허히 받아들여야 하며, 칼을 쓸 때는 단칼로 시장을 이기려
하지 말고 수십 번의 정확한 찌르기로 변동성의 일부만을 취하여야
한다.

셋째, 시장참가자들을 무서워해야 한다. 만일 권투시합을 한다고
가정하자. 상대방을 깔보거나 잠시 방심하면 훅 한방에 다운을 당하

거나 어퍼커트 한방에 게임오버가 될 수 있다. 이것은 상대방의 강한 펀치를 한방 맞으면 물러날 줄도 알아야 함을 의미한다. 게임을 계속하고 반전의 기회를 노리기 위해서는 무작정 앞으로 전진을 외치면 안 된다. 손자병법의 삼십육계가 해당되지 않는 것이 없다. 싸움은 영리하게 해야 한다. 싸움은 길다. 하루 싸우고 말 싸움이 아니다. 손실 보는 것을 두려워하지 말고 한 방 맞으면 깨끗이 인정하고 물러서고 손실에 대해 마음속에 남겨두어서는 안 된다. 손실의 추억은 깔끔하게 잊어야 한다. 그 연습을 무수히 해야 한다. 기꺼이 손실을 받아들여라. Love to take losses. 10번 중 7번을 손실을 봐도 손절매도를 잘하면 나머지 3번으로 충분히 이익을 보아 만회 가능한 것이 외환거래다. 겁낼 것은 자신의 아집과 욕심이지 손실 보는 것이 아니다. 손실보는 것은 속담으로 치면 병가지상사다.

슈퍼주니어 단계의 은행 원달러 딜러를 예시로 들면 다음과 같다.

일중 포지션한도	장마감 포지션한도	일일 손실한도	비고
$60,000,000	$15,000,000	−8천만원	USD/JPY 3,000,000$ 포함

수습딜러는 위 표의 1/10을 한도로 한다.

개미 원달러 투자자도 스스로 이를 참고하여 적당한 기준을 만들어서 거래하면 된다.

완전 초보는 위 표의 1/1,000을 포지션 한도로 하면 된다. 포지션 한도 6만불(원달러 선물거래 6계약), 일일 손실한도 300,000원으로 하면 된다.

수퍼주니어 개미는 위표의 1/100을 포지션 한도로 하면 된다. 포지션 한도 60만불(원달러 선물거래 60계약, 증거금 약 3천만원), 장마감 포지션한도 15만불(15계약), 일일 손실한도 1,200,000원과 같이 나름대로의 기준을 정하면 된다.

처음부터 수석 외환딜러처럼 거래하지 말라.

그 위치에 오르기까지 10년에서 20년이 걸린 사람처럼 거래하지 말라. 한두 번 거래에서 성공했다고 자신을 과신하지 말라. 우리나라에 알려지지 않은 전설적인 개미 FX 딜러가 꽤 있을 것이다. 사실상 그들의 수익률은 외환딜러의 수익률을 능가한다. 하지만 10년 이상 시장에서 살아남는 외환딜러들은 인정해줘야 한다. 개인들은 많아야 1백만불~5백만불을 거래하지만, 외환딜러들은 1억불~5억불을 거래하기도 한다. 까딱하면 몇억 손실보고 아웃된다. 그 스트레스를 감당하면서 시장에서 살아남는 딜러는 뛰어난 딜러다.

1, 2년 수익을 잘 냈다고 자만해서는 안 된다. 10년 후 수익목표를 50억원 이상으로 잡는다면, 매일 밤잠을 설칠 만큼 노력해야 할 것이기 때문이다.

처음에 6만달러 한도로 사실상 1개~3개를 3개월 이상 거래해보라. 왜 이 작은 규모로 별 돈도 안 되는 일을 하고 있는지 의문이 들면 거래를 그만두어야 할지도 모른다. 예상치 못한 이벤트에 단 한번만 대응을 잘못해도 천년 동안 공들여 쌓은 탑이 무너질지 모른다. 예상하기 힘든 가능성마저도 고려하여 최선을 다해 수습, 연습기간 근육을 만들어서 본 게임에 대비해야 한다. 외환시장에서 만날 참가자들은 모두 무서운 무공을 겸비한 강호의 고수들임을 명심해야 한다. 살아남기 위해서는 3개월, 6개월, 1년… 치열하게 무공을 연마하는 수밖엔 도리가 없다.

일단 강호에 뛰어들었다면,
무림의 전설이 되라

지구의 역사 50억년, 태양계는 50억년 후에는 우주에서 사라져 버릴 것이다. 별처럼 지구에 온 우리들, 별처럼 가장 환하게 한번 빛나봐야 하지 않을까! 멋지게 빛나보는 것이다. 꼭 외환거래를 할 필요는 없다. 그저 별똥별이 떨어지는 모습을 우연히 보거나 오로라를 보면서 자신이 우주의 별이 되어 빛나는 모습을 상상하며 감동의 눈물을 흘리기만 해도 좋다.

작게 시작해서 열심히 노력하여 6개월을 해봤는데 가능성이 보이지 않는다면 다른 좋아할 만한 일을 하라.

만약 경제적인 여유가 된다면, 그리고 직장을 잡는 데 실패했다면, 공무원 고시 1년을 한 달에 60만원 써가면서 공부하는 것보다 600만원을 손실 최대한도로 잡고, 공부하는 셈 치고 전업 FX 투자자에 도전해보는 것도 고려해볼 만하다.

분명 100대 1을 뚫고 공무원 고시를 패스할 노력과 열정이 있다면 100명 중 1명은 FX 전업투자자가 되어서 10년 후 연 1억 이상 벌고 있을 것이다.

또 10년 후에는 10억 이상 투자금을 운영하면서 연 2~3억원의 수익을 달성하고 있을 것이다. 분명히 1백명 중 1명이라고 했다.

1천명 중의 1명은 무림의 전설이 될 것이다.

[최종단계 2]
등산신공과 하산신공을 극성으로 연마하라

인생은 공수래공수거라고 했던가? 인생은 등산을 하는 것과 다름없다. 누군가는 아예 산 근처에도 못 가보고, 누군가는 산 중턱밖에 못 가보고, 누군가는 꼭대기를 보고, 누군가는 다 내려오지도 못하고, 누군가는 내려와서 다른 산을 또 오르고, 누군가는 멋진 옷과 배낭과 등산화를 신고 오르고, 누군가는 허름한 옷과 물 한 병도 못 챙겨가지고 산을 오르고, 누군가는 다섯 개의 산을 오르고, 누군가는 남극을 탐험하고, 누군가는 에베레스트산을 오르고 저마다 그 출발선과 종착지가 다를 뿐, 그저 산에 올라 멋진 경치 한번 보고 맑은 공기 한번 마시고 따가운 햇볕 한번 쬐는 등산의 기억 밖에 결국 남는 것은 없다.

그래서 더더욱 인생은 열심히 살아볼 가치가 있는 것이다.

기왕이면 온몸이 감동으로 전율할 산에 올라 몇 시간을 행복에 젖어 머물다 내려오는 게 좋지 않겠는가.

등산신공과 하산신공은 그냥 장난스럽게 쓴 말이지만 사실 외환매매를 한다는 것은 그런 등산을 하는 마음가짐으로 편하게 하면 된다.

김여사 외환시장의 꽃이 되다

환율이 움직인 차트를 들여다보면 결국 올라갔다 내려갔다를 반복하는 것밖엔 없다. 가파르게 오르거나 가파르게 내리거나 평지를 완만하게 오르내리거나 하면서 등산의 족적을 그리듯이 차트가 그려진다.

산에 올라갈 때는 어떤 자세로 오르는가.

그저 길을 따라 올라가면 된다. 길이 아닌 곳은 안 가면 된다. 올라가다 쉬어갈 때도 있고, 높은 산도 중간 중간에 내려갔다가 올라가야 하는 경우도 있고, 폭포를 만나고 계곡을 만나기도 한다. 나를 산에 맞추어 올라가면 되는 것이다.

예를 들면, 나는 올라가는 것이 맞다고 판단했다. 그런데 가다 보니 자꾸 내리막길만 나온다면 어찌하겠는가? 길을 잘못 들었으면 제대로 올라가는 길을 찾든가 아니면 길을 되돌아가야 할 것이다. 끝까지 자기가 판단한 길이 맞다고 가다 보면, 강 하류에 도달하거나 막다른 절벽에 도달하여 오도 가도 못할 처지가 될지 모른다.

산을 내려가는 것도 마찬가지이다. 정점에서 목도 축이고 에너지도 충전하여 다시 아래를 향해 출발한다. 중간 중간 쉬기도 하고 간식도 먹으면서, 사람들이 많이 다니는 길을 따라 하산하면 된다. 지름길인 것 같아 새로 길을 개척하며 내려갈 수도 있지만, 특별히 개척자가 될 필요까진 없다. 즐겁게 내려가면서 경치 감상하며 행복해하는 것이 힘을 아껴서 다른 산을 오를 수 있는 방법이다.

산을 유심히 바라본 적이 있는가?

마치 피라미드의 형상처럼 삼각형으로 솟구쳐 있다. 꼭대기로 갈수록 삼각형의 꼭짓점처럼 좁아진다. 산은 대부분 삼각형이다. 왜냐하면 그것이 가장 이상적인 형태이기 때문이다. 나무들을 유심히 바라보라. 땅속에 내린 뿌리 부분은 잘 보이지 않지만 꽤 넓은 면적에 걸쳐 사방으로 뿌리를 내리고 있다. 그리고 힘차게 줄기 기둥을 세운다. 기둥 위에 열매를 맺고 태양을 흡수하기 위해 가지와 잎을 만드는데 그 모양은 여지없이 삼각형 모양이 대부분이다. 메타세콰이어 나무를 보라. 기둥에 삼각형을 매달아 놓은 듯한 모습, 그 반대는 상상하기 어렵다. 나무 꼭대기로 갈수록 잎이 줄어들고 가지 수도 줄어들어야 무게를 지탱하기 수월하다.

땅에 가까운 쪽에 가지와 잎이 풍성해야 비바람에 잘 견딜 수 있다. 자연은 신비롭게 자신의 삶을 선택했다.

수천 년 비바람을 버텨내는 피라미드를 보라. 산 모양이다.

등산신공과 하산신공은 산을 오르내리는 모양대로 포지션을 쌓아 올리는 것이다.

간단히 그림으로 표시하면 아래와 같다.

환율 1350원 〈만불〉

환율 800원 〈백만불〉

환율 1350원 〈백만불〉

환율 800원 〈만불〉

이 단순한 그림이 많은 이야기를 담고 있다.

김여사 외환시장의 꽃이 되다

(1) 내가 1백만불을 장기적으로 매수하거나 매도한다면 어떻게 해야 할까? 나라면 1백만불을 '장기적으로' 홀딩해야 한다면 '장기적인 환율변동 위험을 감안하여' 부분매수를 할 것이다.

환율이 장기적으로 더 올라갈 확률이 낮은 1350원에서는 아무리 1백만불을 사고 싶어도 1만불만 살 것이다. 반대로 900원에서는 90만불을 살 것이다. 800원에서는 1백만불을 살 것이다.

매도할 때는 거꾸로다. 환율이 1000원이라면 아무리 더 하락할 것 같아도 30만불 이상 매도하지 않을 것이다.

(2) 이를 단기적인 매매로 옮겨와 보자.

일중 환율예상 변동 폭이 1078원~1086원이라고 하자. 내 의견도 그렇고 연합뉴스에 뜬 외환딜러들 의견도 대략 그 수준이다. 그렇다면 그날 등산은 1078원에는 산을 오르는 걸로 1086원에는 산을 내려가는 걸로, 즉 1078원에 매수, 1086원에 매도 전략이다. 하지만 시장참가자들은 바보가 아니어서 그날 환율은 1080.7원~1083.6원 사이를 지루하게 오고 가다가 끝나버린다.

내 포지션한도가 60개(60만불, 원달러 선물시장)라고 한다면 1080.7원에서는 1078까지 갈 수도 있는 가능성을 감안해 30개 이상 매수하지 않는다. 1083.6에서도 1086원까지 올라갈 가능성을 감안해 매도는 19개 이내로 제한한다.

그랬는데, 환율이 1077원이 된다. 뭔가 잘못된 것이다.

고수가 출현하여 무공을 시전한 것이다. 1080.7~1082 사이에서 19개를 사고 추가로 10개까지 사려고 기다리는 중이었다.

그렇다면 일단은 19개 산 것 중에서 5개라도 팔고 봐야 한다. 뭔지는 잘 모르지만 가파르게 하락하고 내가 손실이면 약간 줄여야 한다. 특히 내 예상 범위를 벗어나면 더더욱 그렇다. 손절매를 다 하기 전에 일단 움직임에 몸을 맡기고 일부를 본능적으로 줄일 줄 알아야 한다.

이렇게 작게 거래하면 크게 다칠 일이 없다.

물론 1080.8에 매수기회라고 판단해서 60개를 매수해서 환율이 1090원이 되어 큰돈을 벌 수도 있겠지만, 외환시장은 다시 또 열린다. 늘 레인지를 염두에 두고 그 레인지 안에서도 포지션한도를 최대한 보수적으로 운용해야 한다.

(3) 환율 레벨을 보면서 매매 강도를 조절해야 한다.

환율이 급등하여 1300원에 가까워지고 있다. 이론적으로 펀더멘탈상 분석결과 1300원은 고점이다. 매도하고 싶다. 하지만 여전히 1300원에서 1350으로 올라갈 가능성도 열려있다. 스스로 분석한 결과 1300원에 매도해서 중장기적으로 가져가면 큰 이익이 예상된다. 이럴 때 선택은?

단기매매냐 장기매매냐, 일중매매냐, 아니면 포지션거래냐에 따라 선택을 달리해야 한다.

　　　　　　　　　　　　　김여사 외환시장의 꽃이 되다

매도포지션을 장기로 가져갈 경우라도 급하게 60개 한도 중 30개를 매도하면 곤란하다. 여전히 더 높은 환율에 매도할 기회가 올지도 모른다. 그럴 땐 일단은 5개를 매도한다. 그리고 내일도 모래도 한 개씩 매도하면서 과연, 정말 그 레벨이 매도해도 괜찮은 레벨인지 시장상황 변화를 보면서 매도해야 한다. 1280원으로 하락한다. 13개밖에 못 팔아서 아쉽다. 이럴 때 흔히 하기 쉬운 실수가 1300원에 13개를 팔고 1280원에 22개를 파는 것이다. 이제 매도포지션 이월 합계는 35개가 된다. 물론 환율이 떨어지면 이익은 극대화될 것이다. 하지만 역삼각형을 그려보면 1300원에 13개를 팔았으면 1200원에는 최대 7개로 추가 매도물량이 더 적어져야 한다.

매매 강도도 마찬가지다. 조심조심해서 1300원대에서는 일중 최대 30개의 포지션만을 오픈시켜서 거래했는데 1320원이 되었다고 50개를 마구 샀다 팔았다 하면 위험하다. 삼각형을 감안하면 꼭짓점이 다다르고 있으므로 단기매매는 더 위험해진 레벨임을 고려해 조심스럽게 30개보다 작은 20개 매매로 줄여야 한다. 그런 의미다.

이게 말처럼 쉽지가 않다. 인간의 본능이다.

내가 수출업체 외환담당자이고 달러를 10일 이내에 반드시 4천만불을 시장에 내다 팔아야 한다면 어떻게 할 것인가?

다행히 환율이 올라갈 것 같은 분위기다. 연이틀 3.0원 상승, 3.5원 상승, 합해서 6.5원 상승이다. 이틀 동안 가슴 졸이던 사람이라면 일단 8일이 남았어도 40%는 팔고 싶을 것이다. 왜냐하면 더 올라가지 않을 것처럼 자꾸 환율이 내렸다가 올라오길 반복하고 있기 때문이다.

40%를 팔았는데, 환율이 4일째 되는 날 추가로 4원이 상승한다. 근래에 보기드문 환율이다. 감사할 따름이다. 40%를 추가로 내다 판다. 그런데 다음날 환율이 조정을 받아 2원 하락한다. 나머지 20%를 내다 팔고 이제 환율이 떨어져서 위안을 받고 싶을 것이다. 잘 팔았다고. 그런데 웬일, 7일째 되는 날부터 환율이 급등하여 추가로 10원이 상승한다. 하지만 더 이상 팔 물량이 없다. 4천만불을 20원이 올랐을 때 팔 수 있는 기회를 평균 5원 정도 올랐을 때 다 팔아버려서 평가손 4천만불×15원 =6억원이 발생한다. 물론 5원 올랐을 때 팔아서 다행이지만 속이 쓰리다. 주인공을 외환딜러로 바꿔놓거나 개미투자자로 바꾸어 놓아도 이런 일은 종종 벌어지곤 한다. 더 자주 벌어지는 일은 이 예에서 환율이 연이틀 상승하여 40%를 팔았는데, 환율이 급락하는 경우다.

4천만불의 40%를 팔고 나머지 60%를 더 올라간 환율에 팔려고 기다리는 중인데, 환율이 5원 상승했다가 원점으로 돌아온다. 추가로 팔기 싫어진다. 다시 5원 중 일부가 반등하리라 추측하기 때문이다. 그러다가 환율이 이틀 후 원점에서 7원이 급락한다. 도저히 팔기가 어려워진다. 보고한다. 상황이 좋아지면 매도할 예정이라고. 그런데 다음 날 환율이 또 8원 급락한다.

김여사 외환시장의 꽃이 되다

이틀 만에 도합 15원 하락한다. 못 견디고 너머지 60% 물량 중 30%를 매도한다. 그래도 30%가 남는다. 그냥 안 팔고 외화 예금 통장에 넣는다. 이것도 투자자들이 흔히 할 수 있는 실수다. 인간의 마음은 다 거기서 거기다. 외환딜러나 업체나 개미나 마음은 다 똑같다.

하지만, 요즘은 다들 경험이 풍부해져서, 시장이 움직이는 방향대로 일정 목표비율을 정해 놓고 매도하거나 매수한다.

결론은 환율 레벨별로 만일 목표대비 하여 엉뚱한 방향으로 움직이면 어떻게 하겠다는 계획을 마음속으로 정해 놓아야 한다. 그래야 당황하지 않고 침착하게 대응할 수 있다.

향후 5년, 환율전망을 풀어쓰다

　원달러 외환시장에 앞으로 펼쳐질 가상 시나리오를 소설처럼 풀어서 써본다. 이해를 돕기 위한 것이지 사실을 근거로 쓴 것이 아니다. 1년 후도 모르는데 5년 후를 이야기하는 것은 어불성설이다. 따라서 이는 앞으로 다가올 5년 동안 대략 환율이 어떤 식으로 움직일지 감을 느껴보기 위한 것일 뿐이다.

　우리나라 외환시장에는 양대 세력이 있다. 천삼백산맥을 중심으로 활동하는 롱(Long)파와 구백산맥을 중심으로 활동하는 숏(Short)파가 그것이다. 롱파는 등산신공을 주된 무공으로 쓰며, 숏파는 하산신공을 주된 무공으로 사용한다. 롱파의 궁극적인 목적은 환율을 1300원대 위로 밀어 올려 자손만대 일용할 양식을 수확하는 것이며, 숏파의 궁극적인 목표는 환율을 900원대 아래로 밀어내려 싸게 달러를 사서 전 세계를 주유하며 여생을 즐기는 것이다.

　롱파는 2018년 신년회를 개최하고 향후 5개년 계획을 발표한다.

　때가 가까이 오고 있다. 1100고지에서의 치열한 전투를 추억하며 우리는 향후 5년 동안 1200고지를 탈환하고 1300고지에 승리의 깃

발을 꽂을 것이다. 앞으로 1~2년을 1200고지 앞에서 비상식량을 준비하고 검을 더욱 날카롭게 갈아야 할지도 모른다. 하지만 제반 상황이 1300고지를 향해 총 공격할 만큼 우호적이다. 이 기회를 잘 활용해야 한다.

미국은 실업률이 4%대로 떨어지고, 유가 등 원자재 가격이 반등하여 주식시장이 호조를 보이고 임금이 상승할 것이다. 내년에 FED에서 3번의 금리 인상을 망설일 이유가 없을 듯하다. 달러 인덱스는 이를 빌미로 다시 100선을 돌파할 것이다. 미국이 보호무역주의를 내세워 달러 강세를 이유로 중국이나 일본이 자국통화 평가절하를 시도하면 환율평가보고서를 통해 환율조작국 지정을 언급하며 급격한 달러 상승세를 제어하려고 할 것이다.

하지만 중남미 경제 2위국인 멕시코의 무역수지 적자가 확대되고 페소화의 환율이 불안한 모습을 보일 것이고 브라질은 외채위기로 환율불안이 심화될 것이다.

아직까지는 저금리에 따른 풍부한 유동성으로 자산가격이 지속 상승추세에 있지만 그 추세는 조만간 하락세로 접어들 것이다. 그 근거는 민간부문의 부채와 유럽 등 재정 취약국가의 부채가 지속 증가하여 소비를 활성화시킬 방법이 마땅히 없고, 금리마저 점차 상승추세로 접어들면서 금융자산 가격은 급락하고 경기는 침체되는 디플레이션 징후를 보이기 때문이다.

경기침체로 유가는 다시 하락추세로 접어들어 30~40달러 대로 하락하고 2008년 금융위기 전보다 늘어난 부채는 점차 기업의 부도로까지 이어져 2년 내에 주가는 20% 이상 급락하고 부동산 가격은 15% 하락할 것이다.

금리를 올리던 미국 FED는 중국발 위기 발생으로 위안화가 큰 폭 평가절하되고 세금감면 조치가 역효과를 발생시키기 시작하여 세수가 줄고 연방정부의 부채는 지속 증가하게 되는데, 부채한도 협상이 의회에서 통과되지 못해 다섯 개 지방정부의 셧다운이라는 사태가 발생할 것이다. 이에 글로벌 금융시장의 하락세는 가속화되어 2년간 자산가격 폭락사태가 지속 발생할 수 있다.

우리나라의 경우 인구고령화와 가계부채에 따라 소비가 감소하고 물가가 하락하여 경제성장률은 점점 낮아지고, 미국발 금리인상과 회사채 시장의 악화 영향으로 금리마저 상승하여 외국인투자자들이 주식과 채권을 지속적으로 매도하여 원달러 환율은 잠시 1050원대로 하락하였다가 다시 1150원을 회복하고 2년 후 1250원 저항선을 뚫을 것이다.

한동안 잠잠했던 역외 NDF세력들은 1150에서 1200원대까지 구축했던 250억불의 매도포지션 중에서 80억불을 커버하였으나 1210원에서 지속 상승하여 1250원에서 추가 상승할 기미가 보이자 숏커버를 추가로 하고 다시 롱포지션을 구축하기 시작하여 환율은 1330원까지 급등한다.

외환당국은 외환시장의 급변동에 대응하여 시장 안정화조치를 실시하여 환율은 1220원대까지 급락하지만, 중국 은행들의 부외거래에서 대규모 부실이 발생하고, 유가 급락으로 러시아와 남미의 위기가 확대되고, 스페인과 이탈리아의 정치 불안이 가중되어 전 세계 금융시장의 변동성은 유례를 찾아볼 수 없을 정도로 급락과 급등을 반복할 것이다.

때가 왔다. 2018년과 2019년 언제 그러한 위기가 시작돼도 이상할 것이 없으며, 2020년 전후에는 1300고지를 점령할 절호의 기회가 찾아오리라 판단되므로 우리 롱파는 철저히 준비하여 숏파의 칼날을 무력화시켜야 할 것이다.

자, 본격적으로 등산신공을 시전할 시점은 1100원대에서 1050원대로 진입하면 1050~1038 사이에서 대규모 롱포지션을 구축한다. 1120원에 이익실현을 대규모로 한다. 쉬었다가 환율이 급등하여 1200을 돌파하면 1200~1220에서 대규모 롱포지션을 구축한다. 1250에서 대규모 이익실현에 나선다. 1270을 돌파하면 1270~1300 사이에서 대규모 롱포지션을 축적하였다가 1330원~1350원에 마지막 대규모 이익실현에 나선다. 롱파여 영원하라. 등산신공!

롱파들은 환호하며 2018년 새로운 출발에 축배를 들었다.

구백산맥에 결집한 숏(Short)파도 2018년 신년회를 개최하고 향후 5개년 계획을 발표하고 신년을 축하했다. 숏파의 문주는 이렇게 발표했다.

긴 겨울이 가고 이제 봄이 오고 있다.

진정 우리가 기다렸던 때가 가까이 오고 있다. 2018년은 향후 10

년간 숏파가 외환시장을 점령하는 원년이 될 것이다. 그 시작은 2017년 9월 사상 최대 무역수지 흑자로부터 시작되었다. 지속적인 경상수지 흑자가 우리들의 든든한 원군이 될 것이다. 자그마치 매년 1천억불의 경상수지 흑자. 수급을 이길 장사는 없을 것이며, 강호에는 우리들의 친구 외국인투자자들이 있다. 외국인투자자들의 우리나라 투자 평균환율은 1120원대다. 5천억달러, 이제 외국인투자자들은 본격적으로 우리나라에서 수확을 거둬갈 준비를 할 것이다. 그 수확은 950원에서 시작하여 850원에서 끝날 것이다. 따라서 역외투자자들과 NDF투자자들도 이와 같은 호시절에 우리들을 도와 900 고지 점령에 크게 기여할 것이다. 몇 년 전 외국인 투자자들은 1100원대에서 1000원대까지 줄기차게 환율을 밀어 내렸었다. 자산가격의 거품을 이야기하지만, 글로벌 경제가 3%씩 매년 성장하고 2~3년을 앞서가는 자산가격과 지속적인 연기금투자 증가, 펀드투자 증가로 주식시장과 채권시장을 아래로 밀어낼 세력보다는 위로 밀어 올릴 돈이 매달 줄기차게 대기 중이다.

인구 13억의 인도가 매년 7% 성장 중이다. 중국의 성장엔진이 속도가 멈추었을 뿐 당분간 6% 성장을 지속할 것이다.

인구 1억의 베트남도 후보로 대기 중이다. 글로벌 수요는 여전히 많다. 견조한 글로벌 경기회복세는 지속될 것이고 국제 교역규모는 날로 증가할 것이다. 우리는 생생히 기억하고 있다. 우리나라 조선업이 세계 1위를 달릴 때 환율 900원대에 대규모로 선물환 매도를 해놓았다가 환율 급등으로 엄청난 피해를 본 적이 있으며, 외국인투자

김여사 외환시장의 꽃이 되다

자들이 만든 KIKO라는 파생상품에 멋도 모르게 가입하여 큰 피해를 입었던 업체들, 그런 아픔을 기억하고 있다. 역사는 반복되며, 환율은 다시 900원대로 회귀할 것이다.

원자재 가격상승이 글로벌 경제회복을 뒷받침할 것이다. 금융완화 축소에 따른 금리상승에도 불구하고 원자재 가격상승 으로 인한 물가상승이 그 충격을 흡수해 줄 것이며, 중국 주도의 인프라투자 증가, 개발도상국의 수출 및 투자 증가, 구조개혁에 성공한 유럽국가들의 경제회복세가 우리나라 주가의 새 지평을 열어줄 힘이 될 것이다. 중동 불안은 오히려 유가상승을 가져와 러시아 경제가 약진할 것이며, 인도에 대한 투자 증가로 글로벌 경제는 2008년의 악몽을 떨쳐내고 지속 성장할 것이다. 유가가 상승할 때마다 정유업체에서 원유를 사기 위해 대규모 달러매수에 나설 것이지만, 기조적인 수출 증가추세를 막아낼 장사는 없다.

우리나라는 정치 안정을 바탕으로 가계부채 증가 속도가 안정되고 실업률이 개선되어 경제가 활성화되어 경제성장률이 3%대를 회복할 것이다. 금리상승에 따른 외국인투자자들의 이탈은 국내 금융부문에서 해외투자의 증가로 상쇄되고도 남음이 있을 것이다. 북한과의 관계개선으로 긴장이 완화돼 코리아 디스카운트 요인도 희석되고 한국 신용도가 좋아져서 CDS(신용부도스왑) 프리미엄이 미국에 버금갈 정도로 낮아지고, 역외 NDF투자자들이 대규모 달러 매도포지션을 구축하여 우리 숏파를 도와줄 것이다. 그리고 우리는 900고지에 오랜만에 다시 깃발을 꽂을 것이다.

900고지에서 다시 모두 만날 때까지, 그 날을 위하여 축배를 들자!

자, 본격적으로 하산신공을 시전할 시점은 1100원대에서 1080원대로 진입했다가 1100원을 회복하는 시점이다. 1110~1090 사이에서 대규모 숏포지션을 구축한다. 1050원에 이익실현을 대규모로 한다. 쉬었다가, 환율이 의외의 급등세를 보여 1200을 돌파하면 1200~1220에서 대규모 숏포지션을 구축한다. 1150에서 대규모 이익실현에 나선다. 1050원을 하향돌파하면 1040~1015 사이에서 대규모 숏포지션을 축적하였다가 950원~920원에 마지막 대규모 이익실현에 나선다. 숏파가 주름잡는다. 하산신공!

숏파들도 환호하며 2018년 새로운 출발에 축배를 들었다.

이렇게 장황하게 이야기를 늘어놓은 이유는 그냥 구름에 달 가듯이 가면 된다는 것이다. 롱을 5년 내내 고집할 필요도 없고 숏을 5년 내내 고집할 필요도 없음을 설명하기 위함이다.

바야흐로 환율전쟁, 세계 각국은 자국통화의 평가절하를 반긴다. 우리나라도 어느 정도 환율이 오르는 것은 문제없다.

물가가 올라 우리들 삶이 더 팍팍해지지 않는다면 말이다.

또 환율이 떨어져도 우리나라가 금방 큰일 날 일도 없다. 그동안 잘 대응해 왔고, 환율이 더 떨어질 것으로 예상된다면 이에 대비해 수출기업들도 미리 움직일 것이다. 고환율이라는 온실 속에서만 생존할 수 있는 기업은 결국은 도태될 것이기 때문에, 체질강화에 나서 실질적인 경쟁력을 갖추려고 노력할 것이다. 더 좋은 제품을 만들 것이다. 수출 거래 국가도 다변화할 것이다. 우리나라 수출은 더욱 늘어날 것이다.

우리나라 국민들이 저렴하게 해외여행을 다닐 수 있고, 값싼 해외물건들이 들어와 물가가 안정되어 서민들의 삶이 나아질 수도 있다. 나는 롱파도 아니고 숏파도 아니다. 너의 편이다. 저금리 기조에 인플레가 잘 관리되면서, 전 세계 자산시장에 붐이 일었다. 이러한 구조는 수십 년에 한번 올까 말까 한 기회였는데, 사실 나는 그 기회를 잡지 못했다. 하지만 기회는 늘 있다. 볼 수 있어도 보지 않을 뿐이다.

아래 글은 실제 나의 일기장에서 가져왔다. 몇 년 전 어느 날이었는지는 모른다. 이렇게 나의 하루는 흘러갔었다.

별 의미 없는 글이지만, 내 머릿속을 잠시 들여다본 기분은 들 것 같다.

〈어느 날 일기장〉

미국 주택지표, ISM 제조업지수의 Surprise 발표와 전일 그리스 긴축이행법안 통과로 심리적 안정 속에서 미국 주가가 급등. 일단 주식 강세, 환율 약세, 채권 약세 정도로 월요일을 맞을 듯. 최근 의미 있는 정도는 아니지만 외국인들이 이머징 국가의 포트폴리오를 늘리는 징후가 포착되고 있음. 우리나라 경제지표도 쌍바닥을 찍어 바닥을 확인하는 모양새고, 글로벌 현안이 있을 때마다 글로벌 정책 공조 움직임이 나타나 불을 꺼주고 있음. 어쨌든 하반기가 시작되면 집행해야 할 투자금들이 보강되어서 유동성을 썸머랠리를 가능하게 할 수 있음. 하지만 여전히 여름을 맞아 자연재해, 일본의 전력난, 유럽위기의 그리스 이외의 국가로의 이전 가능성, 국내만 보더라도 4%대 물가상승 고공행진 등으로 변동성이 확대될 가능성이 언제라도 있음. 베타를 높게 잡고 대응해야 할 시점으로 판단됨. 주식시장은 단기적으로 상승추세가 좀 더 이어질 가능성이 높아진 상황. 우리나라를 포함한 이머징 국가의 물가안정에 과연 IEA의 전략비축유 방출이 심리적 안정효과 이외에 실질적으로 어떤 효과가 나타날지 지켜볼 필요가 있음. 주식시장은 이제 외국인도 2050 언저리에서 매도보다는 매수 관점에서 접근할 가능성이 커짐. 채권시장은 120일선까지의 하락까지도 염두에 둔 보수적인 전략을 염두에 두어야 할 듯. 연저점에 근접한 환율에도 불구하고 정책당국이 물가를 이유로 매수개입에 소극적인 상황. 1050까지 가능성을 열어두지만, 사실상 1050선은 수출주도형 국가인 우리나라의 수출에 임팩트를 가할 수도 있는 환율이기 때문에 정책당국의 대응을 지켜보고 중장기적 매수관점에서 대응을 준비해야 할 시점인지도 모름. 단기적으로 장중에는 숏플레이가 다소 적극성을 띨 수도 있으나, 워낙 주가 변동성이 심해진지라 만만치는 않아 보임. 미국계는 꾸준히 채권이랑 주식 사들이고 있음. 아시아 쪽 자금도 꾸준히 우리나라에 유입되는 걸 보면, 주가 급락시 단기매수 매도, 채권가격 급락시 단기매수 매도, 환율급등시 단기매도 매수 전략이 여전히 유망해 보임. 일단 유로달러는 그리스 우려완화와 ECB의 기준금리 인상 가능성으로 하락세인데 중기적으로 1.45에서 1.48로 가까워질수록 Short을 내야 할 듯하고, 채권은 102.80 정도면 Long으로 좀 헤비하게 들어가고… 글로벌 유동성이 넘치며 주가상승, 원자재값 상승을 부추겼는데 이젠 글로벌 유동성이 금리상승으로 빨려 들어가 버리고, 원자재값 하락을 부추겨 주가하락으로 이어질지도 모름.

센티멘탈리스트가 되라

마지막으로 너에게 해주고 싶은 말은 센티멘탈리스트가 되라는 말이다. 외환매매를 하든 안 하든, 센티멘탈해져서 행복하게 하루하루를 살아가길 바란다는 말이다.

금융시장을 이해하고 금융상품을 매매하는데 있어서 '펀더멘탈(Fundamental)'이 더 중요한지 아니면 'Market Sentiment', 즉 시장심리가 더 중요한지 이야기해 본다.

시장은 한마디로 널을 뛴다. 올라갔다가 내려갔다가, 또 올라갔다가 내려갔다가, 시장가격을 움직이는 것은 수요와 공급이 가장 기본적인 것이지만, 이러한 수급을 좌우하는 것은 펀더멘탈 요인과 마킷센티먼트다.

펀더멘탈은 어떤 시장의 '근본적인 가격형성의 요소'로서 예를 들면, 주식시장의 한 종목을 구성하는 AAA라는 회사가 1/4분기에 전분기 대비 이익금이 30% 늘어났다든가, CEO가 M&A를 발표했다든가, 아니면 주요 수출거래선이 부도가 나서 수출이 급감할 위기에 처했다든가 하는, 말 그대로 회사(회사들이 모이면 시장)의 '근본

(fundamental)'을 구성하는 것들을 말한다. Sentiment는 시장의 심리, 즉 분위기가 AAA라는 회사에 관해 안 좋은 소문이 돈다거나, 대외적으로 정치적인 이슈가 발생해 불안감이 퍼지는 것 등을 말한다.

결론적으로 시장가격은 펀더멘탈이나 센티먼트만으로 움직이지는 않기 때문에 정답은 없지만, 매매에 있어서는 중장기적으로는 '펀더멘탈'이, 단기적으로는 '센티먼트'가 더 큰 영향을 미친다. 나는 센티먼트를 중시하는 '센티멘탈리스트'이며, 매매에 있어서는 등산신공과 하산신공을 시전한다.

투자의 대가 워렌 버핏은 펀더멘탈리스트다. 워렌 버핏은 한 기업의 가치를 이해하고 평가하지 못한다면 봉이 될 수 있다고 경고한 적이 있다. 기업의 펀더멘탈을 정확히 분석해야 한다고 말하곤 했다.

워렌 버핏과는 달리 소로스는 "시장의 마음을 읽어야 한다"고 말했다. 소로스는 항상 자신이 틀렸을 수도 있다고 생각하고, 자신의 사고 과정에 대해 비판적이다. 이 때문에 그는 남과 비교할 수 없을 정도의 정신적 유연함과 민첩함을 지니고 있다고 알려져 있다.

소로스는 이 세상에 대한 모든 사람의 견해가 어딘가 잘못되고 왜곡된 것이라면, 세상에 대한 우리의 이해는 필연적으로 불완전하고 종종 잘못될 수밖에 없다고 생각했다.

그래서 소로스는 사람들의 현실에 대한 이해가 완전하지 못하다는 것을 깨닫고 그것을 자신의 강력한 투자수단으로 바꾸었다. 다른 사람들이 자신의 잘못된 믿음 때문에 보지 못한 것을 보고자 애쓰고 시장의 마음(sentiment)이 언제 어떻게 바뀔지 예측하는 데 '재귀성이론'을 만들어 적용했고, 결국 시장의 마음을 읽을 수 있어 돈을 벌 수 있었다.

너는 나의 마음을 읽을 수 있을까?
나는 너의 마음을 읽을 수 있을까?

최근 며칠 동안 이 편지를 쓰면서 10년 후 너를 만날 생각을 하는 일은 올해 내 인생에서 가장 행복했던 시간이었다.
너를 만날 꿈만으로도….

노트는 이렇게 끝나 있었다. 이외에도 다양한 자료들이 기록되어 있었는데, 편지형식으로 적혀있는 내용은 이와 같았다.
잠시 유여사는 할 말을 잃었다.
물끄러미 편지를 바라보았다.
그리고 창밖을 보았다.
햇살이 창가에 줄지어 내려앉아 노래를 부르고 있는 듯했다.
내가 외환거래를 해?
아직은 상상이 안 갔다.
그저, 잘 기억나지도 않는 친구가 자신에게 이렇게 오랫동안 연모의 정을 품었음을 고백하고 이렇게 긴 글을 보냈다는 사실에 작은 감동이 일었다. 잔잔한 호수에 돌멩이 하나 떨어져 파문이 일듯이.
그냥 웃음이 나왔다. 왠지 자꾸 웃음이 나왔다.

그리고 그것은 가슴 한편에 잡초처럼 자라있던 우울초가 작열하는 태양에 타버리듯 시들어버리게 만들었다.

그래 웃는 거야, 웃는 거야.

"호호호." 유여사는 혼자서 웃었다.

유여사는 잠을 설쳤다. 그녀가 좋아하는 팝송 스무 곡을 밤새도록 들으며 이따금 한 남자를 생각하며 웃었다.

10년 후에 다시 친구가 되자는 의미인지…?

날 만날 용기조차 없는 남자가 남자인지…?

그런데 정말 10년 후에 나타날 것 같은 이 친구의 정체는 뭘지…?

유여사는 주말 아침, 혼자 차를 몰고 제2중부고속도로를 타다 제2 영동고속도로로 갈아타고 강릉으로 갔다. 경포해수욕장에서 동해를 바라보았다.

밀려왔다가 사라지는 파도, 모래 틈 사이로 쉼 없이 스러지는 포말들을 물끄러미 바라보았다. 그리고 생각했다.

'와이키키 해변을 거니는 것과 경포대 해변을 거니는 것의 차이는 무엇일까? 등산신공이라고? 인생은 등산과 같은 것이라고? 그러고 보니 난 등산신공을 오랫동안 연마해 오는 중이었네. 북한산도 오르고, 북악산도 오르고, 속리산도 오르고, 무등산도 오르고… 등산신공을 연마해 왔었으니 이 친구가 말하는 등산신공을 한번 본격적으로 시전해볼까?'

그런 생각을 하다가 유여사는 또다시 웃음이 났다.

"하하하. 호호호. 등산신공이래. 호호호."

혼자 웃고 있는데 엄마 아빠와 해변에 놀러 온 다섯 살 어린이가 유여사의 곁을 지나가다가 유여사의 웃는 얼굴을 보며 자기도 미소를 지어 보인다. 그리고 빤히 바라본다.

할머니 순두부집에서 점심을 먹으며 유여사는 외환 관련 유명 블로거를 검색해보았다. 김여사의 FX다이어리라는 블로그가 젤 먼저 검색이 되었다. 세상에나 일일 방문자 수가 십만 명이 넘었다. 외환 관련 정보뿐만 아니라 주식 관련 정보, 재테크 정보들이 대충만 보아도 넘쳐났고 글마다 댓글 수가 엄청나게 많았다.

김여사의 외환매매 일기를 몇 개 읽어보다가 유여사는 호기심 게이지가 급상승하고 있는 자기 자신에게 놀라고 있었다.

의외로 재미있었다. 김여사는 자신의 실수에 대해 메모를 해놓았고, 자신이 예상했던 방향과 시장이 다르게 움직였지만 기민하게 생각을 바꾸어서 거래에서 이익을 본 내용들을 재미있게 기록해 놓았다. 단순했다. 환율이 낮으면 더 낮게 사려고 애쓰고 환율이 높으면 더 높게 팔려고 애쓴 흔적이 많았다.

'혹시 나에게 타고난 딜러의 기질이 있는 건 아닐까? 있는지 없는지 확인해보기 전엔 알 수 없는 거라면, 일단 확인해보는 것도 나쁘지 않을 것 같다'고 유여사는 마음의 결정을 내렸다.

강릉에서 돌아오는 대로 유여사는 공부를 시작했다. 그리고 그 공부에 빠져들었다. 친구가 보내준 글을 여러 번 읽었다. 공부의 방향

김여사 외환시장의 꽃이 되다

을 잡았다.

어려운 과제였지만 엑셀에 주요 수급요인을 적어보았다. 달러를 매수하려는 요인들, 달러를 매도하려는 요인들을 적다 보니 아무리 계산해도 달러매도가 우세였다. 달러매도가 우세라면 시장에서 환율이 떨어져야 맞을 텐데 왜 환율은 오르락내리락 반복하고 있을까? 숨어서 달러를 매수하는 주체는 누구일까?

그리고 깨달음도 얻었다.

업체들의 헤지물량과 NDF투자자들의 투기물량, 해외투자자들의 헤지수요는 잘 보이지 않는다는 사실을 깨달았다.

환율이 1100원에서 1050원으로 하락하면 1100원대에 환율이 올라갈 것에 대비해서 미리 헤지매수를 해놓았던 수입업체들이 일부 헤지매수 비중을 줄여서 오히려 달러를 매도할 수도 있다는 것, 환율이 1100원에서 1150원으로 상승하면 1100원대에 환율이 하락할 것으로 예상하여 헤지매도를 해놓았던 수출업체가 일부 선물환 매도물량에 대해서 손절매수를 할 수도 있다는 것.

결국 환율이 움직이면 보이지 않았던 수급이 생겨날 수 있다는 것, 외환당국의 스무딩도 출현할 수 있다는 것, 역외투자자들이 글로벌 FX시장에서 달러엔(USD/JPY) 환율을 보다가 달러를 매도(엔화매수)하고 동시에 원달러 시장에서 달러를 매수(원화매도)할 수도 있다는 것 등등 참으로 많은 것을 알게 되었다.

하지만 유여사는 소중한 그녀의 낮 시간을 원달러 거래로 대신하고 싶지 않았다. 아직은 해야 할 일이 많이 있었고, 돈은 부족하면 부족한 대로 살면 그만이었다.

그런데 야간 원달러 선물시장이 있다는 사실을 발견하고는 한번 해볼까 하는 생각이 들었다.

저녁 6시부터 새벽 5시까지 런던외환시장과 뉴욕외환시장이 열리는 시간에 원달러 야간선물시장이 열리고 있었다.

투자를 어렵사리 결정하고 원달러 야간선물시장을 며칠 동안 몇 시간씩 관찰했다.

웃음이 나왔다. 매수 매도 호가도 종종 벌어지기 일쑤였고, 거래 자체가 많지 않았다. 활발하게 매수하고 매도하여 단기매매차익을 얻는 것이 너무나 어려워 보였다. 그러다가 생각을 바꾸었다. 단기매매 대신 며칠 단위로 방향성 베팅을 하면 그만이었다. 2주 정도 관찰하고 시황리뷰를 매일 보고 모바일 트레이딩 시스템에서 NDF호가의 움직임과 국제 외환시장 환율과 미국 주가 변동에 따라 환율이 움직이는 것을 보면서 점점 원달러 환율의 움직임을 어느 정도 예측할 수 있었다.

그런데 바로 그 시점에 김여사의 FX다이어리에 '산신령'이라는 블로거가 원달러 야간선물시장의 특징과 거래방법에 대하여 자세하게 적어놓은 글이 눈에 띄었다. 유여사에겐 정말 다행이었다.

주로 밤 8시부터 1시 사이에 취미인 독서를 하면서 시장을 지켜보면서 몇 계약씩 거래하기 시작했는데 오히려 야간선물시장은 변동성이 적어 위험이 적었고, 유럽주식시장과 미국주식시장 개장 전후 변동성을 반영하여 움직이고 NDF세력들의 마인드를 읽을 수 있어서 잘만 분석하면 돈을 버는 것은 어렵지 않았다. 시장에 시스템 자동 매매를 설정해놓은 투자자가 있어서 필요시에 조금 낮은 호가에 팔거나 높은 호가에 사는 것은 전혀 문제가 되지 않았다. 개미투자자가 수십 계약 거래할만한 유동성은 충분한 환경이었다.

유럽과 미국의 주요 경제지표가 발표되는 날에는 긴장했다. 하지만 이마저도 문제는 없었다. 경제지표가 발표되기 전에는 자신의 예상대로 몇 개의 포지션을 취했다가 경제지표가 발표된 후 움직이는 방향대로 포지션을 뒤집거나 추가로 취하면 그만이었다. 유럽중앙은행 총재와 FED 의장의 말 한마디 한마디가 국제 외환시장 환율을 그렇게 흔들어 놓을 수 있다는 게 신기하게만 느껴졌다.

물가지표는 정말 중요했다. 경제성장률 발표보다 중요했고, 비농업부문 실업률 발표는 늘 유여사의 가슴마저 조마조마하게 만들었다. 남의 나라 실업률, 실업보험금 청구 건수를 왜 긴장하며 보아야 하는지는 모르겠지만 환율이 그 지표발표에 민감하게 움직이는 것을 지켜보는 건 재미있었다.

생산자물가지수, 소비자신뢰지수, 엠파이어스테이트지수, 연방공개시장위원회 회의록, 베이지북 발표, 무역수지, 기존주택 및 신규주택 판매지수, 산업생산지수 및 설비 가동률 등등, 무슨 지표를 그렇게나 많이 발표하는지 이해하기도 어려웠지만 그게 현실이었다.

원달러 환율 움직임이 추세적으로 움직이지 않고 좁은 레인지에서 움직일 경우에는 매수세가 몰릴 때 약간 참가자들과 달리 매도를 하고, 손절매도가 나오거나 환율하락시도를 하면 한 개 두 개 낮은 환율에 대부분의 참가자들과 달리 매수를 했다가 환율이 하락하거나 상승할 때 포지션을 정리하면 쏠쏠하게 별 스트레스 안 받고 큰 위험 없이 몇만원 버는 것은 어렵지 않았다. 그러다가 가끔 시장이 레인지를 탈출하여 크게 움직이는 날 한번에 벌었던 것을 모두 잃곤 했지만, 점점 크게 잃을 가능성이 있는 날은 긴장하여 시장참가자들과 거꾸로 베팅하지 않고 시장에 순응하여 크게 움직이는 날 오히려 크게 수익이 나기 시작했다.

참 많은 깨달음을 주는 것이 외환거래였다.

물이 흘러가듯 흘러가는 것이 중요했다. 가끔 돌부리에도 부딪히고 폭포를 만나 깜짝 놀라기도 하면서 그냥 흘러가는 대로 흘러가는 것이 중요했다. 기술적 분석은 그렇게 즐겨 하지 않았다. 기술적 분석을 믿고 조정을 기다리다가 계속 상승하여 저가에 한 개도 사지 못하는 경우, 저항선을 뚫었다고 차트분석 신호가 나와서 고점에 추격매수 했는데 차트가 다시 무너지면서 환율이 급락하여 손절매도를 하게 만드는 등 참가자 중에 차트를 역이용하는 참가자가 있어서 판단력을 흐리게 만드는 것이 싫었다. 그냥 자신의 판단대로 매매하고 1~3원 환율이 거꾸로 가서 평가손실이 발생하여도 소신 있게 기다리면 2~3원 수익을 주는 경우가 많았다. 소신과는 달리 5원이 역방향으로 가면 재빨리 손절매를 하거나, 최소한 포지션이 없다면 한 개는 기민하게 덩달아 사서 시장이 가려고 하는 방향을 읽는 게 중요했다. 점차 유여사는 자신만의 매매기법을 만들어 나갔다.

김여사의 FX 다이어리 블로그는 정말 큰 도움이 되었다. 국내외 주요 경제지표에 대한 해설, 주요 뉴스 해설에서부터 각종 차트분석을 해주는 경우도 종종 있었기 때문에 매매에 큰 도움이 되었다. 야간에 서너 시간씩 매매를 하기 시작한 지 6개월 만에 유여사는 6백만원의 수익을 올렸다. 한 달에 백만원 이상 큰돈을 벌고 싶기도 했지만, 크게 벌고자 하면 크게 잃을 수도 있음은 너무도 자명한 것이었기에 차라리 작은 수익이라도 안정적으로 얻는 편이 더 좋다는 생각이 들었다.

블로그에 나선생이 손자병법을 응용하여 원달러 매매기법을 강의한 내용은 거의 실전에 즉시 활용해도 손색이 없을 만큼 구체적이고 유용했는데, 거래 후 1년이 되는 시점에 유여사는 10년 후에 돌아온다던 친구에게 고마움을 느꼈다.

하루 5만원, 10만원 정도를 버는 것이 대단한 것은 아니었다. 그보다는 혼자 힘으로 노력하여 무언가를 이루어나간다는 것은 돈 이상의 의미가 있으며, 매일 몇 시간 공부를 하면서 평생 치매 걸릴 일은 없으리란 확신이 들었다. 치매예방을 위해, 우울증 예방을 위해 밤마다 몇 시간을 투자하는 것은 전혀 아깝지 않다는 생각이 들었다.

그리고 다시 사랑

5년이란 세월이 흘렀다.

딱 한번 유여사에게 이탈리아에서 편지가 한 장 날아왔었다. 토스카나 지방을 여행하고 있는 그 친구가 보낸 편지였다.

내용은 몇 줄밖에 쓰여 있지 않았다. 잘 지내는지 늘 궁금하단 이야기, 자신은 여행을 통해 세상과 사람들을 만나며 행복하게 잘 지내고 있다는 것, 5년 후가 기다려진다는 짧은 내용이었다.

유여사는 모 헤지펀드에 외환담당 헤지펀드매니저로 특채되었다. 억대 연봉보다 더 즐거운 것은 남들은 은퇴하는 나이에 새로운 직장을 가지게 되었다는 점이었다.

유여사는 우연히 재테크 초빙강사로 강단에 섰는데, 강연 후 유명한 재테크 강사 나선생을 만나게 되었다.

어떤 신비로운 인연이 작동했는지는 모르지만, 이상하리만치 두 사람은 첫눈에 끌렸다.

연상의 중년여인과 연하의 중년남성, 두 사람이 사랑에 빠져서는 안 될 이유는 없었다. 15년 세월의 장벽은 사랑 앞에 흔적도 없이 무너져 내렸다.

김여사 외환시장의 꽃이 되다

나선생과 유여사가 사귄 5년여간의 연애 이야기를 다 하려면 책 한 권을 써도 모자랄 것이다.

인생은 육십부터라고 누가 처음 말했는지는 모르지만, 정말 그랬다. 젊은 연인들은 뜨거운 사랑은 젊은이들의 전유물이라고 생각할지도 모른다. 그러나 유여사와 나선생은 성숙한 어른들도 뜨겁게 사랑할 수 있음을 증명하듯 아름다운 사랑을 했다.

낙엽이 꽃잎이 떨어지듯 떨어져 거리에 낙엽 융단을 깔아놓고 있던 어느 날, 환테크 강연에서 강연이 끝나갈 무렵 유여사는 강연회 좌석 맨 앞자리에 앉은 나선생에게 돌발적으로 사랑의 마음을 고백했는데 그 후로 그녀는 대중 앞에 모습을 나타내지 않았다. 그녀의 마지막 강연의 일부를 여기에 옮겨와 본다.

제가 처음 원달러 거래를 시작한 것은 2017년이었는데 벌써 오랜 세월이 흘렀습니다. 돌이켜보면 제가 남보다 탁월한 성과를 낼 수 있었던 비결은 외환시장을 정말 사랑했기 때문이 아닌가 합니다. 2016년 말 1200원대에 진입했던 당시 시장 전문가들과 세계적인 투자은행(IB)들은 2017년 원달러 환율이 1300원대에 진입할 것이라고 전망을 했지요. 그런데 환율은 1100원대를 벗어나 본 적이 거의 없어 그 예측치와 차이가 너무나 컸습니다. 그래서 전 2017년 처음 거래를 시작한 이후로 외환시장을 더 깊이 이해하고자 남들보다 더 많은 노력을 했습니다. 일단 의심하고 또 의심해 보았습니다.

그래서 남들보다 더 공부하고 알아내려고 노력했지요.

솔직히 고백컨대 당시 저에겐 멘토가 세 사람이 있었습니다. 전업투자자 출신의 친구, 산신령이라는 아이디를 쓰는 블로거, 그리고 지금 이 강연회에도 참석하신 유명한 재테크 강사 나선생님 이렇게 세 사람이지요. 그저 글로만 만났을 뿐이고 직접 제게 가르침을 주지는 않았지만 그 세 분 덕분에 제가 지금 이 자리에 있다는 생각이 듭니다.

제가 외환시장을 사랑하게 된 것도 그분들 덕입니다. 외환시장의 환율이 그저 숫자가 아니라 역동적으로 움직이는 세계와 한국의 현실을 반영하는 마법의 숫자라는 걸 깨닫게 되었고, 글로벌 외환시장에 무수히 많은 고수들이 있다는 것, 어떤 차트를 보면 한 폭의 동양화를 보는 듯한 착각이 들 정도로 높은 산과 깎아지른 듯한 절벽이 나타난다는 것, 그리고 무수한 비밀이 감춰져 있다는 것, 정말 빠져들지 않고는 견딜 수 없을 정도였지요.

개인적으로 외환시장의 역사에 있어서 가장 중요한 사건 중의 하나는 플라자 합의가 아닐까 생각합니다. 1985년 9월 22일 미국 플라자 호텔에 미국, 영국, 독일, 프랑스, 일본 5개국 재무장관이 한데 모였지요. 당시 미국금리가 10% 이상이었고 달러가치가 50% 이상 솟구치던 시절이었지요. 미국의 무역 적자는 날로 늘어만 갔고요. 미국 주도로 열린 이 주요 5개국(G5) 회의에서 달러 약세를 유도하기 위해 시장 개입에 합의를 했고 결과적으로 2년 후 일본 엔화는 65%, 독일 마르크화는 57% 절상되었죠. 한번 상상을 해봅니다. 만일 제가 그때 외환거래를 했다면 돈을 얼마나 벌었을지….

일본의 잃어버린 20년의 시작은 이 플라자 합의로부터 시작되었다는 분석이 많습니다.

환율이 한 나라의 운명을 좌지우지할 수 있다는 사실을 알고부터는 전 환율전망을 하지 않았습니다. 오늘 강연회에 오신 분들도 1년 후 환율전망을 듣기를 희망하시겠지만, 전 원화의 미래에 대해 이야기 하지 않을 생각입니다.

만일 원화가 강세를 간다고 칩시다. 예를 들면 1달러에 800원이 간다고 칩시다. 혹자들은 우리나라 과거 정부가 원화 약세 정책을 펼쳐서 재벌기업들이 수출로 배를 불리도록 했다고 비난하기도 합니다. 1달러에 800원이 되면, 해외여행 붐이 일어날 것입니다. 하지만 좋아할 일은 아닙니다. 우리나라의 자산가격이 해외 자산가격에 비해 상대적으로 비싸지는 것이기 때문에 자산가격이 급락할 것입니다. 외국인투자자들은 1100원대 이상에서 투자했던 수천억달러에서 순식간에 약 30%의 이익이 증가하여 미친 듯이 비싼 우리나라 투자자산들을 매도하여 자산가격이 상대적으로 싼 동남아나 여타 선진국으로 투자자산 포트폴리오를 재편할 것입니다.

1달러에 1400원이 되면 우리나라 수출이 늘어날 것입니다. 막대한 경상수지 흑자가 발생할 것입니다. 하지만 좋아할 일은 아닙니다. 우리나라는 원유나 식량 등 외국에서 수입하지 않는 것이 없을 정도로 자원이 부족한 나라인데 모든 수입품 가격이 올라가고 우리나라 물가가 급등하게 됩니다. 국민들의 지갑은 순식간에 얇아지게 됩니다. 외국인투자자들은 막대한 환차손을 견디지 못하고 투자자산을 미친 듯이 팔아치우기 시작합니다. 외국인들의 채권투자를 유도하고 물가를 잡기 위해 금리를 안 올릴래야 안 올릴 수가 없습니다. 금리가 5%를 넘어가고 대출 금리는 급등하고 가계부채가 많은 국민들이 시름시름 앓기 시작할 것입니다.

그래서 전 함부로 1년 후의 환율에 대해 이야기하지 않습니다. 그저 외환시장을 사랑합니다. 그 수많은 사연을 품고 있는, 수많은 FX거래자들의 애환을 담고 있는 외환시장을….

글로벌 외환시장에 제2의 플라자 합의 같은 이벤트는 앞으로 없을 것이라고 개인적으로 확신합니다.

한 나라 대통령의 입이나 힘을 빌어도 쉽사리 꺾어 놓을 수 없는 것이 환율임을 역사가 증명하였고, 인위적으로 여러 개 나라가 연합해서 개입하기 전에는 앞으로도 환율은 도도히 외환시장을 흘러갈 것입니다.

그리고 전 앞으로도 평생 그 외환시장의 매력에 빠져있을 것입니다.

얼마 전 한 친구에게 질문을 받은 적이 있습니다.

"너 정말 그 사람 사랑하는 거니? 그게 어떻게 가능한 거지?"

그런 질문이었습니다.

제가 외환시장을 사랑하게 된 것은, 관심과 이해 때문이었습니다. 그 사람을 사랑하게 된 것도 마찬가지였습니다. 관심과 이해가 깊어가면서 전 그 사람을 사랑하게 되었습니다.

환갑의 나이에 '사랑'이라는 단어 두 글자를 입에 올리는 것만으로도 쑥스러워하거나 남사스럽다는 분들도 있고, 어떤 젊은이는 주책이라는 표현까지 쓰는 것을 보았지만, 나이는 정말 숫자에 불과하더군요. 저도 제가 이럴 줄 몰랐습니다.

오히려 젊은이들의 사랑은 불장난이고, 저의 사랑은 가슴 깊이 한 사람을 받아

김여사 외환시장의 꽃이 되다

들이는 아름다운 과정이라고, 너희들이 진정한 사랑이 뭔지 아냐고 반박을 하고 싶을 정도가 되었지요.

이 세상이 불완전한데 이 세상에 완벽한 사랑과 완벽한 제 반쪽이 있을 것이라고 전 믿지 않습니다.

눈에 보이는 아름다움은 나이가 들수록 그 빛을 잃어 가는데, 내면의 매력조차 그 온전하지 못함이 드러나면 매력이 반감되는데, 완벽한 사람이란 존재할 수 없음을 전 잘 압니다.

하지만 한 남자를 만나고 나서 전 그 사람을 평생 사랑할 수 있는 방법이 존재함을 깨닫게 되었습니다.

제가 그 사람의 부족함을 채우면 채울수록, 제가 그 사람에 대해 바라는 것을 비우면 비울수록, 더 사랑이 깊어감을 깨닫게 되었습니다.

품위 있고 당당하게 나이 드는 것, 사랑하고 사랑받는 것, 그것이 성숙한 사랑이라는 것을 깨닫게 되었습니다.

지금 이 자리에 제가 사랑하는 그 사람이 있습니다.

있는 그대로의 그 사람을 사랑하며, 늙으면 늙을수록 더 아름다운 사랑을 하고 싶은 그런 사람이 있습니다.

내리는 하얀 눈을 맞으며, 가슴에 내리는 하얀 눈을 맞으며 평생 함께 걸어가고픈 그런 사람이 있습니다.

유여사가 거기까지 이야기했을 때 나선생은 벌떡 일어나 강단으로 뛰어왔다. 그리고 따뜻하게 유여사를 안았다.

강연을 듣던 사람들은 처음엔 어리둥절하여 둘을 바라보았으나, 이내 누군가 박수를 치자 여기저기서 환호하고 더 뜨거운 박수를 보냈다.

두 사람은 그렇게 오래도록 서로를 안고 있었다.

그리고 긴 시간이 흘렀다. 어느 찬란한 봄이었음이 틀림없다. 그날은… 김찬란 그가 10년 만에 약속대로 유여사 앞에 나타났다. 하지만 찬란과 유여사가 만난 장소는 유여사와 나선생의 조촐한 결혼식장이었다. 찬란은 진심으로 유여사를 축복했다. 나선생에게 그녀를 늘 곁에서 끝까지 사랑하고 지켜주길 바란다고 떨리는 목소리로 이야기했다.

찬란은 생각했다.

'내가 떠난 결정을 했던 것을 난 후회하지 않는다. 10년이라는 세월 동안 나는 또 다른 나와 함께 돌아왔다. 그리고 앞으로 남은 나의 인생은 더 풍요로울 것이다. 나의 사랑하던 여인은 떠났다. 하지만 그 여인의 남은 인생도 더 풍요로울 것이다.

환율이 어디로 갈지 정해진 바가 없는 것처럼, 우리 삶은 앞으로 어디로 갈지 정해진 바는 없다. 그저 내가 가는 길이 나의 삶이 될 것이며, 매일 아침 눈을 뜨자마자 나는 나의 길을 걸어갈 뿐이다.'

김여사 외환시장의 꽃이 되다

박씨,
한국의
조지 소로스가 되다

육십년 세월이
남긴 것

미스터 박, 라스베이거스에서 그를 아는 사람들은 그를 모두 그렇게 불렀다. 라스베이거스의 유흥과 도박에 빠져 밤을 지새운 지 어언 삼년, 박씨는 이제 한국으로 돌아가야겠다고 결심했다. 허공으로 날아가 버린 3억원의 돈, 수천만원짜리 잭팟을 터뜨린 적도 있고 블랙잭으로 하룻밤에 7천만원 정도를 딴 적도 있지만, 그의 통장 잔고가 3년여 만에 3억원이 줄어든 것은 분명한 사실이었다.

사업에서의 성공과 실패, 그리고 재기에 성공하고 인생의 의미를 찾아 뒤늦게 방황을 시작한 박씨. 아프리카 각지를 돌아다닌 1년은 가난하고 비참한 삶을 살아가는 사람들에 비해 자신은 얼마나 축복받은 사람인지 스스로를 돌아보며 감사한 마음을 갖게 했다. 동시에 자신이 그들을 위해 해줄 수 있는 것은 아주 미미하며 그들의 인생을 대신 살아줄 수 없다는 무력감과 쓸쓸한 마음도 맛보았다.

몰디브에서 1년을 보내며 박씨는 아무 일 없이 해변에서 평생 논다는 것은 결국 평생 해변의 백수로 살다가 떠나는 것과 마찬가지라는 사실을 깨닫게 했다. 1년 만에 그가 꿈꾸던 몰디브에서의 휴식은 지루하고 따분한 하루하루로 변해갔다. 낭만적인 삶은 다른 방식도 얼

김여사 외환시장의 꽃이 되다

마든지 있을 수 있겠다 싶었다. 그리고 한번 마음껏 놀아보고자 라스베이거스로 향했다. 하지만 푸른 눈동자의 그녀들도, 카지노에서 현란하게 돌아가는 슬롯머신의 휠도 결코 박씨의 삶을 채워줄 수 없었다. 짙은 삶의 허무라는 그림자가, 검은 고독의 그림자가 그를 뒤덮어가고 있었다.

어느 날 아침 문득 박씨는 한국으로 돌아가기로 마음먹었다.

영화의 한 장면처럼 첫눈에 한 외국인 여자와 눈이 맞아 사랑에 빠지는 것을 꿈꾸었지만, 그는 술과 담배 냄새 풀풀 풍기는 백수 같은 한 동양남자에 불과했다. 도박으로 한번 대박이 나면 손 털고 귀국하여 새로운 사업을 해보겠다던 박씨의 꿈도 개꿈에 불과했다. 남은 것은 더 망가진 폐와 줄어든 통장잔고뿐. 그러나 박씨는 5년의 방황을 끝내고 이제 남은 인생을 정말 처음부터 다시 시작할 자신감이 가슴 한구석에서 스멀스멀 차오르는 걸 느꼈다.

양재동 빌라 자택으로 돌아온 박씨는 양재동 시민의 숲길을 걸으며, 5년 동안 지쳤던 마음이 오히려 안정됨을 느꼈다. 이제 나이 육십, 다시 뭔가를 시작하기엔 늦은 나이가 아닐까 하는 생각이 자꾸 머릿속을 스쳤지만, 무얼 하든 자신 있다는 생각도 동시에 들었다. 다만 무엇을 하느냐가 문제일 뿐이었다.

5년 전 출국하기 전 마지막으로 만났던 은아에게 연락해볼까도 생각했지만, 이제 사랑이 아닌 뭔가 새로운 일에 도전해보고 싶었기에 스마트폰을 만지작거리다가 이내 그만두었다.

생각하고 싶지 않은 과거들. 사업으로 얻은 것도 많았지만 잃은 것도 많았다. 그 수많은 상처들은 그에게 약간의 돈과 집을 남긴 채 수십 년의 세월을 앗아가 버렸다.

상념에 젖어 집으로 돌아오는 길에 박씨는 어떤 건물에 걸려있는 자그마한 플래카드를 발견했다.

'무료투자 상담해 드립니다. 에스앤홀딩스'

딱히 할 일도 없었던 터라 박씨는 다음 날 에스앤홀딩스를 찾았다. 규모가 그리 크지 않은 투자자문사였고, 연륜이 있어 보이는 세 사람이 그를 회의실로 안내하며 반겼다. 회의실 밖에는 여러 사람들이 직접 컴퓨터를 앞에 놓고 주식시세와 차트를 들여다보며 직접 거래를 하는 것이 보였다.

박씨는 한 시간여의 상담 끝에 남은 인생은 전업투자자의 길을 걷는 것이 적절할 것 같다고 결정했다. 오랜 사업경험으로 누가 사기를 치는지 안 치는지, 정말 능력이 있는지 없는지 정도는 파악할 수 있다고 자부해왔고, 틀린 적이 거의 없었다. 박씨는 에스앤홀딩스를 경영하고 있는 정선생, 임선생, 최선생 세 사람의 내공이 대단함을 쉽게 감지했다.

5일 후부터 박씨는 에스앤홀딩스를 거의 매일같이 드나들기 시작했다. 가장 좋은 점은 내공이 상당한 세 사람이 직접 상담을 해주고, 그 상담 자체에 비용을 청구하지 않는다는 점이었다. 사무실에

　　　　　김여사 외환시장의 꽃이 되다

실비만 내면 자리를 마련하여 주었기 때문에 사실상 무료투자 코치가 생긴 것이나 다름없었다. 더 재미있는 점은 자문비용은 오로지 투자수익이 날 경우에만 받기 때문에 수수료에 대한 부담은 전혀 없었고, 투자상품에 가입하라든가 어디에 투자하라는 압박도 전혀 없었다. 모든 것은 박씨 스스로 결정하면 그만이었고, 탁월한 코치로부터 무료 코칭을 받기만 하면 되었다.

아쉬운 점은 상담을 하는 투자자들이 많아서 자신에게 더 많은 시간을 할애해주지 못하는 날도 있다는 거였다. 그러나 나날이 스스로 배워가는 것이 많았기에 하루 30분의 조언만으로도 충분했다. 라스베이거스에서의 3년여의 베팅 경험이 이렇게 도움이 될 줄은 꿈에도 몰랐다. 결국 모든 투자는 사느냐 파느냐, 따느냐 잃느냐의 선택으로 귀결되기 때문에, 그 내용은 판이하게 달랐지만 도움 되는 측면이 분명 있었다. 그렇지만 한 달 후에는 이미 라스베이거스에서 보낸 3년의 세월이 그렇게 아까울 수가 없었다.

박씨는 지구를 하나의 생명체로 보고 이해하고 싶었는데, 글로벌 금융시장이 환율시장으로 24시간 연결되어 돌아가는데 매력을 느껴 최선생에게 글로벌 외환시장에 대해 많은 것을 물어보았다. 헤지펀드의 역사와 미래 발전 가능성에 대해서도 많은 이야기를 나누었다. 박씨는 미국이든 유럽이든 우리나라든 어떤 나라든 결국은 인플레이션이 발생하느냐, 디플레이션이 발생하느냐에 따라 위기와 기회가 번갈아 나타난다는 최선생의 이야기에 귀를 기울였다.

80년대와 90년대 일본의 잃어버린 20년, 97년 우리나라의 IMF,

태국의 바트화 위기, 미국의 서브프라임모기지 사태, 유럽 재정위기 등등 다양한 형태로 위기가 나타나고 이를 극복하기 위해 각국 정부에서 취하는 안정화 조치는 한 편의 드라마 같았다. 그 드라마에 등장하는 주식과 채권시장의 움직임, 무엇보다 환율의 움직임은 마치 드라마의 주인공처럼 느껴졌다.

박씨는 글로벌 외환시장의 환율을 지켜보며 자신이 그동안 왜 환율에 베팅을 하지 않았는지 아쉬웠다. 즐거웠어야 할 시간들을 잃어버린 것 같았다.

앞으로 어떤 일이 벌어질지 예측하기 어렵다는 것이 더 매력으로 느껴졌다. 2008년 이후 중국의 GDP 대비 가계와 기업의 부채 비율은 꾸준히 증가해 오고 있는데, 마치 빚을 내서 경제성장을 이룩하고 있는 모양새고, 유럽과 미국, 일본은 중앙은행에서 엄청 난 유동성을 공급하여 자산 가격이 줄기차게 상승해 왔는데, 조정다운 조정을 받을 시점이 다가오고 있는 모양새였다. 그리고 세계 경제의 중심에 있는 미국은 향후 양적완화 종료와 유동성 회수를 위한 긴축으로 소비가 줄어들고 투자수요가 감소해서 디플레이션이 발생할 것이냐, 아니면 전 세계에 풀려있는 달러가 미국으로 회귀하면서 유동성이 넘쳐서 인플레이션이 발생할 것이냐 하는 갈림길에 있었다. 과연 이 결과가 어떻게 나타날지 자못 흥미진진하고 깜짝 놀랄 이벤트도 종종 발생하리란 예감이 들었다. 박씨의 예감은 수년간 밤을 지새우며 예리해져 적중하는 경우가 많았다. 앞으로 2022년까지 5년 동안 글로벌 외환시장이 격랑에 휘말릴 가능성이 높아 보였고, 박씨

김여사 외환시장의 꽃이 되다

는 외환시장에 큰 기회가 있음을 직감했다. 미국에 과연 앞으로 인플레이션이 발생할 것인가, 디플레이션이 발생할 것인가가 중요하긴 하지만, 어떤 상황에서도 잘 대응할 자신이 있었다.

어떤 나라에 인플레이션이 발생할 것이냐 디플레이션이 발생할 것이냐는 외환시장에서 중요한 의미를 가진다. 통화의 상대적 가치 변동을 예측하여 베팅을 할 수 있기 때문이다. 예를 들어, USD, EUR, GBP, CHF, JPY, AUD 6개 통화만 놓고 보더라도, 두 가지 통화를 묶으면 (6×5)/2=15개 통화쌍이 탄생한다. USD/CHF, GBP/JPY, AUD/USD….

이것의 의미는 두 나라 통화의 상대적인 가치에 따라 그 통화쌍의 환율이 새로운 거래대상이 되고, 실제로 이렇게 다양한 통화쌍들이 거래가 된다. 다만 모든 조합 가능한 통화쌍들이 외환시장에서 거래되진 않는다. 많이 거래가 안 되면 시장에서 사라진다. FX마진거래도 수십 개의 통화, 수백 개의 통화쌍이 거래되진 않는다. 주로 거래되는 것은 22개 정도의 통화쌍이다.

박씨는 FX거래를 해외 통화선물시장에서도 거래가 가능하고 FX마진시장에서도 거래가 가능하지만, 거래비용(수수료) 측면에서 FX마진거래가 유리하다고 판단하여 FX마진거래를 하기로 마음 먹었다. 마진(margin)은 계좌에 입금하는 증거금이나 예탁금을 말하는데, FX마진거래는 1만달러의 마진을 입금하고 최소 거래단위인 1lot(랏), 10만달러 단위로 외환을 자유롭게 샀다 팔았다 할 수 있는 거래였다. 투자자들 사이에서 주로 증권사들이 중개 역할을 하면서 손실이 난 투자자에게 증거금을 추가로 요구하기도 하고 매수매도 호가 (bid offer) 가격을 벌려서 스프레드(Spread) 수익을 수수료 조로 챙기고 있었다. 원달러 선물거래에서는 1만달러 단위로 거래가 이루어지고 있지만 FX마진거래는 10만달러 단위로 거래가 이루어지고 있어 위험부담이 훨씬 크다는 걸 박씨는 금방 알아챘다.

원달러의 경우 1160.20원에서 1160.30원으로 0.10원이 움직이면 1만불×0.10원=1천원의 손익이 변동하지만, FX마진거래에서는 USD/JPY의 경우 106.45에서 106.46으로 0.01이 움직이면 1개(1랏)를 거래할 경우, 십만불×0.01YEN=1,000YEN(약 1만원)의 손익이 변동된다.

박씨는 씩 웃었다.

'10개를 달러엔에 베팅한다고 치고, 106.40에서 106.50으로 몇 분 만에도 올라가곤 하니까, 몇 분 만에 1백만원의 손익이 변동될 수 있구나. 예전에 왜 내가 도박을 했었을까. 이건 거의 도박이나 투기에 견줄 만큼 이익규모가 엄청나지 않은가?

1백만불 거래할 때 약 1억원을 증거금으로 넣어놓기만 하면 되니까, 한 3억원 베팅해서 106.00에서 107.00으로 변동되면 3백만불×1.00YEN=3백만엔(약 3천만원)의 수익이나 손실이 나는구나. 어디 보자, 과거 데이터를 보니까, 하루에 1.00엔에서 2.00엔이 움직인 날이 꽤 있네. 그렇다면 하루 3천만원에서 6천만원이 왔다갔다 했겠구나.'

그런 생각이 스쳤다. 하루 3억원으로 3천만을 번다?

김여사 외환시장의 꽃이 되다

합법적으로? 박씨는 'FX거래도 살벌하긴 하네' 생각하며 쓴웃음을 지었다. 라스베이거스에서 밤을 지새우며 돈을 잃던 수많은 기억들이 뇌리를 스쳐 갔다.

GBP/JPY 환율에 베팅한다면, GBP통화는 인플레이션 발생으로 0.5% 약세를 가고, JPY는 경기침체로 0.2% 강세를 간다고 가정하자. GBP/JPY 환율은 올라갈까? 내려갈까?

2017.10.24일 GBP/JPY 환율은 150.00 전후에서 움직였다.

당일 GBP/USD 환율은 1.3210 전후에서 움직였고, USD/JPY통화는 113.50 전후에서 움직였다. 1GBP=1.3210$,

1$=113.50YEN이므로 1GBP=113.50YEN×1.3210=149.93JPY이 된다.

GBP/USD 통화가 0.5% 약세가 가면 얼마인가?

1GBP=1.3210$를 받을 수 있었는데, 0.5% 떨어져서 1GBP=1.3144$밖에 못 받게 된다.

USD/JPY=113.50으로서 1달러에 113.50엔을 받을 수 있었는데, 달러값이 떨어져서 엔화값이 0.2% 오른 것과 마찬가지므로 USD/JPY=113.27이 된다.

결국 파운드 0.5% 약세, 엔화 0.2% 강세가 가면

113.27×1.3144=148.88로 GBP/JPY환율은 149.93에서 하락하게 된다. 환율이 0.70% 하락한다.

GBP/JPY환율을 떨어지게 만드는 요인은 결국 파운드화 약세, 엔

화 강세다. 1GBP=150YEN을 받다가 환율이 떨어지면 140YEN밖에 못 받는다. 거꾸로 이야기하면 상대적으로 엔화가치는 올라간다. 통화쌍 중에서 한 통화가 강세 가면 다른 통화는 약세다. 한 통화가 약세면 다른 통화는 강세다.

위의 예시에서는 파운드화가 0.5% 약세가고 더불어 엔화값이 0.2% 강세가 가서 환율은 0.7%나 떨어진 것이다.

결국 통화쌍 중에서 한쪽은 강세 가고 한쪽은 약세 갈 통화쌍을 골라서 베팅할 경우, 실제로 한쪽은 강세 가고 한쪽은 약세로 가면 양방향 환율변동 폭만큼 수익을 얻을 수 있다.

위의 경우에서는 GBP/JPY를 '매도'했어야 했다.

본능적으로 베팅을 좋아하는 박씨에게 국제 외환시장은 정말 매력적으로 다가왔다.

박씨는 과연 한 나라가 인플레이션이 발생할지 디플레이션이 발생할지를 분석하는 것이 취미가 되었다.

/ 인플레이션 VS 디플레이션

인플레이션이 발생하면 물가가 오르고 통화가치가 하락한다.

휘발유값이 1리터에 900원 하다가 2000원이 되면?

인플레이션이다. 환율이 1달러당 1000원 할 때는 1000원만 있으면 1달러로 휘발유 1리터를 사고도 100원이 남았는데, 환율이 2000원이 되면 1000원으로는 0.5달러밖에 살 수가 없고 휘발유도

0.5리터 밖에 넣을 수가 없다.

좋은 점도 있다. 국가부채가 1,200조원으로 GDP 1,500조원의 80%라고 가정하자. 대외에 공표할 때 우리나라 국가부채가 1,200조원으로 환율이 1달러당 2000원이라면 1,200조원/2000원=6,000억 달러로 표시된다.

그런데 환율이 900원이라면 대외에 공표할 때 달러 기준으로 우리나라 국가부채는 1,200조원/900원=1조3,333억 달러가 된다. 환율의 마법이다. 한 나라의 빚이 달러환율이 급등하면 작아져 보인다.

아주 오래전이긴 하지만 우리나라 의사들이 일본 이자율이 0%대로 떨어지자 우리나라에서 5% 금리로 대출 안 받고 0%대 엔화 이율로 대출받는 게 인기를 끈 적이 있었다.

자, 통화가치가 낮아지면 부채가 줄어드는 효과가 있다고 했다. 좋아하긴 이르다. 거꾸로 통화가치가 올라가면 부채가 늘어나는 효과가 있다. 그 의사들처럼 엔화 대출 수요가 급증하고 엔화에 대한 수요가 급증하자 엔화가치는 엄청나게 올랐다. 그러자 부채를 상환할때가 오자 그 엔화대출 받았던 의사들은 크게 당황했다. 대출을 갚기 위해서 원화가 20~30% 이상 더 필요했기 때문이었다. 엔화가 비싸져서 원화가 더 많이 필요해진 것이다.

그때 아주 혼쭐이 난 의사들은 엔화 대출을 더 이상 받지 않았다.

결론적으로 경기침체가 올 가능성이 크고 디플레이션이 발생할 확률이 높은 나라의 통화로 대출을 받으면 곤란하다. 거꾸로 현금성 자산을 보유하면 이익이 난다. 일본통화를 보유한다는 의미는 달러를 매도한다는 것이다. 그렇기 때문에 달러화는 엔화대비 약세를 보일 것이다. 참으로 재미있다.

'일본의 경기가 침체되면 엔화 강세 달러 약세
일본의 경기가 활성화되면 엔화 약세 달러 강세
미국의 경기가 활성화되면 달러 강세
미국의 경기 활성화 = 일본의 경기 활성화 등식이 성립하는가?'

박씨는 이런저런 생각을 하다가 갑자기 머리가 아파왔다.

하지만, 공부에 빠져들수록 도전의식이 살아났다. 문득, 언젠가 조지 소로스를 능가하리라는 생각이 스쳤는데, 그날 밤 그는 서재 책상 맨 위 칸에 종이를 꺼내 큼지막하게 이렇게 쓰고는 테이프로 떨어지지 않게 붙였다.

'나는 대한민국의 조지 소로스가 될 것이다.'

박씨는 미국 원서까지 섭렵하기 시작했다. 박씨가 점점 거침없이 글로벌 경제와 환율에 대해 다양한 이슈와 주제로 이야기하는 것을 보고 당장 투자를 시작해도 될 것 같다고 에스앤홀딩스의 정선생이 두어 번 이야기했지만, 박씨는 실제 투자해서 돈을 버는 것보다 공부하는 재미가 쏠쏠했다. 돈을 버는 것은 자신이 준비만 된다면 언제든 가능할 것이기에 서두를 필요가 없다고 생각했다.

김여사 외환시장의 꽃이 되다

공부하는 시간이 늘어갔다. 밤이면 늦도록 서재에서 책을 읽었다.

어떤 문제에 직면하면 답을 찾을 때까지 여러 책을 뒤져보고 인터넷 검색을 해서 자신만의 결론에 도달해야 직성이 풀렸다. 전 세계가 점차 그의 가슴안으로 걸어 들어오고 있었다.

그의 머릿속은 늘 다양한 의문들이 넘쳐났다.

'중국계 자본 차이나 머니의 돌풍이 거세다. 어느새 대한민국 채권시장에 들어와 채권시장의 큰손이 되었는데, 그냥 사들이기만 하고 팔질 않는다. 금 가격은 중국이 야심을 드러내면서 매집을 하기 때문에 1,000달러가 무너지긴 힘들 것이다. 무너지면 살 기회다. 그런데 원달러 환율이 900원대이고 금이 1,000달러 이하면 금상첨화일 텐데 그런 기회는 금방 오지 않을 것 같다.

2007년과 2017년 중국의 활약상은 강산이 변했듯 천지개벽했다. 위안화 SDR편입, AIIB, 시진핑의 뉴노멀, TPP, Two tracks, 일대일로, 위안화 국제화 야심 등등, 위안화의 미래는? BRICS 5개국의 성장률과 환율추이는? 미국 기준금리 인상에 따른 이들의 행보는? 중국은 언제까지 6% 성장을 지속할 것인가? 성장엔진이 멈추고 기업들의 부채뇌관이 터지면 원화 향방은?

GDP 갭 축소와 인플레이션 압력, 우리나라도 금리인상, 긴축 가능성이 있을까? 우리나라의 적정금리와 금리정점은?

러시아 대통령이 바뀌면 해외투자자들의 자금이 유출될 가능성은 얼마일까? 국제 외환시장 여파는? 미국 긴축 지속으로 금리 3.5% 도달 시 신흥국 중 자금유출이 가장 많이 발생할 국가는?

인도네시아의 금리인상 가능성은? 소비자물가상승률은 얼마? 베트남의 만성적인 경상수지 적자와 태국의 만성적인 경상수지 적자 탈출, 외국인투자자들의 대응은? 베트남 경상수지 적자를 자본수지 흑자로 보전해주고 있는 외국인투자자들이 보는 베트남 경제성장의 가능성은? 원화의 국제화는 언제 실현될 것인가? 원화가 국제화가 되면 헤지펀드 설립? 한국의 조지 소로스가 된다면 어느 나라의 통화를 공략할 것인가? 매도해야 할 통화 목록 10개, 매수해야 할 통화 목록 10개를 꼽는다면?'

박씨는 백발을 흩날리며 거리를 걷다 보면, 자신과 눈이 마주치는 여자가 없다는 사실에 놀랐다. 5년여를 해외로 떠돌면서도 눈이 마주치면 하얀 이를 드러내며 웃는 아가씨도 있었고, 음식점을 추천해달라거나 길이라도 물어볼라치면 친절하게 수십 미터를 동행하며 과잉친절을 베푸는 중년여성들도 꽤 있었는데 이제는 그에게 관심을 보이는 여자가 없었다.

'나이 60이면 이순이라고 해서 귀가 순해진다고 했던가! 그게 아니라 무관심이 맞는 듯하다! 이제 여자들이 나에게 아무도 관심을 가지지 않는 듯하니.'

8월이 마지막 남은 한 주로 달려가는 어느 금요일 밤, 박씨는 문득 가슴 끝을 시리게 하는 쓸쓸함에 술 한잔이 간절했다. 임선생에게 술자리를 청해볼까 하다가 그만두었다. 나이가 열 살이나 어린 데다 일찍 귀가하는 그를 붙잡고 술을 청하고 싶지는 않았다.

박씨는 홀로 남산으로 향했다. 주머니에 팩 소주 하나와 오징어땅콩 과자를 하나 집어넣고 택시를 탔다. 남산케이블카 타는 곳에서 내려 긴 줄을 서서 기다린 후 남산 꼭대기에 도착했다. 케이블카에는 주로 외국인들과 연인들이 타고 있었다.

결혼 전 연애시절, 그 달콤했던 추억이 그의 가슴속을 채웠다. 그 달콤했던 추억들이 하나둘 오버랩되며, 그의 나이와 세월을 잠시 지웠다.

그 달콤했던 시간은
우주를 창조했던 시간
별이 빛나던 밤이었다
지구의 자전과 공전이 멈추어
흐르는 시간을 멈추고 싶었던
그 달콤했던 시간
그 달콤했던 시간은
시 한 줄 쓴 적이 없는데
시인이 되었던 순간
연기를 배워본 적이 없는데
영화배우가 되었던 순간

나의 것이 될 수 없었던
잠시 빌려 쓴 시간

눈물이 울컥 나올 만큼
가슴 아프면서도 행복했던 시간
그 달콤했던 시간

철학도 문학도 예술도
묘사할 수 없는 시간
그 달콤했던 시간
다시 오지 않을 시간
그래서
가슴 아픈 시간
하지만 달콤했던 시간.

김여사 외환시장의 꽃이 되다

인연을 만나다

남산타워 전망대에서 아래를 내려다보며 박씨는 상념에 잠겼다. 이런저런 생각에 눈빛이 약간 흐려졌다.

'산에서 산 아래를 내려다볼 때면, 나는 상상의 날개를 펼치곤 한다. 상상은 새처럼 훨훨 하늘을 날고, 내 가슴엔 살아있다는 감동이 흐른다. 서울 스카이라인 위로 흐르는 빛의 물결, 아무리 뛰어난 사람도 광대가 되고, 도로 위를 달려가는 자동차의 불빛들. 그저 모든 것은 어둠 속에 묻혀가고, 온 여름 싱싱함으로 퍼덕이던 나뭇잎들이 화르르 타고 남은 장작처럼 시무룩하다. 수천 만의 가슴을 채우고도 남을 달빛은 무심히 흩어지고 또 흩어지고, 남산이 살며시 나를 안는다.

그렇다. 아무렇지도 않게 지나치던 풍경들도 가만히 그 속에 나를 맡기고 따스한 눈빛으로 바라보면 감동으로 다가온다. 가만히 다가와 나를 지그시 안는다.

그렇다. 순간이라고, 덧없다 말자. 앞다투어 떨어지는 낙엽 한 잎 입술에 물고 한없이 작아지는 도시의 거주자들, 그 위에 춤추는 달빛의 고고함을 보자. 상상의 날개를 펼치고 날아보자, 내 가슴을 내

어주자. 달도 그러지 않는가?'

서울의 밤, 남산의 달밤이었다.

상념에 잠겨있는 박씨는 누군가가 그에게 말을 걸어오자 퍼뜩 현실로 돌아왔다.

중국인 중년부인 두 명이 웃으며 다가왔고, 그중 한 명이 박씨에게 스마트폰을 내밀며, 사진 한 장만 찍어달라고 했다. 중국어였다.

"하오더, 메이원티."

박씨는 중국어로 흔쾌히 찍어주겠다고 말하고, 두 사람의 사진을 두세 장 찍어주었다.

"씨에 씨에" 고맙다고 말하면서 한 사람이 약간 재미있다는 표정으로 박씨에게 중국어를 할 줄 아느냐고 물었다.

박씨는 조금 할 줄 안다고 말했다. 그러자 둘 중 한 사람이 중국어로 박씨에게 반가운 표정으로 이야기했다.

"전 김청이라고 해요. 하얼빈에서 왔습니다. 일행이 없으시면 저희들 가이드 좀 해주실 수 있으신가요? 둘이 자유여행 중인데 중국어 할 줄 아는 한국사람을 만나서 너무 반갑기도 하고요. 물론 거절하셔도 괜찮습니다만."

박씨는 그녀의 이름을 듣고 조선족임을 직감했다.

"혹시 한국어 잘 하시는 거 아닙니까?"

"어머나, 어떻게 아셨지요? 실은 조선족 출신이라 한국말 잘 합니다만….

김청이라고 소개한 여인이 놀란 표정으로 물었다.

김여사 외환시장의 꽃이 되다

"이름이랑, 분위기에서 그렇다고 느꼈습니다. 아무튼 반갑습니다. 전 그냥 박선생이라고 불러주세요."

"하하. 네, 박선생님. 그럼 저희 가이드 해주시는 걸로 알겠습니다."

세상살이에는 문득 뜬금없는 일이 벌어질 때가 있다. 박씨는 자신이 남산에서 중국인을 만나 가이드를 하게 될 줄은 상상도 못 했었다. 남산에서 내려온 세 사람은 명동에서 가벼운 저녁에 곁들여 맥주를 한잔 마셨다.

김청이란 여인은 자신을 개인투자자라고 했다. 이번에 한 달 간 한국을 여행하면서 홍대 인근에 상가를 매입할 계획이라고 했다.

"그럼 부동산 투자를 전문적으로 하시는가 보네요?"

"아니요, 오래전부터 개인적으로 FX 트레이딩을 해오고 있습니다. 다행히 성과가 좋아서, 이렇게 일년에 한두 달은 여행을 다니며 여유롭게 지낼 정도고요."

박씨는 그녀가 첫 만남에서 자세하게 자신의 신상을 거리낌 없이 밝히는 것도 놀라웠고, FX거래를 전문적으로 하고 있다는 말에 더욱 놀랐다.

김청 옆에 있는 친구는 그녀의 사무실에서 FX거래를 하고 있는 소선이라는 이름의 순수 한족 중국인이었다.

우연이었을까? FX거래를 준비하는 박씨가 그녀들을 만난 것은?

FX거래로 이야기가 이어지면서 세 사람은 카페에서 시간 가는 걸 잊었다.

김청의 이야기를 종합해보면, 그녀는 60세로 박씨와 동갑이고 딸이 둘 있는데 모두 결혼해서 한 명은 미국에 또 한 명은 일본에 살고 있었다. 남편과 40세에 결별하고 어렵게 지내다가, 부모님이 유산으로 남겨준 땅값이 크게 올라 재테크에 관심을 가지게 되었다고 한다. 10년 전부터 2백만불을 FX거래에 투자하고 있는데 연간 수익이 한국 돈으로 5억원 정도 된다고 했다. 투자수익으로 인천 청라지구에 아파트도 이미 한 채 사놓았고, 이번에 홍대에 상가를 하나 구입하려고 친구와 함께 왔다는 것이다.

박씨는 김청에게 미국 달러의 미래가 어떻게 될 것 같냐고 물었다.

김청이 대답했다.

"달러값이 미래에 올라갈 것 같다고 해서 지금 달러를 사는 게 맞는 것도 아니고, 롱마인드를 고집하다가 향후 1~2년 내내 달러값이 떨어지면 손실로 고통을 받을 수도 있기 때문에 저는 미래는 크게 궁금하지 않아요. 단기간 얼마나 살아 움직이는 환율의 흐름을 잘 타느냐가 중요할 뿐이라고 생각해요.

기본적으로 시장에 풀려있는 달러 유동성이 풍부해서 미국 경제를 얼마간은 잘 지탱해주고 그것이 달러화를 지지해줄 겁니다. 하지만 미국이 긴축을 결정하여 시장에 풀린 달러를 흡수하고 금리인상을 단행하기로 한 이상, 자산가격 하락과 투자수요 감소가 예상되고, 정부부채 증가와 달러 강세로 인한 무역적자 확대를 버티지 못하고, 다시 미국 경제가 침체될 확률도 높다고 봅니다. 시장에 풀렸던 유동성을 점진적으로 회수하여 충격을 안 주겠다고 하지만, 어느 순간 긴축 발작사태가 발생하여 시장이 혼란에 빠질 가능성이 있지요.

다시 미국 경제가 침체되면 금리인상을 지연시켜도 경기침체로 인한 부채상환 부담이 증가하면서 위험은 점점 커질 가능성이 있어요. 국제교역에서 기축통화로서 달러의 사용량도 점차 줄어들면서, 달러화는 몇 년 내 큰 폭으로 하락할 위험이 크다고 봅니다."

박씨는 김청의 차분한 이야기에 귀를 기울였다.

"저도 조만간 실제 트레이딩을 시작할 계획인데, 제게 어떤 통화를 매수할 것인지 매도할 것인지 추천을 해주실 수 있으신가요?"

박씨 물음에 김청이 대답했다.

"투자는 순전히 본인 판단이잖아요. 추천은 못 해드리고 주요 이슈는 말씀드릴 수 있지요."

"그럼 최근에 주로 어떤 통화를 거래하고 계신지요?"

박씨의 질문에 곁에 있던 소선이 입을 열었다.

"청이의 FX트레이딩 실력은 정말 친구인 제가 보기에 혀를 내두를 정도예요. 2017년 초부터 2017년 4월까지 유로/달러 환율을 유심히 지켜보다가 유로화를 매수하기 시작하는 거예요. 그러다가 4월 24일 ~25일 프랑스 선거 결과로 갭업 상승을 시작해서 하락세에서 상승세로 접어든 것을 확인하고는 롱플레이를 시작했고, 롱포지션을 이월하기 시작했지요.

평균 매수단가가 1.0500 정도였고 10만유로 단위로 4개월간 40번에 걸쳐 4백만 유로를 매집했어요. 그리고는 한 달 넘게 추세만 확인하더라고요. 8월 초에 1.1880에 이 포지션 중에서 3백만 유로를 청산했지요.

1.1880-1.0500=0.138, 0.138×3,000,000=414,000달러의 수익을 달성했고, 여전히 1백만 유로 롱포지션에서 수익을 보고 있지요."

소선의 말에 김청은 빙그레 웃었다. 박씨는 재빨리 414,000 달러가 우리 돈으로 얼마인지 계산해 보았다. 대략 4억5천만원이 넘었다. 현재 보유 중인 1백만 유로의 평가이익도 1억원이 넘었다.

"정말 대단하시네요."

박씨는 뭔가 더 말하려다 참았다.

문득 머릿속으로 '달러하락이라… 원달러 환율도 900원대를 다시 보는 건가? 한번 원화 강세, 엔화 강세에 베팅해 볼까?' 하는 생각이 스쳐 갔다.

"박선생님도 FX거래를 하실 계획이면, 제가 지난 10년간 정리해 놓은 주요 통화별 분석자료들이 큰 도움이 될 텐데요. 경험으로 보니까 투자자들의 매매패턴이 반복되는 경우가 많고, 각국의 경제지표들을 잘 분석해보면, 특히 이종통화간 크로스 거래로 큰돈을 벌 기회가 종종 보이더라고요.

예를 들면, 스위스 프랑화는 약세 가고 엔화는 강세 갈 것 같으면 CHF/JPY 을 거래하는 식으로 말이죠."

박씨는 앞으로 한 달 동안 자주 만나 FX거래 경험을 들려달라고 했다. 대신 상가계약도 도와주고 우리나라 곳곳의 숨겨진 맛집과 관광지를 소개해주겠다고 했다.

세 사람은 깔끔한 노래방에 가서 박씨는 중국 노래를 불렀고, 김청과 소산은 중국 노래와 한국 노래를 부르며 즐거운 시간을 보냈다.

박씨가 마이크를 잡고 중국 노래를 부를 때, 그를 바라보는 김청의 눈빛이 흔들리는 듯했다.

박씨는 중국가수 장심연의 노래를 불렀다. 김청이 부른 것은 양정여의 노래였다.

박씨는 김청이 부르는 '용기'라는 노래를 들으며 생각했다.

'정말 사랑에는 용기가 필요한 걸까? 나도 용기를 낸다면 다시 사랑할 수 있을까?'

박씨는 택시로 김청과 소선을 호텔까지 배웅해 주었다.

박씨,
드디어 강호에 뛰어들다

다음 날 박씨는 에스앤홀딩스에 평소처럼 출근하듯 나와서 임선생과 외환시장과 주식시장에 관해 이야기를 나누다가, 임선생에게 그동안 10만불로 실제거래도 해봤는데, 약간 이익이 났고, 공부도 충분하여 이제 거래해도 될 것 같아서 거래를 시작하고 싶다고 했다.

임선생은 5개월여 공부면 이제 시작해도 될 것 같다면서, 본격적으로 강호에 진출하는 것을 축하하며, 진심 어린 조언을 해주었다.

임선생은 차분한 어조로 힘있게 말했다.

"사실, 박선생님께 더 이상 가르쳐 드릴 것은 없습니다. 그동안 지켜본 결과 긴 인생 연륜에서 나오는 여유와 깊이, 사물을 관찰하는 능력, 경제를 이해하는 능력이 뛰어나시고 수많은 책을 늘 끼고 다니는 걸 보면서, 이미 내공이 보통이 아니라고 판단해 왔습니다. 다만 책이 전부는 아닙니다. 경제 관련 책이나 FX트레이딩 책에서 나온 대로 거래해서 돈을 벌 수 있다면 누구나 FX거래를 해서 돈을 벌고 있겠지요. 그 누가 뭐라 하든 결국 투자자는 스스로 자기만의 길을 개척해 나가는 겁니다. 박선생님만의 FX트레이딩 기법을 만드십시오. 철저히 검증하여 이기는 전략을 습관처럼 만드십시오.

유가상승이 경제성장에 어떻게 기여하는지, 금리상승이 통화가치에 어떤 변화를 초래하는지, 주식시장에서 헤지펀드들의 전략과 FX시장에서의 헤지펀드들의 포지션이 어떻게 변화하는지 늘 주의를 기울이고, 마음을 여시고 시장은 항상 옳지만 투자자들은 항상 옳지 않다는 것을 명심하십시오. 투자자들이 옳은 것을 보지 못할 때, 기회를 발견할 수 있을 것이요, 시장이 옳게 움직일 때 이를 겸허히 받아들이고 바람에 구름 가듯 따라가면 수익도 따라올 것입니다. 앞으로 박선생님이 외환시장에서 최고가 되도록 에스앤홀딩스는 늘 곁에서 힘이 되어드리겠습니다."

임선생은 박씨의 손을 잡고 파이팅을 외쳐주었다.

박씨는 유로달러를 유심히 관찰하기 시작했다. 유로화의 지속된 강세로 시장에 유로화 롱포지션이 많다는 기사도 확인해 두었다. 무엇보다 유럽중앙은행(ECB)이 유로 강세가 경기회복에 불리할 것이라고 우려감을 표시하는 부분도 놓치지 않았다. 유로화를 매도할 차트 포인트만을 기다렸다.

며칠 뒤 박씨는 김청, 소선과 함께 강화도로 드라이브를 갔다. 두 사람은 박씨 차의 뒷좌석에 앉아 연신 웃으며 이야기를 하고 있었는데, 가끔 김청은 스마트폰으로 환율을 확인했다.

김청이 소선에게 말했다.

"아무래도 유로달러는 지나치게 강세였던 것 같아. 조정다운 조정을 받지를 않았네. 달러 인덱스도 기술적으로 반등을 한번 줄 것 같고. 투자자들이 미국 금리인상에 대해 긴장도가 많이 떨어지고 있는 느낌이야. 1.2000 저항선에 도달하면 미련 없이 남은 포지션을 정리할 생각이야. 미국 물가가 예상보다 안 올라서 금리인상이 지연된다고들 판단하지만, 조만간 예상외의 실적이 발표되어 달러가 상승할 가능성을 배제할 수 없어. 기술적으로도 유로 강세장이 단기적으로 마무리되고 조정을 받을 것 같아."

뒷좌석에서 김청의 이야기를 들으며 박씨는 깜짝 놀랐다. 1.20이면 자신도 일단 매도에 나서볼 계획이었기 때문이다.

유로화가 지속 강세를 보이냐 안보이냐를 판단하는 것도 중요하지만, 시장 수급과 미국의 펀더멘탈이 악화추세에 있지 않다면, 유럽 중앙은행이 공공연하게 유로화의 지나친 강세를 불편하게 생각한다면, 유로화 매수로 진입할 시점은 확실히 아니라고 생각했었다.

동막 해수욕장에 도착하여 해변을 거닐고 해안도로를 따라가다 서해가 한눈에 바라다보이는 카페에서 세 사람은 조각 케이크 두 개를 시키고 커피를 마셨다. 중국 사람들은 원래 커피 대신 차를 즐겨 마신다 했는데, 김청과 소선은 거의 커피 중독자였다. FX거래를 하면서 진하고 쓴 커피를 마시며 스트레스를 풀다가 자기들도 모르게 이젠 커피에 중독되어 차를 잘 안 마신다고 했다.

박씨는 부동산중개 일을 하는 친구에게 부탁하여 홍대 인근에 매물로 나온 상가 몇 개를 분석하여 그중에 추천할 만한 물건에 대한 자료를 가져왔는데, 이를 김청에게 꺼내 보여주며 자세하게 설명을 해주었다.

박씨의 설명에 김청은 아주 흡족해하며 연신 고개를 끄덕였다. 그녀는 이미 마음이 기울었는지 다음 주에 계약을 진행하자고 했다. 그리고는 정색하며, 박씨에게 하고 싶은 말이 있다고 했다.

"왠지 한국에 자꾸 정이 가고 좋아져서 실은 상가 중 일부에 사무실을 하나 낼 생각이에요. 아직은 외국인투자자 등록하는 방법도 모르고, 더구나 회사 형태로 사무실을 운영하는 방법은 모르지만… 제 여유 투자금을 한국 주식시장과 외환시장에 투자해서 운용하는 방법을 찾아볼 생각이에요. 장기간 한국 주가는 2000포인트 전후에서 오랜 바닥 다지기를 끝내고 상승추세에 접어들었는데, 2025년도까지는 미국 주식시장처럼 강한 상승장을 나타낼 가능성이 커 보여요. 또 원화도 앞으로 강세를 보일 가능성도 있어 보이구요. 중간에 한번 주가가 급락하고 환율이 큰 반등을 주어서 달러매도, 주식매수 기회가 올 것 같기도 해요. 잘만 투자하면 큰 수익이 날 것 같아요. 근데 원화는 제가 잘 몰라서 원달러 환율에 대해 잘 아는 분의 도움을 좀 받아서 리스크 관리를 하고 싶은 생각이 있답니다. 궁극적으로는 중국어가 좀 되는 한국의 유능한 젊은이를 직원으로 채용해서 중국인들의 한국투자를 도와주는 회사를 하나 만들고 싶어요."

박씨는 에스앤홀딩스가 얼핏 떠올랐다.

"그런 점이라면 제가 잘 알아보고, 도움을 드릴 수 있을 것 같습니다. 변호사 친구도 있고, 제게 투자자문을 해주고 있는 에스앤홀딩스에 외환딜러 출신의 전문가를 제가 잘 알고 있으니까요."

김청은 왠지 모든 일이 잘 풀릴 것 같은 예감이 들었고, 박씨가 참

좋은 사람 같다는 확신이 들었다.

그날 이후 김청이 중국으로 돌아가기로 한 날을 얼마 안 남겨두고 세 사람은 다시 제주도여행을 떠났다. 차를 렌트해서 제주도를 돌아다니며 즐거운 시간을 보냈다. 김청은 중국에 돌아갔다가 몇 달 내로 우도를 다시 꼭 오고 싶다고 했다. 우도의 해변을 걸으면서, 김청은 하와이 해변처럼 아름답다고 감탄사를 연발했다.

김청과 소선은 돌아갔다. 세 사람은 중국 채팅 어플인 웨이신(WECHAT) 친구로 등록하고 매일 메시지를 주고받았다. 안부를 전하거나 인사를 나누기도 했고, 환율 동향에 대해 의견을 나누었다.

박씨는 EUR/USD, USD/JPY를 종종 한두 개씩 매수매도를 하면서 기회를 보고 있었다. 9월 7일 드디어 박씨가 기다리던 기회가 왔다. 유로달러 환율이 1.2000 저항선을 뚫고 강력한 상승세를 보여주고 있었다. 김청은 웨이신으로 메시지를 보냈다. 유로화 포지션을 다 청산했고, 자기는 친구와 다음 날 해남으로 여행을 떠날 거라고 했다. 3박 4일 일정의 여행이라고 했다 .

박씨는 매도시그널을 기다렸고, 9월 8일 이익실현 매물이 쏟아지는 것을 확인하고 유로를 매도했다. 1.2030~1.2090 사이에서 10만 유로씩 7번에 걸쳐 70만 유로를 매도했다. 평균 매도단가는 1.2050이었다.

그리고 9월 14일 1.1900에 70만 유로 숏포지션을 전량 정리 매수했다.

1.2050−1.1900=0.015×700,000=10,500달러, 수익이었다. 약 1천2백만원 수익이었다.

박씨는 그냥 무덤덤했다. 첫 거래 수익치고는 크다면 컸지만, 그저 숫자라는 생각밖에 들지 않았다. 다음 거래에서는 그만큼 잃을 수도 있기에, 그 돈이 확실히 자신의 돈이라는 느낌도 들지 않았다.

하지만 에스앤홀딩스에서 자주 만나는 사람들은 소문을 들었다며 축하해 주었다. 에스앤홀딩스 딜링룸에서 거래를 하는 FX투자 클럽 회원들의 수익률도 나날이 높아졌는데, 서로 정보를 공유하고 의견을 교환하는 삼삼한 티타임이 서로에게 큰 도움을 주고 있었다. 삼삼한 티타임은 매일 오후 3시 31분에 회의실에 모여 하는 것이다. 이 티타임에는 최선생이 늘 자리를 함께했고, 늘 리스크관리 관점에서 중요한 포인트들을 짚어주었다. 그리고 주가지수 선물시장과 원달러 외환시장에서 거래 기회가 생기면 적극적으로 조언을 아끼지 않았다.

9월 말 긴 추석을 앞둔 기간에는 과감하게 코스피200 주가지수 선물 롱과 원달러 선물 숏 견해를 피력하기도 했다.

"여러분들 각자의 전망과 견해를 견지하고, 참고로만 하시기 바랍니다. 다만 아무리 강세장이어도, 중간 중간 숏플레이를 해서 먹을 것이 있기 때문에, 단기매매 트레이더는 숏플레이만 해도 충분한 수익을 낼 수 있다는 사실은 다들 아실 것이고, 현재 국내 주식시장이 북핵 리스크로 조정을 받고 있는데, 원달러 환율을 분석해보니, 시장 롱포지션이 무거워서 1150원을 뚫고 올라갈 동력이 약한 것 같습니다. 이미 추석 연휴기간 발생할지도 모르는 리스크에 대비해 숏커버가 완료되었기 때문에 시장에 숏이 없습니다. 북핵 리스크는 추가로 발생해도 순식간에 가격에 잠시 반영되었다가 제자리로 돌아오기 때문에 큰 리스크로 감안하긴 어려울 것이고, 외국인투자자들이 최근 주식을 팔고 달러를 매수한 것은 전략적으로 국내주식을 더 싸게 매집하기 위한 전략으로 판단됩니다. 국내주식시장을 이탈할 조짐을 다각도로 분석해봤지만, 이탈할 징후는 거의 없습니다. 이럴 땐 잠시 시장참가자들과 달리 생각해도 괜찮습니다. 주식은 매수하고, 달러는 매도하는 전략을 추천합니다."

최선생의 이야기에 공감을 한 박씨는 곰곰이 혼자 생각했다.

원달러 시장을 관찰했는데, 연합뉴스 기사에 당국의 스무딩오퍼레이션이 있을 수 있다는 의견을 발견하곤 기회다 싶었다. 시장이 롱으로 몰려있어서 추가상승 해봤자, 이익실현 물량에 밀려 내려갈 모양새였다. 박씨는 원달러 선물을 1149원에서 더 이상 안 올라가는 것을 확인하면서 1149원에 20개, 1148원에 16개, 1147원에 14개, 1146원에 10개, 1145원에 10개를 매도했다. 도합 70개였고 평균매도단가 1147.30에 70만불 어치를 매도했다. 그리고 포지션을 이월하고 10월 10일 장마감시에 포지션을 청산하겠다는 계획을 세워놓았다. 가급적 국제 외환시장에 집중할 생각이었기 때문에 길게 포지션을 가져갈 생각은 없었다.

긴 추석 연휴기간 동안 박씨는 어렵게 구한 비행기표로 중국으로 향했다. 이미 김청과 중국에서의 일정을 잡아 놓은 상태였다. 소선과도 며칠은 함께 만날 예정이었지만 김청이 자기 일을 도와준 데 대한 고마움을 표시하겠다면서 일주일 중국 일정을 전부 알아서 짜고 비용도 자신이 부담하겠다고 했다. 공항에서 승용차로 박씨를 픽업하여 H호텔에 내려주고 집으로 돌아오는 길에 김청은 마음이 복잡했다.

'딸들이 이미 가정을 이루었고 혈혈단신, 내가 다시 사랑할 수 없는 것도 아니고, 박씨도 내 마음을 받아들일 것 같다는 확신이 들긴 하는데, 내 마음이 자연스럽게 흘러가는 걸 방해하고 자꾸 내 마음의 물길을 막는 것은 무엇일까? 사랑을 잊고 산 지 너무 오래되었기 때문일까, 아니면 이국 사람과의 만남을 본능적으로 피하고 싶기 때문일까? 그저 내 삶 속에 누군가가 들어오는 것이 싫기 때문일까? 내 마음을 나도 모르겠네…'

집으로 돌아온 김청은 와인을 마시며 아파트 창밖으로 멀리 도로를 가득 메우고 지나가는 차들과 성냥갑 같은 빌딩에서 비추는 불빛들을 바라보았다.

'아름다운 우정만으로도 충분한 것은 아닐까? 집안의 아늑함과 집밖의 쓸쓸함, 안과 밖 그대로 있어도 충분히 아름다운 것, 어쩌면 거리가 있기 때문에 늘 끌리는 것인지도 모른다. 그래, 거리는 두자. 멀리서 바라보는 풍경, 동경, 그리움을 감당하기에도 벅찰지 모른다.'

인산인해를 이룬 만리장성을 김청은 박씨의 손을 잡고 걸었다. 오랜만에 느껴보는 따스한 손이었다. 마음이 흔들렸지만 끝까지 우정으로 간직하리라 결심을 굳혔기에, 더 마음 놓고 그의 손을 잡을 수 있었다.

김청의 제안으로 박씨와 김청은 영어로 FX투자시에 늘 염두에 두면 좋은 말 하나씩 주고받기 게임을 했다. 더 이상 말을 못하는 사람은 상대방의 소원 하나를 들어주어야 했다. 물론 실현 가능한 소원으로. 두 사람은 하나씩 투자에 참고할 만한 격언을 주고 받았다.

"다른 사람들이 탐욕스러워할 때 두려워하라. 다른 사람들이 두려워할 때 욕심부려라(Be fearful when others are greedy. Be greedy when others are freaful), 워렌 버핏!"

"지식에 투자하면 최고로 높은 이자를 받는다(An investment in knowledge pays the best interest), 벤자민 프랭클린!"

"투자를 할 때 편안함을 주는 것은 거의 수익을 주지 않는다(In investing, what is comfortable is rarely profitable), 로버트 아놋!"

"당신 자신에게 투자하라. 당신의 경력이 부의 엔진이다(Invest in yourself. Your career is the engine of your wealth), 폴 클리써로!"

"투자의 세계에 확실한 베팅은 없다. 상승과 하락을 준비하라(There are no sure bets in the world of investing. Be prepared for the ups and downs), 짐 크레이머!"

"당신이 얼마나 많은 돈을 버느냐가 중요한 게 아니라 얼마나 많은 돈을 지키느냐가 중요하다(It's not how much money you make, but how much money you keep), 로버트 키요사키!"

"당신이 가진 주식이 무엇인지 알도록 하라. 그리고 왜 그 주식을 보유해야 하는지 이유를 알도록 하라(Know what you own, and know why you own it), 피터 린치!"

김청은 갑자기 머릿속이 하얘지면서 유명한 투자가의 이야기가 더 이상 생각나지 않았다. 김청의 차례에서 김청이 말했다.

"Don't be afraid that you are slow. What matters is whether you give up or not."

박씨가 웃었다.

"하하. 그건 중국 속담 '느린 것을 두려워 말고 멈추는 것을 두려워하라'는 거잖아요. 투자에 어울리는 격언 같진 않아요."

김청이 말했다.

"좋아요. 인정합니다. 자 그럼, 소원 한 가지 말해보시죠."

박씨는 김청의 눈을 정면으로 바라보며 말했다.

"정말 진정한 저의 친구가 되어주세요. 이 세상을 떠나는 날에 진정 서로 믿고 의지하고 아꼈던 딱 한 명의 친구를 추억한다면 마음속에 젤 처음 떠오를 그런 친구가 되어주세요."

김청은 잠시 생각에 잠긴 듯하다가,

"좋아요. 그 소원 이루어 드릴게요. 혹시 불가능할지도 모를 소원을 말할까 봐 조마조마했었는데… 오늘부터 박선생님과 저는 영혼의 따스함마저 나눌 수 있는 친구입니다. 박선생님도 저에게 아무것도 받기를 바라지 않고 오로지 우정을 퍼줄 생각만 하는 그런 친구가 되어주세요."

두 사람은 만리장성에서 그렇게 친구가 되었다. 한국으로 돌아온 박씨는 원달러 숏포지션을 정리했다. 1137원에서부터 1135.5 사이에서 평균단가 1136에 70개를 매수하여, 1147.30−1135.50=11.8×700,000=8,260,000원 수익을 거두었다. 박씨는 마치 사냥감을 찾아 시베리아 반도에서 한반도를 오고 가는 호랑이처럼 산을 누볐다.

김여사 외환시장의 꽃이 되다

그리고 그 후

사실 박씨와 김청의 우정에 대해, 그리고 박씨가 한국의 조지 소로스라고 불리게 된 세세한 사연에 대하여 밤을 새우도록 이야기하고 싶지만, 어쩌면 그 모든 것을 별들의 이야기 속에 묻어버리는 것이 더 좋을 것 같다는 생각이 든다.

왜냐하면, 그 이야기는 아직 끝나지 않았고, 지금 이순간에도 쓰여지고 있는 중이기에 방해하고 싶지 않기 때문이다.

박씨는 거래를 시작한 2년 차에 김청의 도움, 그가 믿고 의지했던 에스앤홀딩스의 도움과 스스로의 치열한 노력으로 막대한 성공을 거두었다. 한번 불이 붙으면 걷잡을 수 없듯이, 박씨의 활약은 가히 불길처럼 활활 타올라 무엇도 그의 성공을 막을 수 없었다.

몇 년의 세월이 흘렀다. 박씨는 김청과 합작으로 자산운용사를 설립했고, 헤지펀드인 거북선펀드를 시장에 출시했다. 이미 금융시장에 에스앤홀딩스의 투자자문을 받은 펀드에서 박씨가 올린 놀라운 성과로 유명해진 탓에, 그가 이끄는 거북선 펀드는 초기 모집에 5천억원이 몰렸다.

박씨는 에스앤홀딩스의 최선생을 그 헤지펀드의 수석매니저로 고용했고 2025년 거북선 펀드는 박씨를 외국에까지 유명세를 떨치게 할 정도의 놀라운 수익률을 기록했다.

박씨는 연일 시장의 화제였고, 한국의 조지 소로스라는 칭호로 매스컴에 그의 일거수일투족이 보도되었다.

어느 날 J일보 뉴스에 기사가 하나 떴다.

거북선 펀드를 운용하여 유명해진 PKC자산운용은 얼마 전 거북선 헤지펀드 3호를 출시할 계획이고 헤지펀드 매니저를 3명 공개모집 할 예정이라고 밝힌 바 있는데, 공모결과 3명 중 주부가 1명 선발된 사실이 밝혀져 화제이다. 이 주부는 바로 '김여사의 FX투자 성공기'라는 책을 펴내 베스트셀러를 만든 바 있고, SNS활동과 경이적인 수익률로 유명해진 김여사로 불리는 김ㅇㅇ씨이다. 그녀는 합격소감을 묻자, '이제 대한민국에서 더 이상 김여사가 운전을 못 하는 여자의 대명사가 되지 않기를 바랍니다. 이제 그 김여사는 없습니다. 그 김여사는 갔습니다. 그리고 새로운 김여사가 왔습니다. 새로 온 김여사는 헤지펀드 매니저입니다. 김여사는 인센티브 포함 최대 연봉 10억원의 헤지펀드 매니저입니다'라고 말했다.

한편 PKC자산운용 박 대표는 최근 대두되고 있는 원화의 국제화 논의에 대해, 원화의 국제화는 원화의 유동성 제고 측면에서는 긍정적이지만, 해외 헤지펀드의 공격대상이 될 수 있고, 이러한 급격한 환율변동은 외국인투자자들에게 불안감을 조성해 한국 투자를 꺼리게 만들 수도 있기 때문에 신중히 접근해야 할 문제라는 의견을 피력했다. 또한 외환보유고가 최근 늘어난 데 대해 시장

김여사 외환시장의 꽃이 되다

일각에서 환율방어를 위한 게 아니냐는 의심이 일고 있는데, 이 부분에 대해서는, 여전히 대외 충격발생시 외국인투자자 이탈 가능성을 고려할 때, 충분한 사전적 대비 측면에서 외환보유고를 위안화나 기타 통화 위주로 오히려 늘리는 것이 바람직하고, 외환보유고에서 차지하는 금 비중을 높이는 것을 고려해볼 볼 필요가 있다고 말했다.

거북선 헤지펀드 3호는 글로벌 자산에 투자하는 헤지펀드로 투자자산의 일정 부분을 롱숏 다이내믹 투자방식으로 FX거래에 운용될 것이며, 다음 주 월요일부터 판매예정이다.

　책 본문 중에 원달러 적정 환율은 얼마인지 분석해드리지 않았고, 향후 환율 전망을 명확하게 제시하지 않은 것, 중간 중간 실제 차트를 삽입하여 매매시점에 대하여 재미있게 설명하지 못한 것이 마음에 걸린다.

　적정환율이 950원이라고 이야기를 하든, 1250원이라고 이야기하든 누구든 반론을 제기할 수 있을 것이다. 향후 환율이 900원대를 향해 갈 것이라고 전망하든, 1200원대를 향해 갈 것이라고 전망하든, 누구든 반대 의견을 낼 수 있을 것이다. 정말 아무도 모른다가 정답이다.

　과거 한 시점의 환율을 결정했던 상황과 요인들이, 미래 어느 시점에 동일하게 나타날 가능성은 제로이며, 과거 차트 수십 개를 놓고 아무리 그럴듯하게 설명해 보아도 미래 어느 시점에 그 차트 중 하나라도 똑같은 차트가 나타날 가능성은 제로이기에 큰 의미는 없다. 역사는 반복된다지만 과거는 과거일 뿐이다. 역사가 반복된다는 것을 참고하여 성공확률을 높일 수 있을 뿐이다.

실감 나게 환율의 등락을 설명하고 싶었다. 하지만 아무리 애써도 환율의 등락을 글로 실감 나게 전달하기는 어려웠다. 나는 외환딜러 시절 하루에 3억불 이상 거래했었다.

내가 사면 환율이 올라가고 내가 팔면 환율이 내려갔다. 모든 외환딜러들은 자신이 대한민국의 환율을 움직이고 있다는 모종의 프라이드를 느낀다. 나도 그랬다.

그 당시에는 중개회사랑 연결된 핫라인 전화를 통해 환율이 막 떨어지고 있으면 급하게 전화기를 들고 "1.6에 8백 셀!"이라고 외쳤다. 당시 매수호가 환율이 981.60이라면 8백만불을 981.60에 팔아달라고 주문을 한 것이다.

그럼 잠시 후 중개회사에서 전화가 온다. 1.60에 A은행이랑 거래 체결되었다고. 지금 그런 광경을 본다면 참 낯선 풍경일 수 있을 거란 생각이 든다.

나는 언제가 될지는 모르지만 원달러 거래를 하는 인구가 크게 늘어날 것이라고 생각한다. 사실 환율이 800원을 하든, 1300원을 하든 거래자의 입장에서는 싸다고 판단되면 사고, 비싸다고 판단되면 팔면 그만이기 때문에 크게 상관이 없다.

하지만 환율이 얼마냐에 따라 국민경제와 국민들의 삶은 꽤 큰 영향을 받는다. 환율이 삶의 힘겨움의 원인으로 작용한다면 오히려 환율 관련 재테크를 통해서 수익을 내고 힘겨움에서 벗어날 수도 있다. 주식과 부동산시장이 장기적인 침체국면에 진입한다면 외환시장에서 기회를 발견하고 점점 많은 사람들이 원달러 거래를 하는 시대가 오지 말란 법은 없다.

  원달러 거래가 무엇인지 궁금해할 독자에게 원달러 외환시장에 대한 전체적인 지도를 그려드리고 싶었다. 아마도 외환에 대하여 잘 몰랐던 독자는 무슨 이야기를 하는지 이해 못 하는 부분도 꽤 있었으리라 생각된다. 하지만 소중한 지면을 어디서든 쉽게 얻을 수 있는 정보나 지식으로 채우고 싶지는 않았다. 정말 한국은행 홈페이지만 가도 많은 자료들이 있고, 일단 거래 시스템만 깔면 각 선물사나 증권사들이 각종 자료와 시황뉴스를 친절히 제공해 준다. 쉽게 접하기 어려운 외환딜러의 생생한 이야기를 들려드리고, 약간은 전문적인 내용을 구체적인 숫자와 예를 들어가며 알기 쉽게 설명하기 위해 애썼다.

  다만 중간 중간에 다양한 화두를 던져놓고, 그 화두에 대한 명쾌한 답을 달아드리지 못한 부분이 많아 송구스럽다. 책이 너무 두꺼워지면 겁나서 책을 안 사볼까 봐, 독자 스스로 찾아서 공부하면 더 재미있을 것이라는 핑계밖엔 댈 수가 없지만 정말 공부가 남는 것이다. 이 책은 무엇을 어떻게 공부해야 할지 제대로 힌트만 준다 해도 그 소임을 다하는 것이라 생각했다.

  돌이켜보면, 가슴 아픈 역사가 많은 대한민국, 앞으로 환율이 어떻게 움직이든 모든 국민이 가슴 아플 일은 없었으면 좋겠다. 어떤 투자상품에 투자했다가 환율 때문에 낭패 보는 일 없길 바라며, 정말 은퇴 후 경제적인 여유가 있다면 FX의 세계에 푹 빠져서 외로움을 느낄 겨를도 없이, 잠을 설쳐가며 세계 외환시장 돌아가는 것을 지켜보는 사람이 더 많아지길 바라본다.

젊은 대학생이든 전업주부이든 나이든 사모님이든 그 누구든 이책이 가슴 속 깊이 잠자고 있는 FX딜러로서의 본능을 일깨워 치밀하게 준비하여 경제적 자유를 성취함은 물론이고, 한국의 조지 소로스가 되어 우리나라 금융시장에서 천문학적 돈을 벌어가는 외국인 투자자들의 이익금을 도로 뺏어오면 좋겠다. 국제무대로 진출해 외화를 수확해 왔으면 좋겠다.

소설가도 아닌데 소설 형식을 빌려 불편함을 느낀 독자들이 있다면 널리 아량을 베풀어 주시길 바란다. 이미 FX마진 시장에서 활약 중인 독자가 우연히 이 책을 본다면 나를 '하수'라고 나무라실 수도 있지만 부족한 점이 많더라도 이해해 주시길 바란다. 이 책을 읽은 모든 독자들이 앞으로 재테크 공부를 더 많이 해서 꼭 경제적 자유를 성취하길 소망해본다.

이 책을 만드는 데 도움을 준 사람들, 어디선가 읽은 기억이 있어 그 지식을 활용했지만 기억력이 나빠 정확히 출처를 밝히기 어려운 수많은 책의 저자들, 나를 아는 모든 사람들에게 감사함을 전한다. 그리고 내 삶의 일부가 되어준 스토리가 있는 금융 KB국민은행, 금융생활의 새로운 기준 케이뱅크에 깊은 감사의 마음을 전하고 싶다.

이 책을 읽은 모든 이들에게 늘 건강과 축복이 함께하길 기원한다.

한국은행 홈페이지/조사·연구 자료/한국은행 경제통계시스템 자료

금융감독원 홈페이지/알림·소식/금융시장 속보

한국무역보험공사 홈페이지/정보광장

국제금융센터 홈페이지/국제금융

한국금융연구원·조선일보 공동기획/다시 풀어 읽는 경제기사

워렌 버핏과 조지 소로스의 투자습관(마크티어 저, 박진곤, 손태곤 역, 국일증권경제연구소)

주식매매 하는 법(제시 리버모어 저, 박성환 역, 이레미디어)

행복의 조건(조지 베일런트 저, 이덕남 역, 프런티어)

운명을 바꾸는 작은 습관(진희정 저, 토네이도)

돈, 뜨겁게 사랑하고 차갑게 다루어라(앙드레 코스톨라니 저, 미래의 창)

빅숏 BIG SHORT(마이클 루이스 저, 이미정 역, 비즈니스맵)

Currency Wars(James Rickards)

〈경상수지〉

국제간의 거래에서 자본거래를 제외한 경상적 거래로 발생한 수지로 상품수지(무역수지)+서비스수지+소득수지+경상이전수지로 구성됨.

〈양적완화〉

중앙은행이 시중에 통화공급을 늘리기 위하여 국공채나 회사채 등 다양한 자산을 매입하여 통화가치를 떨어뜨려 경기를 부양하고자 하는 것을 말함. 금리가 충분히 낮아서 금리인하를 더 이상 할 여지가 없을 때 실시하는 정책임.

〈원화 강세와 원화 약세〉

환율상승이 원화 약세이고 환율하락이 원화 강세를 의미한다. 환율이 1USD=1000원에서 1USD=1100원으로 오르는 것을 환율상승이라고 하는데, 달러가격이 올랐다는 뜻이다. 그럼 원화가격은 떨어졌다는 것이다. 즉, 원화 약세다. 이를 원화가 평가절하되었다고 말하기도 한다. 환율상승=달러가치 상승=원화 약세=원화 평가절하다. 환율하락은 거꾸로 달러가치 하락=달러 약세=원화 강세=원화 평가절상이다.

〈미국 정부의 정책〉

트럼프 행정부의 재정적자 축소 정책: 감세정책(법인세 인하, 소득세 상한 인하), 증세(금융인 소득세율 인상), 재정지출억제, 복지비지출 억제(오바마케어 폐지, 부자와 불법이민자 복지혜택 축소), 재생에너지 보조금 축소 폐지(파리기후협약 탈퇴), 군사비지출억제(세계 경찰 지위 포기) 등.

〈환율조작국〉

국내총생산(GDP) 대비 경상흑자 3% 이상, 외환시장 개입이 지속적임, 외환시장 개입비용이 GDP의 2% 이상이면 미국이 환율심층분석 대상국(환율조작국)으로 지정할 수 있음.

〈글로벌 경기 회복과 달러가격〉

서서히 회복되는 세계 경기, 만일 빠르게 회복된다면 이에 따른 생산자 물가지수 상승은 유럽이나 일본 금리를 정상화시키게 됨. 만약 유럽이나 일본이 마이너스 금리 상태에서 본격 금리인상에 나설 경우 유로 강세와 엔화 강세가 나타나고 달러가격과 미국채가격이 하락하게 되므로 미국은 국채발행으로 재정적자를 메꾸기 점점 어려워짐. 무역수지 적자를 개선하기 위해서는 적극적으로 달러 약세정책을 선택할 가능성도 있음. 그렇게 되면 미국 물가상승이 어려워지고, 미국 경제는 다시 침체할 수 있음.

〈레버리지 효과(leverage effect)〉

다른 사람에게서 빌린 돈을 지렛대로 삼아 자신이 투자한 자금의 이익률을 높이는 것을 말함. 지렛대 효과. 자기 돈 50억+은행차입 50억으로 10억 이익을 올리면 이익률은 20%가 됨(10/50).

〈환위험〉

환율변동에 따라 보유통화의 가치가 불확실하게 되는 것을 환위험이라고 함. 관리를 통해 환위험을 제거 또는 회피하는 것을 환 헤지라고 함.

〈선물환계약〉

미래의 특정시점에 달러화와 원화를 교환하기로 약속하되, 현재 시점에서 환율을 미리 정해 놓는 것.

〈역외펀드와 해외투자펀드〉

역외펀드는 해외에서 설정, 해외투자펀드는 국내에서 설정함. 둘 다 해외자산에 투자하는 펀드.

〈리딩과 래깅〉

기업은 환율변동에 대비해 외화자금의 결제시기를 지연시키는 래깅,

앞당기는 리딩 등 외화자금의 흐름을 적절히 조절함. 선물환, 통화선물 등 파생금융상품을 통해 환위험을 관리함.

〈재정(arbitrage)거래〉

두 시장에서 서로 가격이 다른 경우 싼 시장에서 매입하고 비싼 시장에서 매도해 이익을 얻고자 하는 거래를 말함. 환율재정거래도 가능함. 원엔 재정거래를 위해 원달러 환율과 USD/JPY 환율을 이용한 외환거래가 발생할 수 있음.

〈크로스 환율(Cross Rate)〉

우리나라 원화가 개입되지 않은 외국통화 간 환율을 크로스 환율이라고 함. 국제외환 시장에서는 미 달러화가 개입되지 않은 3국 간의 환율을 의미함. (예) EUR/JPY

호주통화(AUD)의 가치를 원화로 표시하기 위해서는 원달러 환율에 국제외환시장에서 거래되는 AUD/USD 환율을 간접비교를 통해 환산하여야 하는데 이렇게 재정하여 산출되는 환율을 재정환율이라고 함. (예) 1AUD=820.98원

김여사 외환시장의 꽃이 되다

펴낸날　2017년 12월 27일
2쇄 펴낸날　2018년 1월 18일

지은이 최돈권
펴낸이 주계수　|　**편집책임** 윤정현　|　**꾸민이** 전은정

펴낸곳 밥북　|　**출판등록** 제 2014-000085 호
주소 서울시 마포구 월드컵북로 1길 30 동보빌딩 301호
전화 02-6925-0370　|　**팩스** 02-6925-0380
홈페이지 www.bobbook.co.kr　|　**이메일** bobbook@hanmail.net

※ 이 도서의 국립중앙도서관 출판시도서목록(CIP)은 e-CIP 홈페이지(http://www.nl.go.kr/cip)에서 이용하실 수 있습니다. (CIP 2017034057)